ちくま学芸文庫

カルメル山登攀

十字架の聖ヨハネ
奥村一郎 訳

筑摩書房

Subida del Monte Carmelo
by
San Juan de la Cruz

十字架の聖ヨハネ作「十字架像素描」(アビラのご託身修道院所蔵 57×47 mm)。
スペインの画家ダリ(1904-89)の名作「十字架像」にインスピレーションを与えたといわれる。

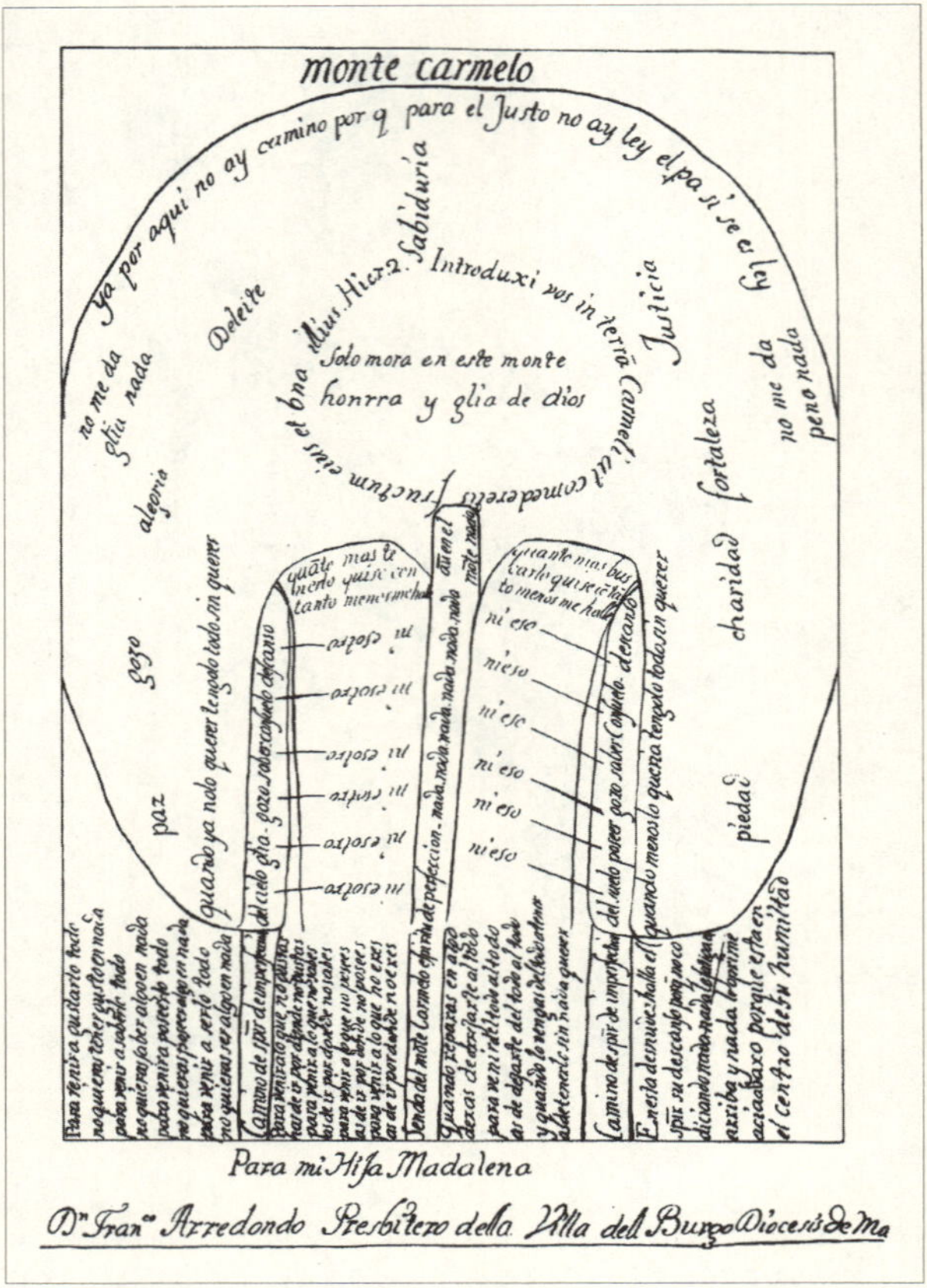

聖霊のマリア・マグダレナ修女のために書かれた、十字架の聖ヨハネ自筆のカルメル山図の写し。

序文

この日本語訳は、聖テレジアのシルベリオ修父の批判版に基づいています。マリア・アウグスチーノ・奥村神父の美しい現代語をもって、聖人の教えを偽らずに真の姿をそのまま伝える、すぐれた訳だと思います。

この十数年来、無数の現代人の心をひきつけている一人の神秘家、それが十字架の聖ヨハネです。たとえ、現代の一部の人々に説明し難いことであるにしても、この聖人が広範囲にわたって好感をもたれているという事実を、否定し得るものではありません。現代人にとって、十字架の聖ヨハネはもはや、過去の人でも、未知の人でもないのです。その生存中、かつては周囲の人々から理解されず、むしろ誤解されていた聖人、その果てに迫害さえ受けていたあの聖人が、今、反対に現代人の頭上に魅惑に満ちた輝きを放ち、数知れぬ現代人の注意をひきつけているのです。

ベルクソンはかつて、こう書いております。

「なぜ聖者たちはこのように模倣者をもち、なぜ偉大な善人たちはその背後に群衆を従えたのであろうか。彼らは、何一つ要求しない、しかも獲得する。彼らは説きすすめる必要はない。彼らは存在しているだけでよい。彼らの存在がひとつの呼びかけである。」（ベル

クソン著『道徳と宗教の二源泉』邦訳平山高次、岩波文庫、42頁）

聖人とは一つの証です。ここにこそ、彼らが群衆の上に及ぼす影響力の謎を解く鍵、秘訣があるのです。聖人たちは、彼らのその生涯をもって語ります。

無数の対立に苦しみ、方向の異なる無数の潮流が出会い、ぶつかり合って逆巻き立つ私たちの時代、そしてなお、いまだ見いだしえず、生みだしえないでいる新しい総合を、暗中模索する私たちの時代が、絶対者に恋いこがれた一人の聖人、十字架の聖ヨハネにとらえられたかのようです。恐らく、私たちの時代の人々が聖人の説教の中に、キリスト教生活の純粋な源泉に立ち戻り、そしてキリスト教生活の純粋な生粋の本質を再発見するための、信頼できる導き手を直感しているからではないでしょうか？

＊

四十九歳の生命で全うされた十字架の聖ヨハネ（一五四二―九一）の生涯は、むしろ短命といえましょう。

しかしその生涯は、ただ一つの渇き、そして生涯変わらぬ同一のあこがれによって貫かれたものでした。

愛の獲得に懸けた生涯、そして、この道に多くの霊魂たちを導き入れることに懸けられた生涯。実に、愛こそ聖人の生涯とその教説を解明する鍵なのです。何ら揺らぐことなく、ただ一筋に神に恋いこがれた男、これが十字架の聖ヨハネです。

愛の一致に到達した魂について語る言葉は、聖人自身の姿の描写でもありましょう。

私の魂は　そのすべてをあげて
あの方に　お仕えしています
……………………
もう　ほかの務めは　ありません
ただ　愛することだけ
それが　私のすること

霊の賛歌　28の歌

神は、十字架の聖ヨハネに多感な感受性、繊細な魂を与えました。厳しく、またむごい現実生活の重みも、彼の心を押しつぶしはしませんでした。艱難、窮乏との出会いを通して、貧しい人々を助けたいという望み、彼らを慰めたいという望みが彼の心の深くに成長していきました。

幼いころにすでに父を失い、悲惨な窮乏を味わい、仕事を求め生活の糧を求めて、母と共にさすらわなければなりませんでした。「おんやどり」の病院では、貧しい人々に仕えました。そして、この貧しい人々の同情にかりたてられて、彼らのために施しを求めることも惜しみませんでした。
一五六三年カルメル会入会、一五六七年司祭叙階。
より深い観想生活へのあこがれが、その胸中に去来するようになり、カルトジオ会に移りたいと思いあぐねる彼に出会ったのが、アヴィラの聖テレジアでした。最初の出会いから、聖女の超自然的直感は「背丈は小さくても、神のみ前には、非常に偉大な」(手紙2)このカルメル会修道士の中に、隠された宝を見抜きました。聖女は、ヨハネの中に「天上の、神の香りに満たされた一人の人間を」(手紙262)見いだしたのです。晩年にも彼を追憶して、こう書きました。「すべての人々が聖人としてあがめていた彼、私も実にそのとおりだと思います。確かに彼は、その生涯にわたって、常に変わらぬ聖なる人だったと思います。」(手紙205)
テレジアは、聖人とのこの最初の出会いから、よろこびに夢中になりました。聖女にとっていまや、望んでいた改革が確実なものとなったからです。「思慮分別に富み、私たちの生活様式にぴったりとした彼、彼の中に一点の不完全のかげりも見いだすことができませんでした。その上、勇気に充ちています。」(手紙2)
改革カルメルは、彼の中に、その「教育者」、その「理想の推進者」、そして、その精神の「学識に富んだ体系」を見いだしたのです。

神秘家について、ベルクソンは、こう書きました。

「自ら、受けたものを、自らの周囲に伝えねばならないというやむにやまれぬ欲求、聖人たちは、それを愛の躍動として、愛の重みとして、感じているのだ」（ベルクソン著『道徳と宗教の二源泉』邦訳、285頁参照）

同様に、十字架の聖ヨハネが筆をとることに躊躇しつつ、そして、難しさを感じつつ、大著をものにしたのも、ただ霊魂たちへの愛のためでした。「これほど難しいものを書く気持ちにさせられたのは……多くの人々にとって、非常に大切なことなので……」（登攀まえおき・3）。そして、時には多くの霊魂たちに、「適切な導き手、明敏な案内者がいないために」（同）、一致への彼らの歩みが遅々として進まないという事実を体験したからです。ですから、聖人のその著作は、一つには、霊魂たちに指導者が欠けているという現実を補うためのものであると同時に、また一つには、彼に委ねられていた魂の要望に応えつつ、彼が口で教えた事柄を補うためのものであったのです。（登攀まえおき・3、霊の賛歌2参照）

教会はこうした彼を「教会博士」と宣言し、彼の教説の普遍的価値を保証したのです。

＊

聖人がその著作の中に掲げる目的は、「この地上において、できるかぎり、完全な神との愛の一致がもつ神的な光にまで」」（登攀まえおき・1）霊魂を導くことでした。愛の一致、これだけが聖人が教えたいと望むこと、その教説の最終目的でした。「「心を尽くし、霊を尽くし、力を尽くして汝の主なる神を愛すべし」と言っている。この言葉の中に、霊的な道を歩む人がなすべきすべてのこと、愛による意志の一致のうちに神にまで達するため私がこの人たちに教えなくてはならないと思うすべてのことが含まれている。」（登攀第Ⅲ部第16章1）

これはおおざっぱに、ごく一般的にいわれた言葉ですが、具体的に勧告を与えようとする時に、実現すべき唯一の理想として愛の完成が念頭に置かれています。世間にありながら完徳にあこがれる魂に向かってこうつづります。「あなたが、当然その義務があるように、すべてにおいて、神に対する聖なる愛にすっかり身をうちこみなさい。」（小品集124頁）

しかしむしろ、愛の完成を唯一念頭に掲げ、この唯一の方向に向かって、すべての人々を招いたということは、福音の理想を文字どおり生きようとする聖人にとっては、当然の結論なのです。「心を尽くし、霊を尽くし、力を尽くして、すべてに超えて、神を愛せよ」（マタ22・37参照）というこの言葉は、すべての人々に、何人にも例外を設けることなく、キリストが、第一の掟として、生活の模範として、与えた言葉ではありませんか。実に、このキリストの言葉こそ、霊的生活の出発点から、中途半端な妥協的な姿勢を排除し、そこに、断固とした英雄的な姿勢をとらせるのです。

聖性のために、愛の完成のために、身をうちこむ魂は、全存在を懸けて無我夢中に神だけを望み、神だけを探していきます。愛の理論によって、魂は「自分のすべての機能や欲求や行いや愛着を神に向け、あるだけの能力をあげて、ただこのことだけに集中するよう命ぜられているからである」（登攀第Ⅲ部第16章1）と聖人は書きます。愛の完成を求めること、それだけに全霊的生活を還元するところに、まさに、そこに十字架の聖ヨハネの教説の独自の姿があるのです。そして、まさにそれゆえに、聖人の教説が今もなお、福音の常に変わらぬ永遠に新鮮な調べと魅力を伝えるものとして、現代に、そしていつの時代にも、訴え得る力をもつのです。

＊

『カルメル山登攀《とうはん》』と『霊魂の暗夜』の詩をもって、聖人は、愛の完成を求めてさまよう魂のさすらいを描写します。

暗夜という独自の象徴のもとに、「登攀」は主として、自らの能力を浄め、これを完全に愛に方向づけようとする、魂の積極的な努力（能動的）を描きます。この霊魂の歩み、前進は、放棄・抑制の厳しく険しい現実と闇の中に展開されていきます。

魂の実に険しい歩み。「炎と燃える愛の心のたえがたき」霊魂の険しい歩み。しかし、これこそ聖人の教説に、一つの厳しさ、絶対的な調子を与えるものです。そして、ここにこそ、聖人の教説の福音的な調べが表れます。神こそ、すべてをつくし、心をつくし、すべてに超えて、愛されるべきなのです。「もし人が、父、母を私よりも愛するならば、私にふさわしいものではない」とキリストがおおせられたのです。

「愛するとは、神ならぬものをすべて放棄すること。」

表現は消極的です。しかし、内容は非常に積極的です。つまり、どんな代価を払おうとも獲得されるべきもの、それが愛なのです。まさに、ここに聖人の屈服しがたい「無」の論理の土台があるのです。

十字架の聖ヨハネの思想を誤解させ、ゆがめさせないように、これ以上、この点について強調しないようにいたします。

聖人は悲観主義ではありません。その教説には、ヤンセニズムやマニケイズムの暗いかげりはありません。彼は、決して、人間の五官の働きや自然的な働きを軽蔑しません。彼はただ、私たちの五官や霊的能力によって意識的に、たのしみを、よろこびを求めるエゴイズムの動き、傾きを抑制するよう教えるだけです。

「現に愛している人を連れて来なさい。そうすれば、私の言うことがわかるでしょう」と聖アウグスティヌスなら言うでしょう。十字架の聖ヨハネが望まぬこと、それは、習慣的に、意識しつつ愛着すること、執着すること、見ること聞くことなどによろこび、たのしみをおいて、その働きを、神に方向づけることなく、ずるずると留まってしまうことなのです。

聖人は、人間の霊魂とその能力、そして、すべての被造物など、神によってつくられたものが、善いものであることを自覚していますし、時には、はっきりと述べています。（登攀第Ⅰ部第9章3、第Ⅰ部第17章5）

「彼は、われわれの存在のごく一部、ごくつまらない事柄をも破壊することを望んでいるのではない。ただ、感覚によってとらえられる外的な事物に対する、くつわをはめられていない意志的な享楽に対する動き、傾きを抑制するように望んでいるのです。」（ルシアン・マリー修父『十字架の聖ヨハネ全集』フランス語版序文）

完全な愛の論理、これを念頭において、十字架の聖ヨハネの無の教えを読まなければなりません。「神のためではないものを、神と同時に愛する人は、神の愛に乏しい」と聖アウグスティヌスは言います。十字架の聖ヨハネの言葉は、さらに強くひびきます。「神と比べるものは何もないのであるから、神と一緒にほかのものを愛したり、あるいは、そうしたものにとらえられたりするならば、神を甚だしく侮辱することになる。」（登攀第Ⅰ部第5章5）

しかし、霊魂が寛大に疲れにもめげず、この抑制と浄化の道に、自らの力に頼って積極的に努力したとしても、そこに神ご自身の特別なお助けがなければ、決して到達点にたどりつけません。聖人は、この真理を知りすぎるほど知っていました。

『霊魂の暗夜』の中で、聖人は、愛にほかならぬ神が、そのより効果的な働きをもって、時には試練を通し、時には乾燥・闇を通して、霊魂の浄化への努力を助け、補い、そして神ご自身が、愛の一致に向かって直接霊魂を準備させると教えます。

被造物からの数知れぬ影響から完全に霊魂を解脱させ、霊魂を恩恵と聖霊のたまものの働きに完全に開かせるのも、まさに、この神の特別な働きかけによる抜本的な放棄と抑制の働きによるのです。

こうして最後に、愛する者に完全に一致した霊魂は、そこで愛の賛歌を歌います。

福音の本質をつき、それだけを告げる聖人の教説、ここにこそ、聖人の教説が時代を越えて、いつの時代にも、魅惑的な光を放つ秘密があります。

十字架の聖ヨハネは、キリスト者の召出しの崇高な高みを見つめ、その愛の熱情にかられて叫びました。

「おお、このような偉大なことのためにつくられ、また、それに召されている霊魂たちよ！　何をしているのか？　何に戯れているのか？（……）偉大さや光栄を求めながら、あなたがたは、みじめで、悲惨であり、これほどの宝に対して、自らを無知なもの、ふさわしくないものとしていることに気づかないのだ！」（霊の賛歌39・7）

幸いにも、第二バチカン公会議が、すべての人々が聖性に召されていることをはなばなしく公言しました。そして、教会全体に改革と刷新の新鮮な息吹がただよっている今、多くの霊魂が、この十字架の聖ヨハネの熱情あふれる招きを抱きしめ、教会の真の刷新に深く寄与することと思います。

一九六九年六月

御聖体のルチオ神父

目次

序文（御聖体のルチオ神父）　5

霊魂の能動的暗夜

要旨……34
詩……35
まえおき……39

第Ⅰ部　感覚の能動的暗夜

第1章　第一の詩句。人間は、劣った部分（体）と、高尚な部分（精神）とから
なっているため、霊的な道を歩む人々の通る夜も、二つの異なったものが
あること、ならびに次の詩句の説明。……48

第2章　神との一致に至るまでに、霊魂が通る暗夜とは何であるか。……………… 53
第3章　この「夜」の第一に挙げられるべき原因、すなわち、
すべての事柄に対する欲求をなくすること。
および、それがなぜ「夜」と呼ばれるかという理由について述べる。……… 56
第4章　神との一致に向かって進むためには、「感覚の暗夜」
――すなわち欲望の克服――を真に通りすぎることが、
どんなに大切であるかについて述べる。………………………………………… 60
第5章　（前章の続き）神に向かってゆくには、
すべてのものに対する欲望を克服するこの「暗夜」を通ることが、
われわれにとって、どんなに大切であるかを、聖書によりながら、
また、その比喩を用いて示す。…………………………………………………… 68
第6章　欲望が霊魂に及ぼすおもな損傷。一つは喪失性のもの。
他の一つは、加害性のもの。……………………………………………………… 76
第7章　欲望が、どんなに心を苛《さいな》むかについて述べる。
比喩と、聖書によって証明する。………………………………………………… 83
第8章　欲望が、どんなに霊魂を暗くし、盲目にするかについて。……………… 87
第9章　欲望が、いかに霊魂を汚すかについて。――聖書の言葉と例による論証。…… 93

第10章　欲望が、徳の実行において、どんなに霊魂を冷やし、衰えさせるかについて。……99
第11章　神との一致に達するためには、たとえ些細なものであっても、欲望のすべてを捨ててかからなければならないことを証明する。……102
第12章　前に述べたような損傷を、霊魂の中に引き起こすに足る欲望とは、どんなものであるかということに答えて説明する。……111
第13章　感覚の暗夜に入るために、とらなくてはならない方法と、その形について述べる。……116
第14章　歌の第二句の説明……124
第15章　上記の歌の残りの句の説明……127

第Ⅱ部　精神の能動的暗夜――理性

第1章　第二の歌……130
第2章　暗夜の第二部、すなわち信仰という暗夜の第二の原因について論ずる。何故《なにゆえ》に、この部分の暗夜が、第一または第三の部分よりも暗いかという理由について述べる。……134

第3章　信仰は霊魂にとって、どのように「暗夜」であるか、聖書の言葉と例による説明と、理論的裏づけ。……137
第4章　信仰によって最高の観想にまでよく導かれるためには、どのようにして、われわれの魂もまた、暗黒のうちに留まらなくてはならないかについて概略を述べる。……143
第5章　神との一致とは何であるか――一つの比喩。……151
第6章　精神の三つの能力を完成させるものが、どういう意味で三つの対神徳なのか。また、この魂がその精神能力のうちに、どのようにして空白と暗黒とをつくり出すかを述べる。……160
第7章　永遠の生命に導く道がどんなに狭いか、またこの道をゆくものの心は、どんなに赤裸で自由でなくてはならないかについて述べる。まず、知性の赤裸について話し始める。……166
第8章　一般に、被造物といわれるもの、知性の中に入ってくることのできる概念など、そのいかなるものも、神との一致の直接の手段とはなりえないことを論ずる。……177
第9章　知性にとって、神との愛の一致に至りつくためには、信仰がそれにふさわしい至近の手段であることを述べる。――聖書の言葉と比喩による説明。……185
第10章　知性の中に入り得るすべての知覚と知解の種別について。……189

第11章　五官による外的感覚において、超自然的に現れるものを、知性が把握する場合に生じ得る妨げと弊害について、およびこれらのものに対していかに処すべきかについて。……191
第12章　想像による自然の知覚について。それはどんなものであるか。また、それがなぜ神との一致のためにふさわしい手段とはなりえないか。そうしたものから逃れる術《すべ》を知らない場合には、どんな害を蒙《こうむ》るかについて。……203
第13章　どんな時期に黙想と推理とをやめ、観想の段階に移るのに適当であるかを知るため、霊的な道を行く人が、自分のうちに見いだす徴《しるし》について。……211
第14章　前進するために、これらの徴について述べたことの必要性を裏づけ、そのような徴の価値を確かめる。……216
第15章　もう初歩ではなく、進歩の段階にあるもの、すなわち、この観想の「はっきり枠づけられない知解」をもつにいたったものにとっても、時に頭を使ったり、また、自然の機能を働かせたりすることがどんなに大切であるかの説明。……230
第16章　何かの映像として、超自然的に表れる想像力による知覚について——こうしたものが神との一致のための至近の媒介となるには、いかに程遠いかということについて。……235

第17章　神が、感覚を通して霊的な宝をお与えになるときの目的と、その形についての説明、ならびに、前章にふれた疑問に対する解答。……………248
第18章　霊的指導者のうちには、前にも述べたような示現（ヴィジョン）について、人々を正しく導かないものがあるため、それによって生ずる弊害について——また、さらに、それが神からのものであっても、そうしたものにおいて、自らを欺くこともあり得ること。……………259
第19章　示現（ヴィジョン）や、神からの言葉が真実のものであるとしても、それについて、われわれが、どんなに錯覚に陥りやすいものであるかということの説明と論証。——聖書の言葉によって確かめる。……………266
第20章　神の言われた事柄や、言葉は、それ自体、いつも真実なものであるとはいえ、それが生みだされる原因においては、いつも確かなものとは限っていないということを、聖書に基づいて証しする。……………280
第21章　時には、神が、願ったことに答えてくださるとしても、このようなことを神がおよろこびにはならないということの説明。たとえ答えてくださったとしても、憤りを覚えられるということ。……………288
第22章　恩寵の掟を与えられている今においては、旧約時代のように、超自然の道によって神に問いかけることは、なぜ許されていないかという疑問に対する解答。——聖パウロの書簡に基づく証し。……………302

第23章　ただ霊的な道によってのみ得られる知性の知覚について論じ始める。
　　　　——それはどのようなことかについて。……322
第24章　超自然の道による霊的示現の二つの形について。……326
第25章　啓示について。それは何であるか、また、その区別について。……335
第26章　知性による、真理のあるがままの認識について。その二つの形があることと、
　　　　それに対して、われわれの態度はいかにあるべきかということ。……337
第27章　啓示、すなわち隠された秘義が外に示される第二の形について。
　　　　それが神との一致に役立つ場合と、妨げになる場合。
　　　　悪魔はいかにここで多くの偽りをなすかということ。……351
第28章　超自然的に心のうちに起こり得る言葉について。
　　　　——それがどんな形のものであるかということ。……357
第29章　潜心している霊魂のうちに、時につくりだされる言葉の第一の形について。
　　　　——その原因および、そうした言葉のうちにあり得る
　　　　利益と弊害とについて。……360
第30章　自然の枠を超えた道によって、霊魂に明瞭に（形相的に）
　　　　語られる言葉について。——これらのものが与える弊害、
　　　　および、そうしたものによって欺かれないための必要な警告。……370

第31章　霊のうちに生ずる実質的な言葉について。——明示的言葉との相違、それらのうちにある益、および、そうしたものに対してもつべき思慮と、こだわらない態度について。……… 376
第32章　超自然的に生ずる内的な感動から、知性が受け取る知覚について。——それらの原因、ならびに、そうしたものが神との一致への道の妨げをしないようにするためにとるべき態度について。……… 380

第Ⅲ部　精神の能動的暗夜——記憶と意志

第1章　概要……… 386
第2章　記憶による通常の知覚について。——この機能によって神と一致するためには、その知覚に全くこだわらないようにしなくてはならない。……… 388
第3章　記憶から生ずる知解や、推理を暗くしないために受ける三つの弊害について。——その第一。……… 399
第4章　記憶の本来の働きを通じて、悪魔が霊魂に及ぼす第二の弊害について。……… 404
第5章　本来記憶に伴う、はっきりした知解のために霊魂に生ずる第三の弊害について。……… 406

第6章　記憶をめぐって、通常もつことのできる思いや考えのすべてを忘れ、むなしくすることによって、霊魂が受ける益について。……408
第7章　第二の記憶の形として、超自然的な想像と知解。……411
第8章　超自然的な事柄について、繰り返し考えることが霊魂に及ぼす弊害について。——それが、いかほどであるかということ。……413
第9章　自負心や虚栄心に陥る第二の弊害について。……417
第10章　想像による思い出のために悪魔が引き起こす第三の弊害について。……420
第11章　超自然的に、はっきり記憶にとらえることが、神との一致の妨げとなる第四の弊害について。……423
第12章　超自然的想像によってとらえられる形に従う、神についての判断は、それが低く、かつ不完全なものであるために生ずる第五の弊害について。……425
第13章　想像によってとらえられるものを遠ざけることによって得られる益について。および、ある反論に対する答え、ならびに、想像によってとらえられるもので、自然的なものと超自然的なものとの間にある差異の説明。……428
第14章　記憶にとらえられる限りの霊的知解について。……437
第15章　こうした感覚に対して、霊的な道をゆく人々が対処すべき一般的な方法について。……440

第16章　意志の暗夜について論じ始める。意志の執着のさまざま。……… 443
第17章　意志の第一の愛着について。よろこびとは何か、
および意志がよろこぶことのできる対象について。……… 448
第18章　この世の宝に関するよろこびについて。
——これらのものについてのよろこびを、
どのようにして神に向かわせるかについて。……… 450
第19章　この世のものをたのしむことによって生ずる害について。……… 456
第20章　現世的な事柄についてのよろこびを遠ざけることによって、
霊魂に生ずる益について。……… 465
第21章　自然の宝に心奪われることがどんなにむなしいことであるか、したがって
そうしたものを通して、どのようにわれわれを神に
向けていくべきかについて。……… 471
第22章　自然の宝に心を奪われることによって霊魂に生ずる弊害について。……… 474
第23章　自然の宝をたのしまないことによってそこから引き出す益について。……… 481
第24章　人が心を奪われる宝の第三の形、すなわち感覚的なものについて。
それはどういうもので、どのような種類であるか、どのようにして、
このようなたのしみから心を洗い清め、神に向かうべきかについて。……… 485

第25章　感覚的なたのしみのために、霊魂が受ける害について。……490
第26章　感覚的なものについてのたのしみを退けることによって受け取る
霊的および、この世での益について。……493
第27章　倫理的な宝の第四の形のものについて述べる。それはどんなものか、
またどんな形で、それをよろこぶことができるかについて。……498
第28章　倫理的な宝に心を奪われるために生ずる七つの害について。……503
第29章　倫理的な宝についてのたのしみから離れることによって、
霊魂に生ずる益。……509
第30章　心をたのしませることのできる第五の形である超自然的宝について。
——それはどういうものであるか、および、
それは一般の霊的宝とどのように区別されるか、またどのようにして、
それを神のほうに向けなくてはならないかについて。……512
第31章　この種の宝をよろこぶために霊魂に生じる害について。……516
第32章　超自然の恵みからのよろこびを捨てることにより、
引き出される益について。……523
第33章　意志のたのしみをつくる第六のもの。
それはどんなものか、および、その第一の分類。……526

第34章　知性と記憶の中にはっきりととらえることのできる霊的宝について。
これらの宝のたのしみがあるとき、
意志はいかに対処すべきであるかについて。……528
第35章　意志にはっきりととらえられる快い霊的な宝について。
――それがどのような形のものであるかということ。……530
第36章　画像について（続き）、および、これらについてのある人々の無知。……536
第37章　想像に浮かぶものによって、
誤ることなく意志のよろこびを神に向けてゆくことについて。……541
第38章　よい動機となるものについて（続き）
――聖堂および祈りの場所について。……544
第39章　心を神に向けるため、聖堂や教会をどのように用うべきかについて。……549
第40章　上に述べた内的潜心に精神を向かわせることについて。……552
第41章　以上のような具合に信心の場所や、
事物の感覚的なたのしみに至るものの陥る弊害について。……554
第42章　三種類の敬虔《けいけん》な場所と、それに対する心構えについて。……556
第43章　多くの人々が種々さまざまな典礼によって祈るその他の理由について。……560
第44章　このような信心により、

どのようにして意志のよろこびと力とを神に向けていくかについて。…………563
第45章　意志のむなしいよろこびを誘う目に見えてはっきり現れる第二の宝について。………………………569
訳者あとがき　574
訳語解説　575
解説（鶴岡賀雄）　578

カルメル山登攀

原典にみられる聖書の引用は、ブルガタ版によっているため、いずれの定訳にもよらず、訳者自身がテキストのラテン語原文より訳出したものが少なくない。

また文語、口語混淆《こんこう》のきらいもあるが、それは調子のためで、統一はしていない。

なお「集会の書」には「シラ」の略名を用いた。

霊魂の能動的暗夜

いち早く、神との一致に達するためには、どのように心を整えたらよいかということ。霊的な道の初めにある人、また、さらにすでにその進歩の途上にある人——特に後者にあてられた勧めと教えとを含み、どのように、すべて地上的なものから離脱し、霊的なものにも妨げられず、そして、神との一致のために必要な、全き魂の赤裸と自由に留まるかを説く。

要旨

この『カルメル山登攀』の中に述べられる教えのすべては、次の詩の中に含まれている。すなわち、神と霊魂との一致と呼ばれる完徳の高峰にまで至り着く道が、その詩の中に見いだされる。私の言おうとすることはみな、この詩に基づいているのだから、これから書くべき事柄の内容を一瞥《いちべつ》して知るために、ここにその詩を全部一緒に、まとめておきたいと思った。しかし、その説明にあたっては、取り上げる問題とその解説の必要とに応じて、詩の各節、各句と、それぞれ切り離しながら、進めていくことにしたい。

詩は、次のとおりである。

詩

信仰の暗夜を通って、神との一致に向かう魂が、赤裸と浄化の中に見いだした「さいわいな運《さだ》め」をうたう。

1

暗き夜《よ》に
炎と燃える　愛の心のたえがたく
おお　恵まれし　そのときよ
気づかるることもなく　出づ
すでに　わが家は　静まりたれば

2

闇にまぎれて　おそれなく
それとは見えぬ姿にて　かくれし梯子を
のぼりゆき
おお　恵まれし　そのときよ
暗闇に　身をば　かくして

すでに　わが家は　静まりたれば

3
恵まれし　その夜に
気づかるるなく　しのびゆく
目にふるる　ものとてもなく
導く光は　ただ一つ
心に燃ゆる　そが光

4
この光こそ　わが導き
午《ひる》の光に　まさりて　さだかに
心に刻む　おん者の
われを待つ　その方に
人ひとり姿をみせぬ　その方に

5
おお　導きの　その夜よ
おお　あけぼのも
さらにおよばぬ　その夜よ

おお　愛する彼と　結びし夜よ
わがすべては　彼が映し像《え》

6

彼がためのみ
ひたぶるに　守りこし
今し　花咲く　わが胸に
安けく眠る　彼を抱けば
杉の梢に　風のさゆらぐ

7

彼が髪をば　指もて梳《す》けば
城の狭間《はざま》に　風流れ
その手　静かに
うなじにふるれば
わがすべての思いは　絶ゆ

8

みじろぎもせず　己を忘れ
いとしき彼に　顔を寄せ

すべては絶えて　われもなく
さ百合のうちに
煩う心の　さらになし

まえおき

1　この地上において、できるかぎり、完全な神との愛の一致がもつ神的な光にまで達しようとする者が、通るべき暗夜について説明し、それを理解させるためには、私のもっているものより、さらに大きな知識と経験の光を必要とする。というのは、この高い完徳の状態にまで達することができるために、通常それに召された幸せな人々が通りすぎる、霊的または地上的な闇と労苦はあまりにも多く、かつまた、あまりにも深いため、人間的知識だけでは、十分理解することができず、また、経験があっても、それをわからせることはできない。というのも、ただそこを通りすぎた者だけが〝身にしみて感じる〟ことができるといえようが、それにしても、それを〝言い表す〟ことはできない。

2　したがって、私は、この暗夜について何かを語るにしても、自分の経験や知識をあてにはしない。私には、そのどちらも欠けており、またそれが、間違っていることもあり得るからである。ただ、そうはいっても、この二つのものが私に役立つかぎりでは、それも捨てるようなことはせず、ただ、神の恵みのもとに、言うべきことのすべて、少なくとも、最も大切でわかりにくい事柄のためには、聖書を用いるつもりである。なぜなら、聖書の中では、聖霊が語っておられるのであるから、それに従ってゆきさえすれば、道を誤ることはあり得ないからである。もし、私が聖書のうちにあることをよく理解せず、また、聖書に触れないで言うことの中に、何か間違うようなことがあっても、私には、聖なる母であるカトリック教会の健全な考えや教えから離れるなどという意向は毛頭ない。そうした場合には、ただ教会の定めだけではなく、それについて、よりよい理性的判断を下すことのできる人ならだれにでも、自分を従わせ、それに任せるつもりである。

3　これほど難しいものを書く気持ちにさせられたのは、そのようなことをこなす能力が自分にあるというようなことからではなく、多くの人々にとって、非常に大切なことなので、何かを言おうとするとき、いつも私を助けてくださる主に対する信頼からにほかならない。実際、人々は徳の道を歩み始めても、聖主が、彼らを神との一致にまで到達させるために、この「暗夜」の中に置かれようとすると、もう足踏みをしてしまうのである。というのは、そこに自分自身入りたくないと思うか、または、そこに導き入れられることを望まないため、またある時には、そんな時の自分自身の状態がよくわからず、それに、頂きまで導いてくれる、聡《さと》く適切な案内者をもたないためである。

それで、勇気を出しさえすれば、この高い段階にまで達するだけの才能も恵みも、神から与えられているのに、それを望まなかったり、知らなかったり、そうした初歩的なところから抜け出るように導き教えてくれる人がないばかりに、低いところで神と交わっている人々のあるのを見るのは、本当に残念なことである。

たとえ、聖主が、たくさんのお恵みをくださって、ともかく低い段階を通過させてくださることがあるにしても、その場合人々は、神との一致の純粋で確実な道に、すっかり自己を委ねるだけの、神に対する柔軟さに欠けているため、着くのが非常に遅く、骨折りは多く、功徳も少ない。確かに神は、彼らの協力がなくてもお導きになるのではあるが、彼らが導かれるままになっておらず、その導きの手に抵抗するため、道ははかどらないし、また、それに心を傾けようとしないため功徳も少なく、苦しみはかえっていっそうひどい。というのは、神に自己を委ね、神に助けていただくようにする代わりに、思慮のない行いや反抗によって、神の手を妨げてしまうからである。彼らは、ちょうど幼い子どものようなものである。母が抱き上げようとすると、身をもがいて泣き叫び、ひとりで歩こうとする。そのために母自身歩くことができず、歩くとしても、子どもと一緒に、よちよち歩きをするほかはない。

4　以上のようなわけであるから、初歩の人にしても、また、進歩の途次にある人にしても、神が彼らを前進させようとお望みになるとき、彼らがそのことをわかるように、あるいは少なくとも、神の導きに身を委ねることができるために、ここに神の助けを借りつつ、教えと勧告を示そうと思う。

というのは、ある聴罪司祭や霊的指導者は、このような道についての光も、体験も、もっていないため、その道をゆく人々を助けるよりも、むしろ妨げたり、さらには、害を及ぼしたりするのが常だからである。このような指導者は、ちょうどバベルの塔の建築家にも似て、適当な材料を使うべきところを、言葉が通じなかったために、まるで違ったものを与え、かつ用いたので、そのため、何ごとも成就しなかったのである。こうした場合、自分自身の状態がわからず、また、自分を理解してくれるだけの人をみつけることができないとすれば、まことに辛く、難儀なこととなる。なぜなら、神は、霊魂を導くのに、暗黒の観想と、心の乾きという非常に高い道にお引き入れになることがあるため、そのような時、人は、もう自分はすっかりダメになってしまったと思うからである。その暗黒、苦悩、困窮、そして試煉の時、だれかに会えば、彼はヨブの友人のように、それは憂鬱症だとか、悲観、あるいは気分のせいだといい、また何か内に隠された悪徳のために神から捨てられたのだという。さらにこれらの友は、その人がこれほど苦しむのは、過去によほど悪いことをもっていたからだと、決め込んだりする。

5　そうかと思うと、またほかの人々は、この人が神に関することについて、以前のように、たのしみも慰めも見いださなくなってしまったのだから、退歩しているのだといい、その哀れな人の苦しみを倍加する。

というのは、後述するように、その人の最も大きな苦しみは、神が観想の暗夜のうちにお与えになる認識の光によって、自分が悪と罪に満ち満ちたものであることを、昼の光よりもはっきりと見てとることからくる自分自身のみじめさの自覚であるから、その時、彼と同じ意見のだれかが、それは罪の結果であるというならば、彼の悩みと困惑は極度にまで達し、死以上のものになるのが常である。なお、それだけにとどまらず、こうした聴罪司祭は、そのようなことは罪に由来するものと考え、上述のような人々に、過去のことばかりにこだわらせ、何度も総告解をさせて、いっそうその人々を十字架につけてしまう。まだ、そうしたことをどうこうする時期ではなく、彼らが神のそのお望みに自らそうように、彼らを慰め励まして、神がひきとめておかれる浄化の試煉の中に、彼らをそのまま留まらせておくべきであることを悟らないのである。実際、時期がくるまでは、彼らが何をしようと、また指導者が何をしようと、どうしようもないからである。

6　神のお恵みのもとに、これから、こうしたことについて話してゆくつもりである。そのような場合、人はどんなふうにふるまえばよいのか、また聴罪司祭はそうした人とどのように接すべきか、またさらに、それが霊魂の浄化であると見定めるだけのしるしとは何か、ということ。そして浄化であるとするなら、それが感覚か、それとも精神の浄化であるか（それを、われわれは「暗夜」というわけであるが）ということ。そしてまた、それが憂鬱症であるか、あるいは、感覚または精神につきまとう不完全であるかを、どのようにして見分けるかというようなことについて話してゆくつもりである。

というのも、ある人々、またはその聴罪司祭は、この霊的暗夜の道によって、神が彼らを導いておられるのだと思いこんでいるが、実際はただ上に述べたようなある種の不完全さにすぎないというようなこともあり得るからである。また自分では念禱をしていないと思っていながら、その実、十二分にしている者があり、反対に十分それをしていると思いながら、その実、ほとんど何もしていないような者もあるからである。

7　そのほかに、なお嘆かわしいことには、努力をつくして非常な骨折りをしながら、しかも、後戻りする人々のあることで、彼らは、進歩の実りを、さらに前進に役立てるよりも、かえって妨げとなるものにしてしまうからである。それに対して、他方、落ち着いて静かに長足の進歩をしてゆく人々がある。

また、ある人々になると、前に進むために神がお与えになるたまものや恵みにばかりかかずらうために、かえってそれに妨げられ、さっぱり進歩しない。さらにまた、この道をゆく者には、よろこびや、悩みや、希望や、悲しみなど、いろいろなものに出会うのであるが、そのあるものは精神の完全さから、またほかのあるものは、むしろその不完全さに由来する。

神のお恵みのもとに、これらすべてのことについて、何か話そうと思うのであるが、それというのも、これを読む人が、いくらかなりとも自分の歩いている道を知り、そして、もし、この山の頂きをきわめたいと望むならば、それにふさわしい道をとるようにとの願いからである。

8　ところで、この教えは、神に向かう者が通らなくてはならない「暗夜」についてなのであるから、何か不明瞭に思われても驚いてはならない。そうしたことは読み初めのことだけだと私は考える。だから、読んでいくにしたがって、初めのことがわかるようになってくる。一つのものが、ほかのものによって説明されてくるからである。それに、もし繰り返して読まれるならば、いっそう明瞭にわかるようになり、この教えの健全さがよりよく理解されよう。もし、だれかがこの教えに満足しないというなら、それは、私の浅学と拙文のためである。なぜなら、その事柄自体はよいもので、しかも非常に重要なものなのであるから。だが、ここで扱う事柄について、さらにもっと完全に、そして、漏れなく書き述べられたとしても、それも、ごく少数の人にしか役に立たないことであろうと思う。

というのは、ここでは、甘くこころよいものにひかれて、神に向かってゆくことを好む人々のための、まことに美しく、かつ道徳的な教えではなく、ここでいうような精神の赤裸を通ることを望む人々のための、堅く、そして実のある教えが述べられることになるからである。

9　また、ここでは、すべての人々に語りかけるのが私のおもな意図ではなく、神のお恵みによって、カルメル山の小径に足を踏み入れた聖なるわれわれのカルメル会の原始会則を守る修道士および修道女にあてたもので、それも彼らが、これを私に願ったからである。彼らはすでに、この世の地上的なものから十分離脱した人々であるから、精神の赤裸についてのこの教えを、よりよく理解してくれることであろう。

第Ⅰ部　感覚の能動的暗夜

ここでは、「暗夜」というのは何であるか、神との一致に達するために、それを通ることがいかに必要であるか。ことに、感覚、すなわち欲望[*1]の暗夜、および、感覚的欲望が心に及ぼす害について述べる。

＊1　「Apetito」を「欲望」と訳した。正確には欲求とすべきであろう。それ自身善くも悪くもない何かの本然的渇望、傾き、衝動などをさす。しかし、本書ではしばしば乱れた本性的欲求というニュアンスをこめて使われているので多くの場合、欲望とした。

第1章

第一の詩句。人間は、劣った部分（体）と、高尚な部分（精神）とからなっているため、霊的な道を歩む人々の通る夜も、二つの異なったものがあること、ならびに次の詩句の説明。

暗き夜《よ》に
炎と燃える　愛の心のたえがたく
おお　恵まれし　そのときよ
気づかるることもなく　出づ
すでに　わが家は　静まりたれば

1　この第一の詩句においては、理性の乱れのために、人間の感覚の中に生ずる欲望や不完全、およびその他、外的なすべてのものから抜け出てゆくことによって見いだす幸運をうたっている。このことを理解するために知っておくべきことは、人が完徳の状態にまで達するためには、通常まず、霊魂の浄化または純化と、霊的な人々が呼んでいる夜を、大きく二つに分ける形で通り過ぎなくてはならない。ここでわれわれが、それを夜と呼ぶのは、その二つのいずれにしても、人は、ちょうど夜のように暗闇の中を歩むことになるからである。

2　第一の夜、すなわち第一の浄化というのは、人間の感覚的部分にあたるもので、上記の詩句、および本書の第Ⅰ部において、そのことを扱うことになる。

次に第二の夜というのは、精神的部分に関するものであって、次の第二の詩句がそのことについて語っている。そして、その夜についても、〝能動的なもの〟という観点からは、この本の第Ⅱ部と第Ⅲ部において、取り扱うこととする。というのは、その夜が（神からの働きが主となる）〝受動的なもの〟としてみるのは、第Ⅳ部[*2]に入るからである。

3　この第一の夜というのは、神がわれわれを観想の状態に入れ始められる時の初期にある人に属することで、これには精神も与《あずか》るわけであるが、これについては、適当な時に述べることとする。

第二の夜、すなわち第二の浄化というのは、神がわれわれと神との一致の状態に入れよ

*2　著作の『暗夜』のこと。

うと望みはじめられる時の、すでに、進歩の途上にある人々にかかわりがあるものである。これは、最も暗く、闇に包まれた恐ろしい浄化であって、これについてはあとに述べるつもりである。

詩の説明

4　つづめていうと、心は神への愛のためにのみ——神がそれを連れ出してくださるのにまかせて——出ていくということを述べている。

暗き夜に

とは、この世のすべての外的な事柄、肉をたのしませるもの、さらにはまた、意志をひきよせるような、一切のものにまつわる感覚の欲望から全く離脱し、清められることをいっている。すべて、これらのことは、この感覚の浄化の中においてなされるのである。そこで、

すでに　わが家は　静まりたれば

それをあとにして外へ出たといっている。

家とは感覚の領域のことで、その中にある欲望もその欲望を内に包む家も、共に静まり、眠ってしまったということである。というのは、欲望が弱められ、眠らされてしまうまで、霊魂は、欲望の小さな世界に閉じ込められる苦しみと悩みから、逃れることはできないからである。

したがって、

おお　恵まれし　そのときよ
気づかるることもなく　出づ

と言っているのであって、これはつまり、肉の欲望、あるいは、その他のものに妨げられることなくの意味である。また、神が、これらの欲望から霊魂を切り離されるということは、霊魂にとって夜になるということで、したがって「夜、外に出た」ということになるわけである。

5　そして、それは「恵まれしとき」であった。というのは、やがて、非常に多くの宝が与えられるこの夜に、神が導き入れてくださるからであって、神のもとに至り着くために、自分ひとりの力で、すべての欲望から自己を引き離して、その夜に入っていくというようなことは到底できないことだからである。

6　以上が、この詩のかいつまんだ説明である。次に、各章の冒頭に詩の各句をおいて、われわれの意図にそったことを説明していくとしよう。「まえおき」ですでに述べたように、ほかの詩の場合にも、これと同じ形式をとり、まず最初に詩の各節を挙げ、次に各句を説明していくつもりである。

第2章

神との一致に至るまでに、霊魂が通る暗夜とは何であるか。

暗き夜に

1　神との一致に至るまでの過程を「夜」と呼ぶには三つの理由がある。

第一は、霊魂が出ていく「出発点」ということからして、そのことが言える。なぜなら、そのもっているこの世のすべてのものに対する欲望を断ち、それを退けなくてはならないため、このような剝奪や欠如は、人間のすべての感覚にとって「夜」のようなものだからである。

第二には、神と一致するために通りすぎる手段ないし「道」ということからで、これは信仰であり、信仰は理性にとって、夜のように暗いものだからである。

第三は、神という至り着くべき「終局点」から見てのことで、その神というのは、この世にある者にとって、やはり暗夜であるからである。

以上、神との一致に達するためには、霊魂にとって通りすぎなくてはならない、この三つの夜がある。というより霊魂がこの三つの夜を通りすぎなくてはならないということである。

2　トビト記（6・18―22）にある、その花よめと一つに結ばれる前にすごすようにと天使が青年トビアに命じた三つの夜は、今ここに言う夜の三つの様式を象徴している。

第一の夜において天使が命じたことは、魚の心臓を焼いてしまうことであった。心臓とは、この世の事柄にひきつけられとらわれている心を意味する。そういう心は、神のもとにいくべく足をふみだすために、神の愛の炎によって焼かれ、すべての地上的なものから浄められてしまわなくてはならない。この浄化において、肉的な、またこの世の事柄に愛着している人の中に支配力をもつ悪魔が追いだされることとなる。

3　第二の夜においては、信仰の父である聖なる太祖の内に数えられることになるであろうと、天使は彼に言った。というのは感覚的なすべてのものから剝奪される第一の夜を通りすぎて、感覚にとらえられない信仰のうちにのみ留まりながら、第二の夜に直ちに入っていくからである。[*3]

4　第三の夜においては、天使は彼に「神の祝福を受けるであろう」と言った。その祝福とは、ほかならぬ神ご自身が与えられることであり、これは第二の夜である信仰を通して、人知れず深いところで神がわれわれの魂とお交わりになることをいう。これは後述するように、ほかのいかなる夜よりも暗い交わりで、もう一つ別個の夜として挙げられるものである。

この第三の夜で、霊における神との交わりが完結するのであるが、それは通常、魂の非常に深い暗黒の中になされる。そして、この第三夜が過ぎ去ると、神の英知である浄配《じょうはい》との一致が続く。

天使はトビアに、第三の夜が過ぎ去れば、神に対する聖なるおそれを抱きつつ、その花嫁と結ばれるよう告げたのであるが、神に対する聖なるおそれが完全であれば同時に愛も完全であって、それは、愛による魂の変容がなされる時のことである。
5　以上挙げた夜の三つの部分は、合わせて一つの夜をなしている。しかし実際の夜と同じように、それは三つの部分からなっている。というのは、第一の部分は感覚の夜で、ものが見えなくなる宵にもあたる。第二は信仰で真夜中に比せられ全く暗い。次に第三の部分は、神なるあけぼのも間近に、日中の陽の光がすぐそれに続く。わかりやすくするために、これらのものを生みだす原因の一つ一つについて別々に述べていくことにしよう。

＊3　（シルヴェリオ版）といっても、愛徳をも除外するというのではなく、ほかの理性的認識なしにという意味である。

第3章

この「夜」の第一に挙げられるべき原因、すなわち、すべての事柄に対する欲求をなくすること。および、それがなぜ「夜」と呼ばれるかという理由について述べる。

1　ここで夜というのは、すべてのものに対する欲求のたのしみを剝ぎ取ることをいう。というのは、夜というのはほかならぬ光の喪失、およびその喪失のために、光によって見ることができるすべてのものから引き離され、したがって視力は覆われて何もない状態におかれるのと同じく、欲望をなくすということは、われわれにとって夜ということができる。すなわち、すべてのものに対する欲望のたのしみから心を剝ぎ取ってしまえば、霊魂は暗い何もない状態におかれることになるからである。というのは、ちょうど、視力が光によって照らしだされるものによって養われ育つもので、光が消えれば見えなくなってしまうように、霊魂は、欲求というものによって、それぞれ味わうことのできるすべてのものに養われ、そして育つものだからである。

そこで、欲求が消されるならば、さらによくいえばそれが克服されるならば、霊魂は、そうしたすべてのもののたのしみの中に糧を見いだすことがなくなるために、欲望ということからして、霊魂は暗く、いわば空白状態になる。

2 今それぞれの〈感覚〉機能について、その例を挙げることとしよう。耳をたのしませることのできるすべての事柄から、それに対するたのしみを奪い取ってしまうなら、霊魂はいわば、この機能に関しては、暗く空虚な状態になる。また、目をよろこばせることのできるすべてのものから、そのたのしみをとり去れば、同じく、この機能に関しては、霊魂は暗黒で空虚な状態になる。鼻がたのしむことのできるこころよい香りを全く失うことになれば、やはり同じく霊魂は、この機能については暗く、空虚な状態になる。また、口をたのしませることのできるすべての食物のたのしみをなくすれば、やはり同じく霊魂は暗く空虚となる。最後に「触れること」についても同じで、それが受け取ることができる快感と満足とをすべてなくすれば、霊魂はこの感覚に関して、暗くかつ空虚になる。

つまり、以上すべての事柄における欲望を克服して、そのたのしみを退け、それから離れてしまうならば、すべてが暗く、何もなくなってしまう夜のようなものとなるということができる。

3 というのは、次の理由からである。

哲学者の言っているように、神が人間の体に霊魂を吹き入れるときには、霊魂は、何も書かれていない、けずった板のようなものである。感覚によって知ること以外、通常何もそこに書きこまれるものはない。霊魂が体の中に閉じ込められているかぎり、それはちょうど、暗い牢獄の中にいる人のようなもので、わずかながら、その牢獄の窓から見えるもの以外何も見えない。もし、そこから何も見えないというならば、外には、見る術《すべ》とてもないように、霊魂も、牢獄の窓とも言うべき五官を通じて見るものがないならば、当然ほかからは何も入ってこないことになる。

4　したがって、感覚から受け取るものに対して目をつむり、それを受け入れないならば、霊魂は暗く、そして空《から》の状態に留まるということができる。というのは、上述のように、採光用の窓以外からは、通常光が入りようがないからである。人は、聞いたり見たり、嗅いだり味わったり、感じたりするのをすっかりやめてしまうというわけにはいかないものであるが、これらのことにとらわれないで、そのまま打ち捨ててしまうならば、何も見えず何も聞こえなくなると同じように、そうしたことが、何のかかわりもなく、また妨げにもならなくなってしまうのである。例えば、目を閉じた人は、暗闇になって、視力を失った盲人のようになってしまうのと同じことである。

ダビデが「私は若いときから、貧しく、困窮の中にある」（詩87・16）と言ったのもこの意味であった。彼は確かに富裕であった。にもかかわらず、自ら〝貧しい者〟と言っている。というのは、彼は、その富に心を留めることがなかったため、本当の貧しい者と同じことであったからである。もしそれと反対に、実際は貧しいのに心はそうでないなら、真の意味で〝貧しい者〟ということにはならない。なぜなら、心は欲望に満たされ富んでいることになるからである。このことから、この赤裸を魂にとっての「暗夜」とわれわれは呼ぶのである。

ここでは、「ものをもたない」ということについて話しているのではなく——なぜなら、ものに対する欲望をもっているなら、そのものはなくとも、それによって心は裸になっているということにはならないからである——、そうしたもののたのしみとか欲望から裸になることについて言っているので、そうしたものをもっているとしても、心はそれにとらわれず自由にしておくということなのである。この場合、この世のものはその心をとらえることなく、またその中に入ってこないのであるから、心をそこなうわけはなく、災いを及ぼすのは、心の中に留まっている意志とか欲望というものだけである。

5　この夜の第一の形は、後述するように感覚の分野を通じて霊魂に関係するもので、すでに述べたように、神との一致に達するために通過しなくてはならない二つの形をとる夜の、その一つである。

神との一致に達するために、この感覚の暗夜の中にその家を出てゆくことが、どんなに大切なことであるかということを、これから述べていこうと思う。

第4章

神との一致に向かって進むためには、「感覚の暗夜」——すなわち欲望の克服——を真に通りすぎることが、どんなに大切であるかについて述べる。

1　神との天上的な一致に達するためには、欲望の克服と、どんなものにも、ひきつけられないことが必要である。というのは、地上のものに対する愛着はすべて、神のみ前においては、ただ闇に包まれたままでいて、何よりもまずそれを捨ててしまわなければ、純粋でまじりけのない神の光にとらえられ、かつそれに照らしだされることはできない。なぜなら聖ヨハネが「闇はこれを悟らなかった」（ヨハ１・５）と言っているように、闇が光と共にあることはできないからである。

2　そのわけは——哲学が教えているように——一つのものの中に、互いに正反対の二つのものが同時に含まれているということが不可能だからである。実際、地上のものに対する執着という闇と、神という光とは正反対のもので、少しも相似するところがないことは、コリント人にあてた書簡の中で聖パウロが教えているとおりである。「光と闇とが、どのようにして、一緒になることがあろうか」(二コリ6・14)と。このことからして、まず第一に地上のものに対する愛着を追い出してしまわなければ、神的一致の光は心の中に留まることはできないといえる。

3 以上のことがいっそうはっきりわかるためには、次のことを知らなくてはならない。すなわち、地上のものに対して愛着や執着をもつときには、われわれもまた、それと同じところまで引き下ろされてしまい、この愛着が強ければ強いほど、われわれはますますそれと似たものになってしまうということである。なぜなら愛は、愛するものと愛されるものとを互いに似たものとするからである。このことを、ダビデは、偶像に愛着をもつものについて語りながら、次のように言っている。

「偶像を造り、それを信ずるものは、自分自身それと似たものになる」(詩113・8)。すなわち〝それら偶像に心をとらわれるものは、それに似たものとなる〟という意味である。つまり地上のものを愛すれば、それと同じ低劣なもの、否、さらにはそれ以下のものにさえなるのである。なぜなら愛は、ただ、愛するものと愛されるものとを等しくするというだけでなく、愛するものは、その虜になってしまうからである。したがって、神以外の何かを愛するというそのことだけで、もうわれわれには、神との純粋な一致も、またそれによる変容も不可能になってしまうのである。なぜなら、創造主の高みと被造物の低さとの間は、闇と光との差以上のものがあるから。すべての天のもの、地のものを挙げて教えても、神に比すれば無に等しいことは、次のエレミヤの言葉どおりである。「地を見れば、そこには何もなく、天を仰げば、そこにも光はない」（エレ4・23）と。「地を見ると、そこには何ものもなかった」というのは、地上のものはすべて無に等しく、地そのものもまた、無であることを意味する。また、「天を仰げば、そこにも光はない」、というのは、天上の輝く星のすべてを挙げても、神と比べれば、全くの闇に等しいということである。このように、造られたものはすべて無に等しく、しかも、そのようなものに対する愛着は、神における魂の変容を妨げかつ奪うものであるからには、無よりも劣ったものであるということができる。それはあたかも、闇が光を奪うかぎり、闇は無いというだけでなく、無以下のものであるのと同じである。闇にあるものは、光をとらえることができないように、地上のものに執着するものは、神をとらえることができない。したがって、このような執着を離れて純粋になるまでは、この世で、愛による魂の純粋な変容によって神を所有するということも、またあの世で、あの明らかな直感によって神を同じく所有するということも、どちらも不可能である。このことをさらにはっきりさせるために、個々にわたって述べることにしよう。

4　地上のものはすべて神の無限に比すれば無であるように、地上のものに愛着するものは、神のみ前において同じく無である。否、無以下のものでさえある。というのは、前述のように、愛は二つのものを等しく、また相似たものとし、愛する人をその愛の対象となるものより、いっそう劣ったものとするからである。したがって、このようなものは、神の無限の存在と一致するなどということは到底不可能である。というのも、無なるものは、存在と結びつくことはあり得ないからである。今、個々のその例を挙げよう。

地上のものの美しさは、どんなものであろうと、神の無限の美しさと比較されるなら、全く醜いものでしかないということは、ソロモンが箴言の中で次のように言っている。「あでやかさは欺き、美しさは空しい」（箴31・30）と。

このように、地上のものの美しさに愛着をもつものは、神のみ前においては、全く醜さそのものである。したがって、そのような醜い心は神の美の中に変容されることはできない。というのは、醜さは、およそ美に縁なきものだからである。

地上のものの愛らしさ優しい美しさというようなものもすべて、神の心をひきよせる美しさに比べれば、全く不快な味けないものにすぎない。したがって、地上のものの魅惑的な美しさに心をとらわれているものは、神の御眼にはこの上もなく味けないものであって、神の限りない優しさも美しさも受け取ることはできない。なぜなら、不快なものと限りなくこころよい美しさをもつものとの間には、大きな距離があるからである。

この世のものの善《よ》ささえも、すべて神の無限の善に比べれば、醜く歪《ゆが》んだものとさえいえる。なぜなら、神以外に善きものはないからである（ルカ18・19）。したがって全く「悪しきもの」となる。悪は善を理解することがないように、そのような霊魂は、至高の善である神と一致することはできないであろう。

この世の知恵や人間的手腕というようなものはすべて、神の無限の英知と比べれば、全くの無知にすぎない。聖パウロはコリント人にあてて次のように言っている。「この世の知恵は、神のみ前においては愚かなものである」（一コリ3・19）と。

5　したがって、神の英知に結びつけられるために、自分の知恵や賢さに頼ろうとするものは、神のみ前において無知も甚だしいものであり、その英知からはるかに遠ざかることになる。なぜなら、聖パウロが言っているように、このような「知恵は、神には愚かなるもの」であり、無知は、真実の知恵とは何であるかということを知らないからである。

事実、わずかな知恵を得意にしているものは、神のみ前では、甚だ無知なのであって、使徒聖パウロは、ローマ人にあてた書簡の中で「自らは知者と称して、愚者となる」と記している。ただ、無知な子どものように、自分の知恵を捨て、愛をもって神に仕えるものだけが神の英知を自分のものにするのである。こうした意味での知恵のことを聖パウロは、コリント人に教えている。

「自分はこの世の知恵あるものだと思われる人があるならば、まことに知恵あるものとなるために、愚かなるものとなれ。なぜなら、この世の知恵は、神のみ前において愚かなるものだからである」（一コリ3・18－19）と。ゆえに、神の英知と結びつくに至るためには、

「知」よりも、むしろ「不知」の道を通ってゆかなくてはならない。

この世の権力や自由というものもすべて、神の霊の自由と支配力とに比べるならば全く隷属的なもの、みじめな囚《とら》われの身のようなものである。

6 したがって上位に就くこと、あるいは、そうした役目、そこにおいて思う存分振舞うことができることにあこがれているものは、神のみ前においては、神の子というより、低い奴隷や囚人のようにみなされる。というのは、「高められようとするものは、いやしめられ、いやしめられようと欲するものは、高められる」という聖なる教えに従おうと望まないからである（ルカ22・26）。

だから、このようなものは、神との一致において得られる真の精神の自由に達することはないであろう。なぜなら隷属とは、自由と全くかかわりのないものであり、欲望にしばられた奴隷の心の中には、自由は留まることはできないからである。それは、神の子の自由な心の中にだけ宿るものである。

サラがその夫アブラハムに向かい、奴隷の子どもは、自由な身である子どもと共に家を継ぐべきではないから、奴隷の女とその子を外に出すように言ったのも、このことである（創21・10）。

7 この世のすべてのことにおける心のたのしみ、またそのこころよさというものは、すべて、神という、豊かさそのもののたのしみに比べるならば、この上もない苦痛、呵責、にがみでしかない。したがって、そうしたものに心をとどめているものは、神のみ前において、最高度の苦痛、呵責、にがみに値するものとみなされるのである。そのように苦痛や、にがみに値するものであるからには、神との一致のよろこびにあふれる抱擁を受け取るところまでゆくことはできない。

地上のものはすべて、その富も、その光栄も、神という富そのものに比べれば、全くの〝貧しさ〟と〝みじめさ〟というだけのものでしかない。

8　したがって、そうした世間的な見方から判断して、美しいもの、富めるものを愛するために、自分自身を醜く、いやしく、みじめで貧しいものにしてしまう人々のことを嘆いて、英知の神は箴言の中で次のように言われる。

「人々よ、私は、あなたがたに呼びかけ、私の声は人の子らに訴える。小人よ、物事に聡くあれ、愚かなものよ、心せよ、私は、大いなることについて語ろうとしている。その耳を傾けよ。富と栄え、まことに大きな豊かさと義とは、私と共にある。私の実りは、黄金や宝石にもまさり、私が生みだすもの、すなわち、あなたがたの心の中に、私によって生みだされるものは、みがかれた銀よりもまさっている。私を愛するものを富ませ、その宝をもって、隅々まで満たさんために、私は義の道と、正しい弁《わきま》えの道のさ中を行く」（箴8・4―6、18―21）と。右に記されているように、この言葉のうちに、英知の神は、この世の何かに心をとらわれ、執着を感じている人々に話しかけておられるのである。神が彼らを「小人よ」と呼びかけられるのは、彼らがちっぽけなものを愛して、それに似たものとなっているからである。そこで、彼らに言われることには、物事に聡くあるように、また、彼らのようなちっぽけなことではなく、大いなることについて私は語ろうとしているのであるから、それに注意を向けるように、ということなのである。彼らが愛すべき大いなる富と光栄は、神の英知と共にあり、また、その中にあるのであって、彼らが考えているようなところにはないということである。また、気高い富も、正義もそこにあるというのは、この世の事柄が彼らには高く輝いて見えたとしても、神の英知によるものは、それよりさらによいものであるということ、すなわちそのうちに彼らが見いだすものは、黄金よりも、宝石よりも秀《すぐ》れたものであり、人の心のうちにその神の英知が生みだすものは、人々の欲しがるみがかれた銀よりも、なお秀れたものであるというのである。すなわち、そこには、この世における、ありとあらゆる種類の愛着が取り上げられている。

第5章

（前章の続き）神に向かってゆくには、すべてのものに対する欲望を克服するこの「暗夜」を通ることが、われわれにとって、どんなに大切であるかを、聖書によりながら、また、その比喩を用いて示す。

1　今までの説明によって、すべてこの地上のものと、神自身との間にある隔たりがどんなものであるか、そしてまた、その地上のものの何かに愛着をもつものは、どんなに神から遠ざかっているかが、幾分なりとも明らかになったと言えよう。というのも、前に述べたように、愛は愛するもの同士を同じもの、または互いに似たものにするからである。聖アウグスティヌスは、この〝隔たり〟のことをよく理解し、ソリロキアの中で次のように言っている。〝私のみじめさよ、いつになったら、私の貧しさと、過ちとが、あなたの正しさにかえることができるのだろうか。あなたはまことによきもの、私は悪しきもの、あなたは情け深く、私は無慈悲であり、あなたは聖にして、私はみじめなものである。あなたは正しく、私は不義のもの、あなたは光であり、私は盲目、あなたはいのちであり、私は死、あなたはいやしの手であり、私は病めるもの、あなたは至高の真理であり、私は全く空虚である〟と。この聖者は、真に言うべきことをつくしている。

2　したがって、あとに述べるように、神との一致の妨げとなるすべての自然的、また超自然的な事柄に対する欲望を、まず第一になくしてしまうことなしに、そうした神との一致という高い状態にまで達することができるなどと思うのは、およそ愚の骨頂である。なぜなら、そうしたものと、神のうちにおける全き魂の変容という状態において生ずることは、まことに大きな隔たりがあるからである。そのために聖主は、聖ルカを通してこの道を示されている。「そのもてるもののことごとくを捨てなければ、わたしの弟子となることはできない」と。すなわち、〝何ごとについても所有欲を捨てなければ私の弟子となることはできない〟ということである（ルカ14・33）。これは当然のことで、神の子が示そうとされた教えとは、神の霊自身がもたれる価値を受け取るために、ほかのすべてのものを問題にしないことで、これらのものから離脱しないかぎり、全く魂が変容されて、神の霊を受け取ることはできないからである。

3　これに関連づけられる実話として、出エジプト記（16・3―4）の中に次のことが記されている。

すなわち、神は、イスラエルの子らが、エジプトから持って来た小麦粉が全くなくなってしまうまでは、マナという天上の糧をお与えにならなかったのである。これによってわかることは、すべての事柄を捨てきらなくてはならないということである。なぜなら、地上的な食物に好みを求めているような口には、天使の糧は合わないからである。神のものではないほかのたのしみに自らをしばり、それを糧にしているものは、ただ、神の霊を受け取る力がないというだけではない。精神の糧を求めるといいながら、神だけでは満たされず、ほかのものへの欲望や執着を混入させようとするのであるから、尊い神を甚だしく傷つけることになるのである。これは、前に挙げた出エジプト記の中にも現れていることで、あのイスラエル人たちはその簡素な食べもので満足せず、肉の食べものを願い求めたのである（出16・8―13）。彼らは、真にいやしく粗野な食物にまぜようとしたため、神は甚だしくお憤りになられたのである、というのも、「簡素な」食物とはいいながら、あらゆる食物の風味と養分とをそのうちにもっていたのであるから。そのため――ダビデも言っているように――彼らが、まだ口の中に入れたままでいるうちに、神のみ怒りは、彼らの上に降り（詩77・30―31）天の火を投げかけ、彼ら数千人を焼き殺したのであった。というのは、天の糧を与えられたのに、彼らがほかのものを食べたいと思ったことは、まことに神にとって不快きわまりないことだったからである。

4　おお、子どもっぽい欲望を取り去ろうとしないために、どんなに大きな富と心の豊かさを失ってしまうかを、霊的な道を歩む人々が知ったなら。また神ならぬほかの何ものも味わおうと思わないならば、この簡素な心の糧の中に、すべてのものの味わいを見いだすことであろうに。しかし、彼らは、それを味わわなかったのである。彼らがマナの中にあるすべての食物の味を味わえなかったのは、マナだけに、その欲求のすべてを集中しなかったからである。マナの中に望むだけのすべての美味と力とを見いださなかったのは、マナに、それらのものが含まれていなかったのではなく、彼らがほかのものを求めたからであった。神と同時に、何かほかのものをも愛したいと思う人は、疑いもなく、神を軽視していると言える。なぜなら、前に述べたように、神とは雲泥の差のあるものを、神と共に一つの秤りに掛けることになるからである。

5　ある一つのものに心が動かされると、たとえほかのもののほうがはるかに秀《すぐ》れたものであっても、それにまさるだけの味を覚えなければ、やはり最初のものにひかれてしまうことは、経験によってよく知られていることである。もし、その両方を同時にたのしもうとするならば、そのうちの主たるべきものを傷つけることになる。というのは、そこで両者を均等にみなすことになってしまうからである。したがって、神と比べるものは何もないのであるから、神と一緒にほかのものを愛したり、あるいは、そうしたものにとらえられたりするならば、神を甚だしく侮辱することになる。とすれば、そうしたものを神以上に愛するなら、いったいどういうことになるであろう？

6　神がモーセに、山に登って神と語るよう命ぜられた時に示されたことも、このことである。神はただ、イスラエルの子らを、山のふもとに残してひとりで来るようにというだけでなく（出34・3）、山に面して家畜を牧させてはならないと命じられたのであった。その意味は、神と交わるために、この完徳の山を登りたいと思う者は、ただ、すべてのことを捨てて、それを下の方に置き捨てるというだけでなく、家畜とも言うべき欲望を、山に面して飼ってはならない。すなわち、純粋に神でないほかのものを自己の糧としてはならない。というのは、神のうち、すなわち完徳の状態において、すべての欲望は消えてしまうべきものであるから。このように、神への道と、登攀とは、通常、それらの欲望を鎮め、かつ抑制するということを、不断の用心としなくてはならない。このことに心を専《もっぱ》らにすればするほど、人はそこに、いっそう早く達するであろう。しかし、そうした欲望がなくならないかぎり、どんなに多くの徳を実行したところで、そこに達することはない。というのは、その人にはすべての欲望から心をむなしくし、裸にし、清める完全な形をもって、徳を修めてはいないからである。これらについては創世記（35・2）の中に生き生きとしたかたどりとなる話がある。太祖ヤコブがベテル山に登り、そこに祭壇をつくり神にいけにえを捧げるにあたって、彼はまず人々に三つのことを命じた。第一は、神とは似もつかぬ神々をことごとく捨て去ること、第二には、自身を清めること、第三には、衣服を替えることである。

7　この三つのことは、この山に登り、自らを祭壇とし、そこにおいて純粋な愛と賛美と、清らかな畏敬に満ちたいけにえを神に捧げたいと思うものはすべて、この山の頂きに登る前にまず、上に述べた三つのことを完全に果たさなくてはならないことを意味している。

第一には、すべて神にかかわりのない好みや愛着である、まことの神とは似もつかぬ神々とも言うべきものを捨てるということ。

第二には、前に述べた感覚の暗夜によって、そうした欲望を退け、また、常に痛悔の心をもちつつ、その欲望を捨てて、自らを清めること。

第三には、この高い山の頂きに達するためには、別の服を身につけるということ。すなわち、前の二つのことを介して、神が古い服を新しい服に替えてくださることをいう。というのは、人間の古い考え方を捨て去らせて、神のうちにおける新しい神の考え方が人々の心の中に与えられ、また神のうちにおける新しい神の愛が、人間の古い望みと好みとをすべて取り除き、心を無欲にしてしまうことである。また、新しい英知と、深淵のようなよろこびの中に心を浸し、ほかの古い知識や影像はかたわらに退けられ、いわゆる人間的な巧知である「古い人」のことは、すべて消えさり、その霊魂の隅々まで、新しい超自然的なすばやい心の動きを身につけるのである。その時、神との一致の状態に達して、人間的な業は神的なものに変えられ、霊魂はただ、賛美と愛とをもって、神が礼拝されたもう祭壇となるほか、ほかの奉仕を知らず、その心には、ただ、神のみがおられることになるのである。そのために、神は、契約の櫃《ひつ》のあるべき祭壇の内が空であるように命ぜられたのであり(出27・8)、これによって教えられるところは、われわれの心が、大いなる神がいらっしゃるのにふさわしい祭壇となるため、すべての不純物をなくしてしまうようにと、どれほど神がお望みであるかということである。この祭壇には、ほかの異なった火があってもならないし、さりとて、その祭壇自身の火が欠けていてもならない。実際、大司祭アロンの息子であったナダブとアビフが、その祭壇に異なった火を捧げたため、神は憤られ、祭壇の前で、二人を殺してしまわれたのである(レビ10・1―2)。これは、われわれの霊魂が、神にふさわしい祭壇であるためには神の愛を欠いてもならないし、また、ほかの不純な火をまぜてもならないことをわれわれが悟るためなのである。

8　まことに神は、神ならぬものが、神と共にあることを許されない。このことについては、サムエル記上に、ペリシテ人が、契約の櫃を、彼らの偶像のある神殿に入れた時、毎朝、夜明けに偶像が地に倒れ微塵にされたとある(サム上5・2―5)。神の在すところには、神はただ一つの望み、すなわち、神の掟を完全に守り、キリストの十字架を自らに負うことだけしか、お受け取りにならず、またお望みにはならないのである。ゆえに、聖書には、マナの入っていた櫃の中に、律法の書と、十字架を象徴するモーセの杖以外のものを入れるようにとは命ぜられていない(申31・26)、というのは、神の掟を完全に守ることと、キリストの十字架を担うという以外、何もほかのことを望まないものは、それ自体、真の櫃であると言うことである。なぜなら、自身の中に、この掟とその杖とを完全に保ち、ほかの何ものも持とうとしないならば、神という真のマナを自身の中に抱くことになるからである。

第6章
欲望が霊魂に及ぼすおもな損傷。一つは喪失性のもの。他の一つは、加害性のもの。

1　先に述べてきたことが、いっそうはっきりと、また、さらに深く理解されるためには、こうした欲望が、どのようにして二つのおもな損傷を及ぼすかを、ここに言っておくのがよいであろう。その一つは、欲望がわれわれから神の霊を奪い取ってしまうことであり、ほかの一つは、その欲望が巣喰っている霊魂を、疲れさせ、苦しめ、暗くし、汚し、やつれさせてしまうことである。そのことを、エレミヤは次のように言っている。「わが民は、二つの悪しきことをした。活ける水の泉を捨てて、水のたまらない井戸を掘った」（エレ2・13）と。その意味は、〝活ける泉である私を捨て、水のたまらない、壊れた井戸を掘った〟ということである。この二つの害、すなわち、喪失性のものと、加害性のものとは、何かの形で軌道を逸《そ》れた欲望的行為のために、引き起こされるのである。そこでまず最初に、喪失性のものについて話すと、はっきり、次のことが言える。すなわち、神ならぬものの、何か一つのことに心がひかれて、その欲望が大きく占めれば占めるほど、われわれの霊魂は、神を受け入れる力に乏しくなる。それは、第4章でも述べたように、哲学者の言う、二つの相反するものが一つの主体に共存することはできないからである。神に対する愛着と神ならぬものに対する執着とは、相反するもので、その神ならぬものに対する執着と、神への愛着とが、同一の意志のうちにあることはできない。実際、神ならぬものと創造主との間に、または、感覚的なものと霊的なものとの間に、見えるものと見えないものとの間に、この世のものと永遠のものとの間に、全く霊的な天上的糧と全く感覚的な糧との間に、キリストの赤裸と何かの事物に対する執着との間に何のかかわりがあろうか。

2　ものの自然発生において、以前からある形相に、反対形相のものが入ろうとすれば、一つのものの中で二つのものが互いにはじきあうため、前のものを追い出さなくては、ほかのものが入れないのと同じように、われわれの心が感覚的なものにひかれた精神に支配されているうちには、純粋に霊的な精神は入ってくることができない。ゆえに、主キリストは、聖マタイを通して、次のように言われる。「子らのパンを取り上げて、犬に投げ与えるのはよくない」（マタ15・26）と。また、ほかのところでは、同じ福音史家によって、「聖なるものを犬に与えるな」（マタ7・6）と言われている。この聖書の言葉の中で、主は、地上のものに対する欲望を捨てて、純粋に神の霊を受け取ろうという心構えのものを

「神の子」にたとえ、地上のものの中、欲望を養おうとするものを犬に比べられたのである。というのは、子どもたちは、父と食卓を共にし、その皿から頂くわけで、それは、父なる神の精神をもって養われることで、犬には、食卓から落ちたパン屑だけが与えられるからである。

3　つまり、そこで知るべきことは、地上のものとは、すべて、神の食卓から落ちたものということである。したがって、地上のもので心を養おうとするものは、当然、犬と呼ばれてよいわけで、子のためのパンは犬には与えられない。というのは、彼らは、地上のパン屑を離れて、聖父の、神の霊なる食卓に着こうとしないからである。

そこで、彼らは、犬のように常に飢えて歩きまわることになる。しかも、パン屑は、飢えを満たしてくれるよりも、かえって欲望を刺激するばかりである。ダビデは、彼らについて、次のように言っている。

「彼らは、犬のように飢えに苦しみ、町をさまよう。満たされることがないために大声で吠える」（詩58・15－16）と。

なぜなら、欲望をもつものの特色は、飢えた人のように、常に不満で、不機嫌であるからである。実際、すべて地上のものに対する飢えと、神の霊によって与えられる満足感と、何のかかわりがあるであろうか。われわれの心からつくりだされた飢えが、まず、われわれの心自体からしめ出されるのでなければ、この世のものではない神の満足感が、われわれの心の中に入ってくることはできないのである。

というのも、すでに述べたように、二つの相反するものは、同一のものの中に留まることはできないからであって、この場合、二つの相反するものとは、〝飢え〟と〝満足感〟とである。

4　このことから見ると、無から創造ということよりも、一つの霊魂を、その相反するものから浄め、純粋なものにすることにおいて、神はいっそう大いなることをなされるといえる。なぜなら、無は逆らわないものであるが、こうした感情や欲望の逆らいというものは、神に対して、無よりも性《たち》の悪い反対者であり、反抗者であるからである。欲望が神の霊に逆らい、霊魂に加える第一のおもな害については、前に多く述べたところであるから、以上で十分であろう。

5　次に、そうした欲望が、霊魂に及ぼす第二の影響について語ることとしよう。それは種々さまざまな形をとる。すなわち、欲望は、心を〝疲れさせ〟〝悩ませ〟〝暗くし〟〝汚し〟〝憔悴《しょうすい》〟させるもので、この五つについて、それぞれ述べてみることとしよう。

6　まず第一に、欲望が、心を疲れさせることは明らかである。欲望は、いつも、母にあれやこれやとねだって、決して満足しない落ち着かぬ厄介な子どものようなものである。また、宝を求める強欲から、土を掘り返して疲れるのと同じように、欲望の求めるものを追うために、人は疲労する。それに、今、手に入れたと思っても、すぐに次のものへと、決して満たされることがないために、そうした人は、終始疲労する。その人は、ちょうど渇きをいやすための水を、ためておくことのできない、壊れた井戸を掘っているようなものである。これを、イザヤは次のように言っている。

「疲れて、のどが渇き、その心は、うつろである」(イザ29・8)と。その意味は、欲望はむなしいもので、そうしたむなしい欲望を追うものは疲れるということである。なぜなら、熱が下がらなければよくならない熱病患者のように、その渇きは、刻一刻増大するばかりだからである。それは、ヨブ記の中に、次のように言われている。

「欲望を満たしながら、なお息苦しく、胸の焼ける思いに、すべての悩みは、彼の上を襲う」(ヨブ20・22)。その意味は、〝欲望が満たされたとき、いっそう息づまり重苦しくなり、その人の中に、欲望の熱は増し、すべての悩みが襲ってくる〟というのである。欲望をもつものが疲労するというのは、風にあしらわれる水のように、欲望に傷つけられ、動かされ、煩わされ、どこにも、どんなものにも、決して落ち着いていることができないでもてあそばれてばかりいるからである。このような人について、イザヤは、「悪いものの心は、荒れ狂う海のようである」(イザ57・20)と言っており、そのような、欲望に克《か》たないものは悪いものなのである。

　欲望を満たそうとするものが疲れるのは、さらに、たとえていえば、飢えているのに、風をもって腹を満たそうとし、口を開けている人のようなもので、満たされるどころか、ますます渇くばかりである。なぜなら風は、その食物とはならないのであるから。このことについてエレミヤは次のように言った。「その心の望みの中に、愛欲の風を引き入れた」(エレ2・24)と。その意味は〝その意志する欲望の中に、愛着の風を引き入れた〟ということである。続いて、このような人が住まいとする心の荒《す》さびを説明するために、忠告をそえている。「あなたの足をはだしにせず、あなたの、のどを渇かせてはならない」(エレ2・25)と。すなわち、渇きばかりを増すような欲望を追うことから、あなたの意志を離せというのである。

希望の日を夢みて恋するものが、うまくゆかなかったとき疲れるのと同じように、欲望と、その欲望を満たすことにいっぱいになっているものは、そのために生ずる大きな空虚感と飢えのために、疲れるばかりである。というのも、欲望というものは、通常言われるように、火のようなもので、薪を入れている間は大きく燃えているけれども、薪が燃え尽きてしまえば、いや応なく衰えなくてはならないものだからである。

7　だが、欲望は、この点でさらに性《たち》が悪い。なぜなら、火は、薪が尽きるに従い、衰えてゆくものであるが、欲望は、いったん達成されて大きくなると、たとえ、あとで欲望を満たしてくれるものがなくなっても、その欲望は減るわけではなく、薪が尽きたときの火のように衰える代わりに、疲れこんでしまうのである。なぜなら飢えは増し加わったままで、食物は減ってしまうからである。これについてイザヤは、「右に傾いても飢え、左に食しても、あかされない」と言っている（イザ9・20）。欲望をなくさないものは、その傾いたところに、ちょうど、神の右にいる人々の満たされた心のありさまを見る。しかし、それは、彼らには与えられない。次に、〝左の方に走る〟というのは、何か地上的なものに、その欲望を満たそうとすることで、その時に、かえって満たされることがない。なぜなら、満たすことのできる唯一のものを捨て去って、飢えを、ますますひどくするものをもって自分を養おうとするからである。

以上から、欲望というものが心を疲れさせることは、明らかにわかる。

第7章

欲望が、どんなに心を苛《さいな》むかについて述べる。比喩と、聖書によって証明する。

1　欲望が精神に及ぼす加害性の傷の第二のものは、一つのところに縄でしばりつけられ、それから解き放されるまで休むことができない人のように、欲望によって、心が苛まれ、かつ、苦しめられることである。こういう人々について、ダビデは次のように言っている。「罪の縄目に、私はしばられた」（詩118・61）。罪の縄目、すなわち、自分の欲望によって、しばりあげられたというのである。

また、裸で、棘《とげ》や針の上に身を横たえるものは、苛まれ、苦しめられるのと同じように、われわれの心も欲望によりかかっているならば、同様に苦しめられ、苛まれる。欲望は、棘のように傷つけ、悩まし、まといつき、疼《うず》きを残すからである。それで、これについても、ダビデは次のように言っている。

「それらは蜂のように私を囲み、いばらの火のように燃え上がった」（詩117・12）と。その意味は、〝それらは、蜂のように私を囲んで、その針で刺し、いばらの火のように、私に向かって燃え上がった〟ということである。

というのは、棘ともいうべき欲望の中に、苦しみと煩悶の火は、大きくなるものだからである。農夫が、期待する収穫を望むばかりに、鋤《すき》にしばった牛を、叩いたり、つついたりするように、われわれの欲望は、その求めるものが欲しさに、欲望にしばりつけられた心を苦しめる。これは、サムソンのあれほどの大力が、どこからくるのか知りたいと思ったデリラの欲望の中によく現れている。

聖書のいうところでは、その望みは、ほとんど死ぬほど彼女を疲れさせ、苦しめたとある。「その心はくだかれ、死ぬほどに疲れ果てた」（士16・16）と。

2　欲望は強くなればなるほど、いっそう、心にとって拷問となる。欲望をもてばもつほど、拷問が強くなるのであるから、心の中に欲望があれば、それだけいっそう、拷問がつのるわけである。このような人には、黙示録の中で、バビロンについて言われていることが、そのまま、この世ですでに現実となる。

「その自賛と陶酔には、それにふさわしい苦しみと痛みの報いを与えよ」（黙18・7）と。すなわち〝自らを誇り、その欲望を、満たそうとすればするほど、いっそう、苦しみと悩みとを彼に与えよ〟ということで、欲望に引きずられるままになっているものも、敵の手に落ちたものと同じく苦しめられ、悩まされるのである。

こうしたことについては、旧約の士師記の中に、それを意味する物語がある（16・21）。以前には強くて、全く自由に振舞うイスラエルの士師であった強力サムソンが敵の勢力下に落ちたとき、その力は奪われ、目はえぐりとられ、ひきうすにつながれて、それをひかされたため、非常に苦しめられ、悩まされたのであった。われわれの心も、そこに欲望という敵が住みこんで勝利を占めると、それと同じことになり、そこにまず生ずるのは、心は憔悴し、盲目にされるということである。あとに述べるように、心は欲望のひきうすにつながれて悩まされ、苦しめられるのであって心をしばっている縄というのは、外ならぬ、その欲望のことなのである。
3　そのために、地上のものの中に、欲望の渇きと飢えとを満たそうとして、艱難辛苦《かんなんしんく》するものに対して、神は憐れみを覚えたまい、イザヤを通して、次のように言っておられる。
「渇く者よ、すべて、水を飲みに来れ。金をもたぬ者よ、急ぎ来り、手に入れて食せよ。支払うことなく、ブドウ酒と乳とを手に入れよ。なぜ、パンのため、その金を用いず、満たされるために、その仕事に励まないのか」（イザ55・1―2）と。その意味は、〝欲望に渇く者はすべて、水を汲むために来れ、意志と欲望という銀なき者は、急ぎ来り、私よりあがない求めて、食をとれ。意志という銀も、欲望のために支払う骨折りもなく、来りて、

（心の平和と、そのこころよさのぶどう酒と乳とを）私よりあがない求めよ。なぜ、神の霊なるパンではないもののために、意志の銀を与え、満たされることもないもののために欲望にかられようとするのか。私のもとに来て耳を傾け、望むよきものを食し、心の豊かさに満たされよ〟ということである。

4　心の豊かさをもつに至るというのは、地上のもののたしなみのすべてから外に出るということである。なぜなら、地上のものは、苦しみを与えるのに対し、神の霊は力をとり戻してくれるからである。

神はまた、聖マタイを通じてわれわれに呼びかけられる。

「苦労して重荷を負う者よ、すべて、私の許に来れ、私はあなたがたをいやそう。あなた方は、心の中に安らぎを見いだすであろう」（マタ11・28―29）と。その意味は、〝苦しみ、悩み、不安と欲望の重荷を負っている者は、すべて、そのようなものから外に出て私のところに来るならば、私は、彼らの力を取戻し、彼らは、そこに自分の欲望を捨てる心の憩いを見いだすであろう〟ということである。ダビデも、次に言っているように、欲望は重荷なのである。

「荷のごとく、重く私の上にのしかかった」（詩37・5）と。

第８章
欲望が、どんなに霊魂を暗くし、盲目にするかについて。

１　欲望が、心の中に引き起こす第三の傷害というのは、霊魂を盲目にし、暗くしてしまうということである。

例えば、蒸気が空気をかげらし、太陽の輝きを妨げるように、または、曇った鏡は、はっきり人の顔を映すことができないように、あるいは、泥にかきまわされた水面には、そこを覗きこむ人の顔がくっきり映らないのにも似て、欲望にとらわれた心は、その知解力が暗《くら》み、人間的理性の太陽も、神の超自然的英知の太陽も、それを明るく照らすことができなくなってしまうのである。ダビデは、これについて次のように言う。

「私の心の醜さは私を包んで、見ることもできなかった」（詩39・13）と。

２　また、知恵が暗むのと同じように、意志もまた鈍くなり、記憶は粗雑になり、それぞれに応じた働きが乱されてしまうのである。というのは、これらの能力の働きは、知解力次第であるから、その知解力が働かなくなると、それらのものも乱され、煩わされるのは当然のことである。したがってダビデは言う。「私の心は、ひどく乱された」（詩6・4）と。私の心のそうした能力は、すっかり乱されてしまったということである。上に述べたように、暗黒の空は、太陽の光を受け取ることができないように、そうした知性は、神の英知の光を受け入れることができず、また、曇った鏡が、その前に置かれたものの顔を、はっきり映しだすことができないように、そうした意志は、純粋な愛をもって、神をその内に包むことができない。また、さらに、かき乱された水面には、それを見つめる人の顔が、はっきり映らないように、欲望の暗さのために、何も見えなくなってしまった記憶力は、すっきりと、神の映像を自分の中にとり出してみることができなくなる。

3　欲望は、それ自体としては盲目なものであるから、われわれの心を盲目にし、また暗くするものである。なぜなら、それ自身、自分の中には知解力をもたず、目の見えない人の手引きになるものは、常に理性だからである。したがって、心が欲望に引きずられるときには、いつも目が見えなくなってしまうわけで、これは、目の見える人が目の見えない人に導かれるということになり、結局二人とも目が見えないのと同じことになってしまうのである。その結果として、聖マタイを通して主が言われているようなことが起こる。「盲人が、もし、盲人の手を取るならば二人とも坑《あな》に落ちるであろう」（マタ15・14）と。光の美しさにあこがれるばかりに、それに欺かれて火に飛びこむ蛾にとって、その目は、いっこう有難いものとは言えない。これと同じように、欲望を心の糧にしている人は、光に瞞《だま》される魚のようなもので、漁夫が掛けているわなを、見ることができないため、光はかえって闇の用をなしているということができる。このような人々について、ダビデは、さらに巧みに言っている。

「光が落ちてきて、太陽が見えなくなった」(詩57・9)と。その意味は、〝熱をもってあつくし、光をもって目をくらます火が、彼らを襲った〟というのである。これと同じことを、欲望は霊魂に対してなすのである。欲望を燃え上がらせ、光を見ることができないまでに、理性をくらませてしまうのである。

この理性の目がくらんでしまう原因というのは、目の前に本物でないほかの光をおくために、視覚はその中間に置かれたものだけにとらわれて、ほかのものは見えなくなってしまうからである。欲望は、霊魂自身の非常に近いところにあるために、人は、その最初に出会う光にぶつかって、その中に糧を求めるため、欲望によるまどわしが、すっかりなくなるまでは、明らかな理性の光を見ることができない。

4　このように見れば、人並みはずれた、償いのための苦業や、その他、たくさんの修行を自分からつくり出して、そうした修行だけで神の英知と一致するのに十分なものであると思い込み、欲望をなくすなどというようなことには、いっこう努めようともしない人々の無知たるや、まことに嘆かわしい。

もし、そうした修行の努力の半分だけでも、欲望の克服に向けるよう努めるならば、長年の間、そうした沢山の修行をするよりも、たった一カ月の間に、もっと多くの益を得ることであろう。なぜなら、土地の実りをもたらすためには、土を耕さなくてはならず、そのために働かなければ雑草しか出てこないように、精神的実りをもたらすためには、欲望を克服することが必要だからである。

このことをしないなら、いくら完徳において、また、神と自分自身を知る道において進歩したいと思っても、耕されていない土にまかれた種のようなもので、実りを得ることなどできないと、私は断言する。欲望が消えてしまわないかぎり、心の闇と、その粗雑さは決してなくなりはしないであろう。それらは、眼のそこひや、ほこりのようなもので、それらが取り除かれるまでは、視力は妨げられるからである。

5　ダビデは、これらの人々の盲目と、また、彼らが真理の光を見るのに何と多くの妨げをもっているか、また、神がいかに彼らに対して憤りを感じておられるかを見て、彼らに次のように言っている。

「お前らの枝の茨が知るより早く、神は、その怒りの中に、生身のまま呑みつくされよう」(詩57・10)と。そのいうところは、〝お前らの茨、すなわち、欲望が動き始めるより前に、神は、その怒りの中に彼らを呑みつくされる〟ということである。つまり、心の中に生きている欲望が、神について知恵を開かれる前に、神は、この世、または、あの世において浄化のための罰と矯正とをもって、それらのものを呑みこまれるというのである。怒りのうちにそれを呑みこむというのは、欲望を克服することにおける苦しみが、その欲望自身の霊魂に与えた損傷の罰となるからである。

6 おお、もし人々が、その愛着と欲望によって生ずる盲目のため、神の光からくる何と多くの宝を奪い取られてしまうか、また、そうしたものを克服してしまわないかぎり、毎日何と多くの悪と害を蒙《こうむ》ることになるかを察するならばと思う。というのも、愛着や欲望があっても、それが自分を盲目にしたり暗くしたりして、次第に悪化してゆくようなことはあるまいと思うような神の賜物とか、すぐれた理性などというものはないからである。実際、ソロモンのような、神の知恵と賜物とにおいて全き人間が、高齢に達してからあのように多くの偶像のために祭壇をつくり、自身それを礼拝したほどに心がくらみ、鈍くなってしまうなどと、だれが想像することができたであろう(王上11・4―8)。だが、それも、女たちに対する愛着と、心の欲望やたのしみを捨てようという気にならなかったというだけのことで、そうなるのに十分であった。彼自身「コヘレトの言葉」(2・10)の中で、自分の求めるものを心から退けなかったと言っている。

欲望に身も心も委ねたことが、あんなにまでしたのであって、実際、始めのうちは確かに控えめであったのであるが、その欲望を捨てようとしなかったため、少しずつ理性は曇り、やがて盲目になり、神から与えられたあれほどの大きな英知の光さえも欲望によって消されてしまい、年老いて、ついには神を捨てるまでに至ったのである。

7　善と悪との間にある差異を、あれほどまでにはっきり見分ける分別をもっていた彼にして、あのようにひどいことになったとすれば、われわれのような粗雑なものにとっては、くつわをはめられていない欲望が、できえないようなことがあるだろうか？　預言者ヨナに神がニネベの人について言われたように、右と左との間にあるものを、われわれは知らないのである（ヨナ4・11）。というのはわれわれはいつも自分なりの見方から、善いことを悪いと考え、悪いことを善いと思うのであるから、もともとそのように暗いところへさらに欲望が加わったらどうなることであろうか。イザヤの次の言葉どおりになってしまうであろう。

「盲人のように壁を手さぐりし、目をもたない人のように手さぐりし、昼までも闇のうちにあるかのようにつまずいた」（イザ59・10）と。預言者イザヤは、欲望を追うことに心をひかれているものに対して、次のように言おうとしているのである。〝われわれはちょうど、盲人のように壁を手さぐりし、まるで目をもっていないもののように手さぐりし、あまりにも目がくらんでしまっているので、昼日中にあってもちょうど闇の中にいるかのようである〟と。なぜなら、欲望のために盲目となっているものは、真理と真理にそうもののさ中にありながら、ちょうど闇の中にあるかのように、それにいっこう気づかないからである。

第9章
欲望が、いかに霊魂を汚すかについて。
——聖書の言葉と例による論証。

1　欲望が霊魂に及ぼす第四の損傷とは、それが霊魂をけがし汚すということである。コヘレトの言葉は、次のようにこれを教えている。「瀝青《チャン》（ヤニ）に触れれば汚れる」（シラ13・1）と。何か地上的なもので欲望を満たすとき、瀝青《チャン》に触れることになるのである。たとえ最上のものであろうと、地上的なものと霊魂の尊さとの間には、輝くダイヤモンドや黄金と瀝青《チャン》との間にある差異よりもさらに大きな違いがあるため、賢者は、地上的なものをヤニにたとえているのである。
金やダイヤモンドを熱して、それを瀝青《チャン》の上に置くと、熱が瀝青《チャン》を溶かしてひきよせるその度合いに応じて、金やダイヤモンドが醜く汚いものになるように、霊魂が何か地上的なものに対する欲望に燃えると、その欲望の熱が、不潔なもの、汚れたものを、自分の中に引き入れるのである。

まことに、霊魂とその他の物質的なものとの間には、何か非常に澄んだ液体と、ひどく汚れた泥との間にあるよりも大きな差異がある。したがって、そのような澄んだ液体も泥と一緒にするならば濁ってしまうように、地上的なものに執着する心は汚れてしまい、自分も、その地上的なものと同じようなものになってしまうのである。また、非常に美しく、まったく均整のとれた顔でも、墨が付けば、それも台無しになってしまうように、比べるものもないほどに美しく完全な神の肖像を内にもつ霊魂も、乱れた欲望のために汚れて、醜くなってしまうのである。

2　そのためにエレミヤは、その乱れた愛着が、霊魂の中に生じさせる醜い腐敗を嘆き悲しみ、まず最初に霊魂の美しさを、次にその醜さについて次のように言っている。「ナザレびとらは、雪よりも照り映え、乳よりも艶あり、古《いにし》えの象牙よりも紅く、青玉よりも麗しい。しかしその面《おも》は炭よりも黒くなり、巷にあっても彼らを見知ることさえできない」（哀4・7―8）と。その言おうとするところは次のことである。

〝その髪、すなわち霊魂の髪は、雪にもまして白く、乳よりもつやつやして、古い象牙よりも赤く、サファイアよりも美しい。しかるに、その顔は炭よりも黒くなり、広場にあってもそれと気づかれないまでになってしまった〟と。ここで髪というのは愛情と思考のことを言い、神の定められたこと、すなわち、神ご自身に向かって定められた愛情や思考は雪よりも白く、乳よりもつやつやして、象牙よりも赤く、サファイアよりも美しいのである。以上四つのものによって肉体的なものの美しさと秀《すぐ》れた素質が総合されているわけであるが、ナザレびと、あるいはその髪と呼ばれている霊魂とその働きとは、さらにそれに優って美しい。しかるに、それが乱されて、神の定めたまわないことのうちに落ち込んでしまい、地上的なものにすっかりかまけてしまうときには、エレミヤが言うように、その顔は、炭よりも黒くなる。

3　この世のものに対する乱れた欲望は、そうした悪に、さらにつけ加えて心の美しさを傷つける。欲望が霊魂に及ぼす醜さや汚い様について話さなければならないとすれば、くもの巣や蛆《うじ》で一杯とか、あるいは、死体の醜悪さとか、ともかくこの世において想像できる、あらゆる不潔で醜いものを取り出してきても、それと比べものにはならないであろう。なぜなら、乱れた霊魂というのは、その本性ということだけからすれば、神がおつくりになったままの完全さをもっているとしても、理性的存在ということからすれば、醜く嫌悪すべきものであり、歪《ゆが》んでいて光なく、ここに言う以上のすべてのみじめさに覆われているからである。

たった一つの乱れた欲望であっても、あとに述べるように、たとえそれが大罪の素《もと》というものではないとしたところで、その一つの欲望だけで霊魂を奴隷化し、汚し、醜くするのに十分で、それが浄められないかぎり、決して神との一致に至ることはできないであろう。とすれば、全く乱れきった欲情のもつれの中にからんでいるものの醜さはなおさらのことで、神のきよらかさから何とかけ離れていることであろうか。

4　さまざまの欲望が、心の中に引き起こすいろいろの汚さは、言葉で言い表すことも、知性で理解することもできないほどである。まことに、個々の欲望について各々その大きさと性質に応じ、あるいは多くあるいは少なく、霊魂のうちに不潔と醜さによる瑕《きず》や汚れを与えるか、また、理性の糸のたった一つの乱れだけでも、それぞれの形で、大小無数の汚れを自分自身にもたらすかを言うことができ、またわからせることができるならば、それは驚くべきことであり、また同時に憐れをもよおさずにはおれないであろう。

なぜなら、義人の魂が、心の方正という、たった一つの完全さをもつだけで、神に対して各々が抱く愛情のさまざまな違いから形を異にする好ましい無数のすぐれた賜《たまもの》や、真に美しい多くの徳をもっているのと同じように、乱れた心の持主は、地上的なものに対するさまざまの欲望のために、前に言ったように、欲望が霊魂のうちにそのきずあとを残す種々のみじめな不潔といやしさをもつことになるからである。

5　このさまざまな欲望については、エゼキエル書の中によく描かれている（エゼ8・10―16）。そこには、神殿の中の壁のまわりに、地をはうあらゆる蛆虫や、嘔吐を覚えさせるような不潔な動物のことごとくが描かれてあるのを、神が預言者エゼキエルにお示しになったとある。そこで神は、預言者に向かって次のように言われた。「人の子よ、あなたはまことに彼らが各々、人目に隠れてなす嘔吐をもよおすようなことを見なかったか」

と。それから神は、この預言者がもっと内に入って、さらにいやしむべきことを見るようにお命じになった。そこで預言者の知らせによると、そこに女たちが坐っていて、愛の神であるアドニスに対し涙の訴えをしているのを見たという。さらに神は、もっと進んで、それよりもなお忌み嫌うべきさまを見るようにと命ぜられた。するとそこでは、二十五人の老人が神殿に背を向けているのを見たという。

6　神殿の最初の部屋に描かれていたさまざまのみにくい虫や、不潔な動物というのは、理性が地上のいやしいものや、この世のものに対して抱く、考えや思いのことで、このようなもので霊魂の最初の部屋である理性を妨げるとき、霊魂という神殿の中に描かれるものである。もっと奥に入って、第二の部屋でアドニスの神に涙の訴えをしている女というのは、意志という霊魂の第二の部屋にある欲望のことである。この欲望が涙の訴えをしているというのは、すでに理性のうちに描かれている醜い虫のようなものに意志が愛着し、激しくそれを望んでいることを意味する。第三の部屋にいた男たちというのは、この世のものの姿であり、幻影であって、それらを霊魂の第三の部分といえる記憶がつかさどり、また広げてみせる。これらのものが、神殿に背を向けていたといわれるのは、もし人が、以上の三つのものをもって、何か地上的なものにすっかりとらわれてしまうならば、地上的なものの入りこむことを許さない霊魂の正しい理性である神の住まいに、背を向けているということができるからである。

7　欲望による霊魂の醜い乱れについて、いくらかを知るためには、以上のことで十分であろう。もし、われわれの不完全さのために、霊魂のうちに生じさせられる、比較的小さい醜さや、そのさまざまの形、また、そのような不完全さに比べて、もっと悪い小罪というものが引き起こす、いっそうさまざまの醜さ、そしてさらに、霊魂を全く醜いものにしてしまう大罪となる欲望がつくり出すみじめさ、それに以上の三つのものがさまざまに入り組んで生みだされる多種多様のものについて、一つ一つ話すとすれば、決して終わることもないであろうし、天使のような知性をもってしても、それを理解するには不十分であろう。

私のいうこと、今ここで私が問題とすることは、どんな欲望であっても、たとえそれが至って小さな不完全といわれるものでも、霊魂を穢《けが》し、汚すものだということである。

第10章
欲望が、徳の実行において、どんなに霊魂を冷やし、衰えさせるかについて。

1　欲望が霊魂をそこなう第五の事柄は、冷却と消衰であって、そのために人は、徳に努め、また、徳を失わないように保つ力をもたなくなってしまうのである。というのは、欲望の力が分割されるという事実それ自体のために、ただ一つのことに集中するよりも弱くなってしまうからである。事実、たくさんのことに力が分かたれれば分かたれるほど、個々のものにふりあてられる力は少なくなる。そのために哲学者は、一つに結びついた力は、分散された力より強いと言う。したがって、意志の欲求が徳以外のものに分散すれば、徳に対していっそう弱くなってしまうのは明らかなことである。いくつかの小さなことに気を散らしている心は、ちょうど底漏れがしてちっともたまらない水のようなもので役に立たないのである。そのために、かつて太祖ヤコブは、その子ルベンがある種の罪に対し、欲望の手綱を緩めたことを水漏れにたとえて次のように言った。

「あなたは、水のように漏れる。増すことがないであろう」（創49・4）と。その意味は、〝お前は水のように、欲望によって漏れているため、徳において成長することができない〟ということである。熱い湯も、ふたをしなければ、まもなくその熱を失うように、あるいはまた、芳しい香料も、密閉されていなければ、香りも強さも失うように、神だけに集中していない心は、徳の熱意も力も失ってゆくのである。

ダビデは、このことをよく知って、「私は、あなたのために、力を保つ」（詩58・10）と言っている。すなわち、〝私の欲求の力のすべてをあげて、あなただけに集中するため、自分の力を保っておく〟ということである。

2　欲望が霊魂を衰弱させるというのは、霊魂のうちにおける欲望とは、木の周りに生える若芽のようなもので、木の養分を吸い取ってしまうため、その木はたくさんの実を結ぶことができないのである。主は、このようなものについて次のように言われた。「禍いなるかな、その日に子を宿すものと乳を飲ませるものとは」（マタ24・19）と。

ここで、〝子を宿す〟〝乳を飲ませる〟というのは、欲望について言われていると見てよいのであって、欲望が除かれないかぎり、それはいつも、霊魂の力をそぐばかりで、樹の若芽のようにはびこって霊魂を害するものである。そこで主は、われわれに忠告し、〝腰に帯を締めよ〟と言われた。ここで腰というのは欲望のことを意味する。実際欲望は、絶えず血を吸い取る蛭《ひる》のようなもので、箴言の著者は同じく次のように言っている。

「（欲望という）蛭の娘たちは、常にくれろくれろという」（箴30・15）と。

3　以上のことから、欲望は霊魂に何の益ももたらすものではなく、かえって霊魂から、そのもっているよいものを奪い取ってしまうことは明らかである。もしそれを殺してしまうのでなければ、蝮《まむし》の子がその母に対してなすといわれることを、欲望は霊魂に対して、なさずにはいないであろう。すなわち、蝮の子は母の胎内で成長し、母を喰い殺し、母を犠牲にして生きると言われる。そのように、抑制されない欲望は、まず、まっ先に霊魂によって殺されるのでなければ、逆に神のうちにある霊魂を殺してしまうものである。そのことから、シラ書の著者は次のように言う。「主よ、私から腹の欲望を除き去り給え」（シラ23・6）と。その霊魂のうちに生きているのは、ただ欲望だけだからである。

4　そこまでいかなくとも、霊魂の中に生きている欲望が、哀れな霊魂にどんなひどい仕置きをするか、また、それが自分自身にとって、どんなに不幸なことであり、隣人に対しても何とうるおいのないものであり、神のことについては、いかに腰が重く怠惰であるかを考えると、まことに嘆かわしいことである。というのも、不快な気持ちは、病人にとって歩くのも食べるのも重苦しく、おっくうなものにしてしまうものであるが、地上的なものに対する欲望ほど、徳に従う気持ちを重苦しく悲しいものにしてしまうものはない。だから通常、このように、徳を獲得しようという熱意も望みも、多くの人がもたない原因は、神に対する不純な望みや愛着をもっているためである。

第11章
神との一致に達するためには、たとえ些細なものであっても、欲望のすべてを捨ててかからなければならないことを証明する。

1　読者が、ずっと前から聞きたいと思っていることは、それほど高い完徳の域に達するためには、大小を問わず、すべての欲望を前もって全部抑制してしまわなくてはならないのか、それとも、そのうちのあるものだけで、その他のもの、少なくともあまり重大とは思われないものは、そのまま残しておいてもよいものかどうかということであろう。というのは、何ものに対しても、意欲も愛着ももたなくなるほど清く拭われてしまうところまで到達することは、まことに難しいことと思われるからである。

2　これに対して私は、まず第一に次のことを答えておく。すなわち、ここでは意志的な欲望について話しているわけであるが、ただ、欲望といわれるものが何もかもすべて、どれもこれも同じように、霊魂を煩わし、それに害を与えるというわけではないことは確かである。

というのは、自然に生じてくる欲望というものは、それが意志によって承諾されず、第一衝動といわれる域を出るのでなければ、少しも神との一致を妨げはしないからである（ここで、本能的な第一衝動と呼ぶのは、その前にもあとにも自覚的意志の伴わない欲求のすべてを指す）。事実、これらのものをこの地上にあるうちに、ことごとくなくしてしまうことは不可能で、また、今述べるように、こうしたものは、ことごとく抑制されていなくとも、神との一致に到達する妨げにはならないのである。

なぜなら、自然の本性は、そうしたものをもってはいても、理性的な精神によって、霊魂はそうしたものから自由になることができるからである。実際、霊魂は意志において静穏の念禱の高い一致にありながら、他方、欲望は感覚的領域においてその動きを示すため、念禱のうちにある上位の部分は、それに与り知らないということは、しばしばあることなのである。

しかし、その他の意志的欲望はすべて、大罪、あるいは、それより軽い小罪であるにせよ、またいちばん軽い欠点といわれるようなものにしても、たとえ、それらのものが微細なものであるにせよ、全き神との一致に到達するためには、そうしたものをすべてなくし、もっていてはならないのである。そのわけは、神との一致の状態とは、神の意志のうちに、われわれの意志が全く変容し、そこでは神の御旨に反する何ものもなく、その意志の動きはすべてにおいてすべてのために、ただひとえに神の意志でなくてはならないからである。

3　このことから、この状態においては、二つの意志は一つの意志、すなわち神の意志になり、神の意志はまた、その人の意志ともなると、われわれは言うのである。したがって、もし人が、神のお望みにならない何か不完全なものを望むとすれば、神の意志と一つにはなっていないわけで、神が、み心にもちたまわないものに心をかけていることになるのである。

ゆえに、愛と意志によって神と完全に一致するに至るためには、いかに小さいものであるとしても、意志から生ずる欲望のすべてをなくさなくてはならないことは明らかとなる。すなわち知りながら、気づいていながら、不完全なことをすすんで承諾しないこと、また、それと気づいたときに承諾しないだけの力と自由とを保っているようにということである。「気づいていながら」と私が言うのは、もしそれに気づかなかったり、知らなかったり、あるいは、力の及ばないことであったりすれば、そうしたものは、不完全とか、小罪またさらには上に述べたような自然の欲求というものになってしまうからである。事実このような、それほどはっきりと意志から出たものでない、目に見えない罪については、「義人は日に七度《たび》倒れては起つ」と書かれている（箴24・16）。けれども意志的な欲望に関するもの、すなわち気づいてする小罪などは、前に言ったようにたとえそれが、どんなに小さなものであっても、克服されなければ、その一つだけでも妨げとなるに十分である。

私が、そうした〝隠れた傾き〟（習性）をなくすなら、というのは、さまざまの欲望からするある種の〝行い〟は、まずそうした隠れた傾きが抑えられていさえすれば、そんなにもひどいことにはならないからである。――もちろん、そうした行いも、不完全な隠れた心の傾きから出てくるものであるから、そうしたものももたないようにしなくてはならないのであるが――意志的に不完全なことをするある種の隠れた心の傾きに、どうしても打ち克つことができないなら、それらは、神との一致のみならず、完徳に進む妨げとなるものである。

4　これらの習い性となっている不完全さというのは、例えば、通常よくあるおしゃべりのくせ、決して断ちきろうと思わない何ものかに対する愛着、すなわち、ある人、服、本、部屋、さらには食物とか会話、何かのことで満足を求めたり、または知ろうとしたり、あるいは聞こうとしたり、それらに類したことなどである。

こうした不完全さの、いずれのものにしても、それに執着したり、それが習性となってしまうならば、毎日のように起きるほかの多くの過ちや、思いがけぬときに犯す小罪に陥るのと同じように、徳における成長と進歩の妨げになるものである。しかも、思いがけぬときに陥る小罪というのは、それが、いつもの何か悪い性質から決まったように出てくる習慣のようなものでないなら、何かのことに執着があるときほどの妨げにはならないのである。というのは、人が執着をもっているかぎり、たとえそれが、きわめて小さい不完全さであるとしても、完徳に進むことができないのはもとよりだからである。なぜなら、鳥をつないでいる紐《ひも》が、細かろうと太かろうと、それがつながれているかぎり、細い紐であったとしても、断ち切らないならば、太い紐でつながれているのと全く同じことで飛立つことはできないからである。確かに細い紐は断ち切りやすいにちがいないけれども、それを断ち切らないかぎり飛び立つことはない。何かのものに執着している人というのも、こうしたもので、いかに多くの徳をもっていたとしても、神との一致の自由にまで至ることはないであろう。

心の欲望や執着は、ちょうど、船を止めてしまうレモラ魚のようなもので、これはもともと非常に小さな魚ではあるが、いったん船にすいつくと、その船をとめてしまい、港につくことも航行することもできなくなってしまうのである。たくさんの宝や、働きや、霊的修練、徳や、神からの恵みをいっぱいに積んだ船のような人が、何かのたのしみや、執着、あるいは愛着——こうしたものは、皆一つのものであるが——をなくすだけの勇気をもたないために、決して前に進むことなく、完徳の港に達しないでいるのを見るのは、まことに残念なことである。なぜなら、執着の紐を断ち切り、欲望のレモラ魚を取除いて、もう一飛びさえすれば足りるのであるから。

5　罪や虚栄の愛着というような、もっと太いほかの紐を、神は彼らから断ち切ってしまわれたのに、神が、その愛ゆえに克服せよと彼らに言いたもう児戯《じぎ》に類した一本の糸、一筋の髪にすぎないようなものを捨てないために、あれほどの大きな宝にまで至らないのは、まことに嘆かわしいことである。そして、いっそう悪いことには、ただ前進しないというだけではなく、その執着のため退歩してしまい、あれほど長い時日と、あれほどの努力をもって歩いてきたところのもの、獲得してきたものをも失ってしまうことである。というのは周知のように、この道においては、前進しないということは退歩することであり、獲得しないということは失うことだからである。このことを主は、「私にくみしないものは、私に反し、私と共に集めない人は散らす」（マタ12・30）という言葉をもって示されている。

器を修繕することを心がけていなければ、そこに小さな割れ目があるだけで、中の液体が全部流れ出てしまうに十分である。

ゆえにシラ書は、次のようなことを言って、そのことをわれわれに教えている。「小事を軽視するものは、次第に堕落する」（シラ19・1）と。同じくまた、「一つの火の粉より焔はあがる」（シラ11・32）とも言っている。これと同じく、一つの不完全があるだけで、それがほかの不完全をひきよせ、さらにまた、ほかの不完全を、というふうになってゆくものである。したがって、一つの欲望に打ち克つことに努力を払わないものは、この欲望がもっている同じような弱さと過ちから出てくるほかの多くの欲望をもっていないということはほとんどないであろう。

そのようにして絶えず落ち込んでゆくのである。大きな離脱と自由のうちに神が非常な進歩をさせたもうた多くの人々が、小さな愛着や善の仮面の下に、会話や友情を求め始めたというだけのことで、神の霊や甘味も、その聖なる孤独も、みな台無しにしてしまうと同時に、修養のよろこびや忍耐もなくし、はては、何もかも、なくしてしまうまで止まるところがなかったのを、われわれは多く目にしてきたのである。それというのも、彼らが、感覚的なたのしみや欲望を、その芽生えのうちに摘んで、神のため自分を孤独のうちに守ろうとはしなかったからである。

6　この道においては、目的地に達するために、常に歩いていなくてはならない。すなわち、いつも欲望を捨てて、決してそれを育まずに前進するということである。すべてのものを捨ててしまうのでなければ、その目的に達することはない。火つけ具合が悪く、熱が一度だけでも欠けているなら、木片は火に変わることはないように、よし承知の上での欲望というほどのものでなくても、一つの不完全があれば、霊魂はそのために、神のうちに全く変化してしまうことはないのである。というのは、あとで「信仰の暗夜」の中で述べるように、われわれの霊魂は、一つの意志だけしかもっていないのであるから、それが妨げられ、何かのことにとらわれているならば、神的な変容のために必要な自由も、孤独も、純粋さも保つことにはならないからである。

7　これについては、士師記の中に、説明となる例がある。そこには、天使がイスラエルの子らのところへ来て、彼らに次のように告げたとある。

「お前たちは、その敵である民を滅ぼすことなく、その幾人《いくたり》かと契りを結んだがゆえに、彼らを、お前たちの敵として止《とど》め、彼らはお前たちにとって、堕落と破壊の機会となろう」（士2・2―3）と。全くこれと同じことを、神はある人々に対してなされる。神は、彼らをこの世から引き離し、罪という巨人を打ち殺し、世間にいたとき、いくつかの罪の機会となったたくさんの敵を滅ぼしてくださったのに――これは、ひとえに、彼らがさらに大きな自由の翼を広げて、神との一致という、あの契約の地に入るためであった――彼らは、不完全といういやしい民とよしみを結び、それを克服してしまわなかったため、主のみ心を憤らせ、そのために主は、彼らが、その欲望にひかれてますます悪くなってゆくにおまかせになるのである。

8　これについては、ヨシュア記（6・21）の中にも、例になる説明がある。すなわち、ヨシュアが、契約の地を自分のものとするようになったとき、神は彼に命じて、エリコの街にあるものは、男も女も、子どもも老人も、さらに動物のことごとくに至るまで、分捕り品の何一つ残らぬまでに絶滅させられた。

このことから、われわれの知るべきことは、神との一致に入ろうとするものはだれでも、その多少と大小とにかかわらず、心の中にうごめいているすべてのものを、ことごとく死なせてしまわなくてはならないということ。また、それらのすべてのものが、自分にとっては、あたかも存在しないかのように、また、他方自分自身は、それらのものに対してなきもののように、そうしたものに対する欲望をもたずにいなくてはならないということである。これは、聖パウロがコリント人にあてた書簡の中で、われわれに教えていることでもある。

「兄弟たちよ、私はかくいう。時はちぢまった。妻のある人は妻をもたないかのように、泣く人は泣かないかのように、よろこんでいる人はよろこんでいないかのように、買う人はもたないかのように、この世のものを利用する人は全く利用していないかのようにせよ」（一コリ7・29―31）と。この言葉によって使徒聖パウロは、神のもとにゆくためには、すべての事柄から、その心を離脱していなくてはならないということを、われわれに教えているのである。

第12章

前に述べたような損傷を、霊魂の中に引き起こすに足る欲望とは、どんなものであるかということに答えて説明する。

1　感覚の暗夜についての問題ということになれば、ただ上に述べたような形だけではなく、その他、たくさんの形で、欲望が引き起こす損傷について、さらに広く扱うことができるけれども、当面の場合、今まで述べたことだけで十分である。というのは欲望の克服を、どうして〝暗夜〟と呼ぶのか、また、神にゆくためには、なぜこの暗夜に入らなくてはならないかについては、わかってもらえたと思われるからである。ただこの章の結びとして、この暗夜への入り方について扱う前に、今まで述べて来たことについて、読者にとって、問題となるような疑問を解くことだけが残っている。

2　その第一のものとしては、どんな欲望でも差別なく、前に述べた二つの害を、霊魂の中に引き起こすに十分であるかどうかということで、その二つの悪というのは、霊魂から神の恵みを奪う喪失的な悪と、霊魂にすでに述べた五つのおもな損傷を与える積極的な悪とである。

第二の疑問としては、いかに些細なもの、また、いかなる種類のものであっても、欲望であるかぎり、以上の五つの害を同時に惹き起こすに十分であるかどうか、あるいは、それぞれそこに生みだす害は別々で、あるものは魂の悩みを、ほかのものは疲れを、またほかのものは暗黒をというような具合になるものであろうかということである。

3　これについて私は、次のように答える。

第一に霊魂から神の恵みを奪う喪失的な害となるものは、大罪といわれるものへの意志的な欲望だけであって、それは徹底的な意味で奪い取ることのできるものであり、また、事実奪うものである。なぜなら、この世においては、それだけが霊魂から神の恵みを奪い、あの世においては、神を所有する光栄を失わせてしまうものであるからである。

第二の疑問については、次のように言える。大罪というものであろうと、あるいは小罪とか不完全さとか言われるものであろうと、それが承知の上でなされるかぎり、同じように、その一つでも、霊魂にあの五つの害を同時に加えるに十分である。それらは、ある意味では〝喪失的なもの〟と言えるのではあるが、ここでは〝害を加える積極的なもの〟と呼ぶ。なぜなら、〝喪失的なもの〟が〝神に背く〟ものであるのに対して、それは〝神ならぬものに向かう〟ことだからである。

しかし、その間には次のような相違がある。すなわち大罪の欲望は、全くの盲目と苦悶、不潔と惰弱などを生みだすのではあるが、小罪または不完全といわれるようなほかのものは、これらの害を徹底した形で生みだすものではなく、したがって、神の恵みの状態を失わせるものではない。神の恵みの喪失というのは、大罪の欲望をもつことによって生ずる事柄で、恵みの死とは欲望の生を意味するのである。

しかし、そうした欲望からの害は、それだけ軽いとはいいながら、ともかく霊魂に及ぼされることになり、神の恵みが減じてくる。そのような欲望が、神の恵みを弱めるようなことになればなるほど、ますます苦悶と、盲目と、不潔を生みだすものである。

4　だが注意しておくべきことは、どの欲望も積極的な害をもたらすものではあるが、あるものはこれを、ほかのものはあれを、というように、それらがおもに、直接引き起こす害があり、そのあと、ほかのものが引き続いて生ずるという形になることである。

例えば、感覚的欲望が、そうしたすべての害を引き起こすことは真実であるが、それが、もともと生みだすおもなものというのは、心と体の不潔である。貪欲というものもまた、そうしたすべてのものを生みだしはするが、それが直接つくり出すおもなものは苦悩である。また、虚栄心というものも、以上のものと同様、すべての害を引き起こすけれども、それが直接つくり出すおもなものは闇と盲目とである。またさらに、暴食というのも同じくすべての害を生みだすけれども、おもなものとしては、徳行におけるなまぬるさをつくり出すものである。

ほかの欲望についても、このように言うことができる。

5　こうした意志的な欲望から出るどんな行為も、霊魂のうちに、そうした結果を同時に引き起こすわけは、それが、あらゆる徳行に直接背くような反対のものをもっているため、徳とはおよそ反対の結果を、霊魂のうちに、ことごとく生みだすことになるからである。徳の一つの行いが、心のうちに、こころよさ、平和、慰め、光、清らかさ、力を、同時につくり出すように、一つの乱れた欲望は、苦悩、疲労、惰弱、盲目、衰弱をもたらすものなのである。一つの徳の実行によって、すべての徳が増すように、一つの悪徳が広がって、そこから、あらゆる悪徳を生じ、その毒気を霊魂に増す。また、これらすべての害は、欲望が満たされているときには気づかれないものであるけれども——というのは、欲望を満たすこころよさがその余地を与えないために——その後の悪い結果は、遅かれ早かれ、身にしみて感じられるものである。

このことは、あの黙示録の中で、天使が聖ヨハネに食べることを命じたあの巻物のことからよくわかる。すなわち、口においては甘かったけれども、腹に入れては、にがかったとある（黙10・9—10）。すなわち、欲望は、それが満たされるとき、甘くかつよいものと見えるけれども、そのあとで、にが味を覚えるのである。欲望に引きずられている人には、このことがよくわかるはずである。

だが、あまりに盲目、かつ無感覚になってしまって、そうしたことを何も感じない人があることを私は知らないのではない。そのような人は、神に向かって歩んでいないのであるから、神への道において、何が妨げになるのかも気づかないのである。

6　その他の、意志が伴わない自然的欲望や、第一衝動以上には出ない考えや、同意しなかった誘惑などについては、ここでは論じない。なぜなら、そうしたものは、霊魂のうちに上に述べたような、どの害をも生みだしはしないからである。そうしたものが生じるとき、その欲情や煩悩《ぼんのう》が、心を汚し、盲目にするように思われるけれども、実際にはそうではなく、かえって逆の益を与えるものである。というのは、それに抵抗することによって、強さ、清らかさ、光と慰め、そして多くのよきものを獲得するからである。主が聖パウロに言われた次の言葉が、そのことを示している。〝力は弱いところに完うされる〟(二コリ12・9)と。

それにひきかえ、意志的な欲望は、上に述べたものばかりではなく、もっと多くの害をもたらすものである。したがって、霊的生活の指導者の最大の関心事は、その教え子たちを多くのみじめさから救うために、その欲望を追うことをやめさせ、それに打ち克たせるということである。

第13章 感覚の暗夜に入るためにとらなくてはならない方法と、その形について述べる。

1 さらに言い残していることは、感覚の暗夜に入るとはどういうことか、また、そうすることができるための若干の勧めである。すなわち、この感覚の暗夜には、通常二つの入り方がある。一つは、自分からつくりだす「能動的暗夜」であり、もう一つは、神から与えられる「受動的暗夜」である。自分からつくり出す能動的暗夜というのは、この夜に入るのに、われわれの側からつくりだされることができ、また事実そうするものであって、これについては、次に忠告を挙げながら述べていく。

受動的暗夜というのは、われわれの側からは何もせず、神が霊魂のうちに働きかけてくださるだけで、われわれとしては、受け身になる場合のことである。これについては、第Ⅳ部[*4]で初心者について扱うときに述べるとしよう。そこにおいて初心者がこの道においてもっている多くの欠陥を取り上げ、神の恵みの助けのもとに、それぞれの忠告が与えられなくてはならないのであるから、今ここでは、あまり長びかせることをやめる。それにまた、今のところでは、この過程がなぜ夜と言われるのか、その原因、そしてそれがどんなものであるか、また、いくつの部分からなっているかというようなことについてだけ扱うのであるから、そうした説明を長びかせるのは適当ではないからである。しかし、これまで私はあまりに簡単に書いてきたようであり、この欲望の暗夜を実際に修練するための、いくつかの良薬、または忠告を与えなければあまり役に立たないと思われるので、次に少しばかり、それについて述べておくことにしよう。また、主の恵みによって、この暗夜の二つの部分または原因の各々について述べるとき、その終わりのところで、それと同じことを記すつもりである。

2　欲望に打ち克つために次に与える忠告は、短く、かつわずかではあるが、簡潔であるだけに有益であり、また効果的なものであると思う。真剣にそれを実行に移そうと望む人には、その他に何も欠けるところはなく、むしろその中に、すべてのものが含まれているであろう。

3　第一には、何ごとにおいても、すべてキリストにならって、その御生涯に則《のっと》ろうと

＊4　著作の『暗夜』のこと。

する不断の望みをもつことで、キリストにならうためには、その御生涯を考察し、すべてのことにおいてキリストと同じ態度をもって臨まなくてはならない。

4　第二には、これを立派に行うことができるために、感覚をたのしませるものはどんなものでも、それが純粋に神の名誉と光栄のためでないのなら、それらを退けて、イエズス・キリストの愛ゆえに、そうしたものに全く無関心でいなくてはならない。というのは、キリストご自身、御父のみ旨をなす以外に、何のたのしみも望みもなく、御父のみ旨をなすことが、自分の食物であり糧であると言われたのであるから。

例えば、神の奉仕とみ栄えのために、大切ではないことを聞くたのしみが与えられても、それらのことをたのしもうとも、また聞こうとも望まないということ。何かを見るたのしみが与えられても、それが神をより多くお愛しするのに役立たないようなものであるならば、そのたのしみも求めないし、そうしたものを見たいとも思わないというようなことである。話すことにおいても、ほかのいかなることにおいても、そうしたことがあれば、同じ態度をとるのである。そのように、すべての感覚的なものにおいて、それがうまく逃れられるものであるならば、やはり同じことが言えるのであり、逃れることのできないものならば、そうしたものが心を通りすぎても、それをたのしもうとしないだけで十分である。このように、できるだけ早く欲望を抑えて、感覚のたのしみをなくし、あたかもそれらに対しては、暗闇にあるように目をつむってしまわなくてはならない。この心がけがあれば、短期間のうちに、多くの進歩をすることであろう。

5　自然の欲情であるたのしみ、望み、おそれ、苦しみの四つの感情を抑え、また、鎮めて、その落ち着いた調和から、いろいろのよい宝が出てくるためには、次のことが完全な療法であり、それは神のみ前に大きな価値のあるものとなり、かつ大いなる諸徳の原因ともなるものである。

6　すなわち、次のように常に心がけること。

よりたやすいことよりも、より難しいことに、

よりこころよいことよりも、より不快なことのほうに、

より味わいのあることよりも、むしろ、より味けないことに、

休息ではなくて、骨の折れることに、

慰めになることよりも、むしろ慰めのないことに、

より大いなることよりも、より小さなことに、

より高く、より貴重と見えるものより、よりいやしく、ないがしろにされるものへと、

何かを求めるのではなくて、何ものも求めないように、

この世のよりよいものではなく、より悪いものを探し求め、そして、キリストのために、この世にあるすべてのことから全く裸になり、むなしく、心貧しくなるように。

7　こうしたことを心から抱きしめ、それによって意志を打ち砕くようにしなくてはならない。というのは、これらのことを、地味に、賢明に、心から実行するならば、短時日の間に大きなよろこびと慰めとを、そこに見いだすに至るであろう。

8　以上のことをよく実践するならば、感覚の暗夜に入るのに十分である。しかし、さらにつけ加えるならば、「肉の欲、目の欲、生活のおごり」といわれるものの抑制を教えるほかのもう一つの方法を実行することである（一ヨハ2・16）。事実、そうしたものは、聖ヨハネの言葉によれば、この世を支配しているもので、そこからほかのすべての欲望が出てくる。

9　第一には、自分を蔑《ないがし》ろにすることに努め、すべての人がそうしてくれることを望むことである。

第二には、話す場合にも、自分を卑めるようにし、すべての人がそうしてくれるのを望むことである。

第三には、考えにおいても、自分自身を低く見下げることで、また、すべての人がそうしてくれるのを望むことである。

10　以上のすすめや、さだめの結びとして、この書物の巻頭にある山の登攀の図に書き記された、神との一致の高みに至るための教えの言葉を、ここにも挙げておくのがよいと思う。というのは、そこでは、確かに、霊的、内的なことについて語られているのではあるが、やはり、完徳の小径《こみち》の両側にある二つの道のところに見られるように、感覚的、外的な事柄についての不完全な精神についても扱われているのであるから。したがって、ここでわれわれは、感覚の面からそのことを解釈しておきたい。この暗夜の第II部においては、それを精神の暗夜として解すべきものである。

11　その句とは次のとおりである。

・すべてを味わうに至るためには、何ごとにも嗜好をとどめようとしてはならない。
・すべてを所有するに至るためには、無一物であるように望まなくてはならない。
・すべてとなるに至るためには、何ごとにおいても無きものとされるように望まなくてはならない。
・すべてを知るに至るためには、何ごとも知ることのないように望まなくてはならない。
・味わったことのないものに至りつくためには、何ごとも味わうことなしに通りすぎてゆかなくてはならない。
・まだ知らないものに至りつくためには、何ごとも知らないままに通りすぎてゆかなくてはならない。
・まだもたないものに至りつくためには、何ものも、もたないままに通りすぎてゆかなくてはならない。

・まだ達していないものに至りつくためには、途中、何ものにも足をとめてはならない。[*5]

すべてにましますおん者を妨げない方法

何ごとかに心をとめるならば、すべてであるものに、自身をゆだねきっていないことになる。

実際、すべてであるものに、全く至りつくためには、すべてにおいて全く己れを捨てなくてはならない。

すべてであるものをもつに至るときには、何ものも望むことなく、それをもたなくてはならない。

なぜなら、すべてにおいて何かをもちたいと望むならば、神のうちに、宝をきよく保つことにはならないからである。

霊的な人は、この赤裸の中に、静けさと憩いとを見いだす。なぜなら、彼は謙遜そのものとなり、何ものにも、ことさらに望みはないので、上に向かって疲れさせるものもなければ、また、下におしつけるものもないからである。実際、何かをことさらに望むとき、そのことだけで、人は疲れてしまうのである。

＊5　有名な、このところの文章は、スペイン語の「言葉のあや」が使われているため、直訳するとわかりにくくなるのをおそれ、かなり大幅に意訳。原語を参照しつつ補っていただきたい。

第14章　歌の第二句の説明

炎と燃える　愛の心のたえがたく

1　感覚の夜ということについては、節一句の説明の際、なぜその夜が〝感覚の夜〟であり、またそれが〝夜〟と言われるのかということ、また、さらには、自らすすんでこの夜に入るための順序や方法のことを述べたのであるが、今は話の順序として、上記の歌の次の句の中に含まれているこの夜が備えている驚くべき性格と、その実りについて扱うこととする。しかし、「まえおき」でも述べておいたようにその詩句については、なるべく短く触れるにとどめ、すぐに第Ⅱ部にいって、もう一つの夜の部、すなわち、精神の暗夜を扱うつもりである。

2　〝炎と燃える　愛の心のたえがたく〟……これは、愛する御者との一致に向かって、感覚の暗夜を通りすぎてきたことを言う。というのは、意志は、その望みのものをたのしもうと、愛と情に燃えるものだから、あらゆる欲望に克ち、あらゆるたのしみを捨てきるためには、魂の浄配への愛というほかの、はるかに高い愛の、ひときわ激しい焔が必要である。それは、己がよろこびと力をこの愛のうちに得て、ほかのすべてのものを未練なく退けてゆくだけの勇気と忍耐をもつためである。

そして感覚的な欲望の力に打ち克つためには、ただ単に、その浄配に対する愛を保つというだけではなく、堪えがたいまでにその愛の焔に燃えたたせなくてはならないのである。というのは、実際、官能的なものが、あれほどのやきつくような欲望をもって、感覚的なものに動かされ、ひかれるものであるからには、精神的な部分が、霊的なものを求めるもっと大きな焦燥感にやきつけられているのでなければ、本能の軛《くびき》に打ち克つことも、感覚の暗夜に入ることも、また、さらには、すべてのものに対する欲望をなくして、いわば、それらに対して何も思わず真っ暗になってしまうだけの勇気をもつこともできないであろう。

3　この神との一致の道の始めにおける堪えがたい愛というものがどんなものであるか、また自我という家を出て、感覚を抑制する夜に入るために、いかに努力と工夫とが払われるべきであるか、また、この夜の困苦と危険のすべても、浄配に対する堪えがたい愛が、いかにたやすく、甘く、こころよいものにするかということ、これらについては、ここでは説明する場所でもなく、また、することもできない。なぜなら、そうしたものは説明するよりも、実際に身をもってとらえ、見つめるほうがよいからである。したがって次章では、次の句の説明に移ることとしよう。

第15章　上記の歌の残りの句の説明

おお　恵まれし　そのときよ
気づかるることもなく　出づ
すでに　わが家は　静まりたれば

1　これは、哀れな囚われの身をたとえに引いたもので、刑吏に妨げられることなく、そこを逃れることができたことを、〝恵まれし　そのとき〟という。というのは、原罪のあと、われわれの魂は、ちょうど、この死すべき体の囚われ人のようなもので、そこにある自然の欲や望みにとりかこまれ、しばられてしまっている。したがって、〝気づかるることもなく〟すなわち、そうしたものに妨げられることも、とらえられることもなく、この囲いと束縛から連れ出ることを、〝恵まれし　そのとき〟と言うことができるのである。

2　実際、前に述べたように、すべてのたのしみをなくし、すべての欲望を克服する暗夜の中に出たことは、われわれにとって大きな助けとなるのである。

〝すでに　わが家は　静まりたれば〟——というのは、あらゆる欲望の家である感覚的部分が打ち負かされ、眠ってしまったために、もう静まってしまったというのである。というのは、感性的なものを抑えることによって、欲望が眠ってしまい、そして、その感性的なもの自体が、精神に対し、もう全く戦いをしかけなくなるまでに静まってしまうまでは、われわれの魂は、この愛する御者との一致をたのしむ真の自由にまで達することはないからである。

第Ⅱ部　精神の能動的暗夜——理性

神との一致に至るための至近の手段としての信仰について。すなわち、この暗夜の第二の部分として、「精神」に属すると言われるもので、続く第二の歌節の中に、それが含まれている。

第1章

第二の歌

闇にまぎれて　おそれなく
それとはみえぬ　姿にて
かくれし梯子《はしご》を　のぼりゆき
おお　恵まれし　そのときよ
暗闇に　身をばかくして
すでに　わが家は　静まりたれば

1　この第二の歌においては、すべての霊的不完全や霊的なものについての所有欲というようなものから、われわれの精神が裸にされることを〝恵まれし　そのとき〟と歌っている。それが、霊魂にとっていっそう大きな恵まれしときであるというのは、精神の部分をなす家が静まりかえり、感覚的、霊的なすべてのものから心を引き離し、裸になって、純粋な信仰だけを頼りに、それによって神に向かって道を登りつつ、内奥の暗黒に入ってゆくことが、ひどく難しいものだからである。

信仰がここで「梯子」、そして「隠れた」と言われるのは、梯子の段をなす信仰箇条は、感覚と理性のすべてに隠された、目に見えぬものだからである。自然の理性の領域を全く乗り越え、神の深奥にまで足を踏み入れてゆくため、信仰という神の梯子をつてにして、すべての感覚と理性の光に対して目を閉じたままでいるのである。「それとはみえぬ姿にて」と言っているのは、信仰によって昇りながら、自然の姿や衣裳は、神的なものに変えられたからである。

この世のものにも、理性的なものにも、また、悪魔にも気づかれることがなかったのも、この変装のためであった。実際、信仰のうちに歩むものに対しては、これらのものの何ものも、害を及ぼすことはできないからである。

それに、単にこれだけではなく、人は、悪魔のあらゆる瞞着《まんちゃく》に対し身を包み隠し、それと全く縁のないもののように通りすぎるのであって、(ここにも言っているように)〝暗闇に身をばかくして〟というのは、悪魔に対してのことで、実際、信仰の光は、悪魔にとって暗黒以上に暗いものである。ゆえにそうしたものは、悪魔に対して身を包み隠して歩いてゆくということができるわけで、このことはさらにあとになって、もっと明らかになるであろう。

2　そのために、〝闇にまぎれて　おそれなく〟外に出たと言っているのである。というのは、こうした運《さだ》めをつかむものは、あらゆる自然に生ずる想像や、霊的な分別からぬけ出て、信仰を盲目の案内者としてもちつつ、その暗黒の中に歩むため、前に述べたように、非常に確かな足取りをもって進んでゆくからである。

また、〝すでに　わが家は　静まりたれば〟といい、この魂の暗夜のうちに、出てゆくと言っているのは、霊的、知的部分は、霊魂が神との一致に達すると、通常の精神の機能をはじめ、霊的部分における感覚的な衝動や焦燥が鎮まってしまうものだからである。だから、ここでは、感覚の第一の夜のときのように、〝心のたえがたく〟ここを出るとは言っていない。

前には、感覚の夜の中に入り、すべての感覚的なものから赤裸になって、そこを首尾よくぬけ出るために、愛の焦燥が必要であったが、これに対し、霊の家を静かにするためには、純粋な信仰のうちに、精神的な能力や嗜好や欲求が、否定されさえすればよかったのである。これが実現しさえすれば、霊魂は単純と純潔と愛と相似との一致のうちに神と結ばれる。

3　すなわち、感覚的な部分について語っている第一の歌においては、「くらきよるﾞ」外に出たといっているのに対し、ここで精神的部分について話すときには、夜よりもさらに暗い「暗闇に」外に出たと言っている。というのは、夜は暗くても何かが目につくけれども、暗闇の中では何も見えないからである。感覚の夜においても同様で、そこには、まだいくらかの光が残っている。なぜなら、悟性と理性とは、そのままそこにあって、盲目になってはいないからである。

それにひきかえ、信仰という精神の暗夜においては、悟性も感覚も同様にすべてが奪い取られてしまう。そのために、〝闇にまぎれて 恐れなく〟出たと言っているのであって、これは、前の場合には言わなかったことである。なぜなら人は、自分自身の巧知で動くことがなければないほど、いっそう確かな足取りでゆくことになる。というのは、より深く信仰のうちに根ざして歩むことになるからである。

このことは第二篇[*1]で詳しく論ずるつもりである。そこでは真の霊のために、まことに大切なことを言わなくてはならないから、敬虔な読者は注意深く読み進んでほしい。幾分暗くわからないこともあるであろうが、一つの道はほかの道に開いているように、それがわかれば、全部のことがよく理解できることになるであろう。

＊1　本書『登攀』第Ⅱ部第2章以下および第Ⅲ部のこと。

第2章
暗夜の第二部、すなわち信仰という暗夜の第二の原因について論ずる。何故《なにゆえ》に、この部分の暗夜が、第一または第三の部分よりも暗いかという理由について述べる。

1　目指す神にまで至りつくための素晴らしい媒介である信仰の夜の第二部について、これから述べることとする。神は霊魂にとっては、この夜の第三原因または、第三の部分をなしているとすでに言った。というのは、媒介となる信仰は、真夜中に比せられるからである。この意味で、われわれにとってこの部分は第一の部分よりも、また、ある形においては第三の部分よりもさらに暗いということができる。

なぜなら、感覚の夜である第一の部分は、いわば宵の口にあたるもので、すべてのものが目に見えなくなってゆくというだけで、真夜中ほどに、光がすっかり消え失せてしまっているというのではない。

夜明け前にあたる第三の部分もまた、すでに陽光に近いのであって、真夜中ほどには、もはや暗くない。神に比せられる陽光の輝かしさと照らしの寸前にあるからである。実際、自然的にいって、神が霊魂にとって信仰のように暗いものだとはいってもしかし、夜のこの第三部分を——これはどれも霊魂にとって夜にちがいないのであるが——すぎると、神はその神的光で霊魂を超自然的に照らされる。これが第三の夜をすぎて続く完き一致の始まりであって、さほど暗いものではないということができる。

2　ところで、この第二夜が第一夜よりもっと暗いというのは、第一夜は、人間のより低い部分、すなわち感覚的なものに属し、したがって外部的なものであるのに対し、信仰の第二夜は、人間のより高い部分、すなわち理性的なもので、それだけにいっそう内的で、いっそう暗いのである。これは、理性の光から霊魂を引き離す、さらによくいえば、霊魂を盲目にするものなのであるから、さらに夜が更けた真っ暗な真夜中に比せられるのである。

3　そこで、今、第一の部分が、感覚にとって、どのようにして夜であったかというのと同様、信仰の第二の部分が、霊にとってどのような意味で夜といえるのかを検討してみなくてはなるまい。次に、そこにある障害を述べ、またその夜に入るためには、霊魂は自分でどんな心構えをもつ必要があるかについて説いてゆきたいと思う。霊魂からではなく、神の働きでこの夜に引き入れられる受動的な場合については、第三篇[*2]で述べることになるであろう。

＊2　著作の『暗夜』のこと。

第3章

信仰は霊魂にとって、どのように「暗夜」であるか、聖書の言葉と例による説明と、理論的裏づけ。

1　神学者たちは、信仰とは「暗黒にして不動の精神的素地[*3]」であると言っている。それが〝暗黒の素地〟であるというのは、あらゆる自然の光のかなたにあるものであり、どんな人間の理知も果てしなく超える神そのものによって啓示された真理を信じさせるものであるからである。

ここで、信仰によって与えられる極度の光が、霊魂にとっては闇となる。大いなるものは小なるものを奪い取り、それを呑みこんでしまうもので、それはあたかも、太陽が輝き、われわれの弱い視力をつぶしてしまうと、ほかの光は太陽の輝きのため、もう光とはみえ

＊3　「habito」（スペイン語）または「habitus」（ラテン語）は、単なる習慣とか習性（habitudo）ではなく、「行動を生みだす、行動以前の精神的素地」とでも言うべきもの。

なくなるようなものである。それは、太陽の光があまりにも強く、われわれの視力を超えてわれわれの目を奪い、盲目にしてしまうからである。このように、信仰の光は、あまりにも大きいため、理性の光を押え、打ち負かしてしまうのである。理性の光は、神がそのお望みのときには、超自然的なものを受け取る力を内に隠してはいるけれども、それ自体としては、自然的な知識にまで達するだけである。

2　したがって理性は、自然の道による以外には何も知ることはできない。すなわち、感覚を通して目の前にある対象自体、あるいは、それに類したものの影像、または形に頼る以外に方法がない。それは哲学者が言っているように「対象と、それをとらえる能力とから概念が生ずる」ものであるからである。

したがって、一度も知ったことのない、またはそれに類したものをかつて見たことがないとするなら、そのことについて話したとしても、何も言わなかったと同じように、それについて何の光も残ることはないであろう。

例えば、ある人に、その人がまだ一度も見たことのない動物が、ある島に住んでいることを話すとする。その場合、どこかほかのところで、その人が見たことのあるそれに似た動物を挙げて説明しないかぎり、どんなに多くの説明を費しても、その動物について、以前にもっていた以上の理解やイメージが残ることはないであろう。

ほかのもっと明瞭な例を挙げれば、さらにはっきりわかる。まだどんな色をも見たことのない生まれながらの目の見えない人に、白色とか黄色とかがどんなものであるかを説明しても、いかなる説明にせよ、当人は相変わらず以前と同じことで、それ以上に理解することはないであろう。というのは、それらについて判断できるだけの、そのような色も、またそれに類したものさえも見たことがないからである。その人には名前だけが耳に残るだけである。事実、名前は耳から聞くことができるけれども、形やイメージは、それを見たことがないためダメなのである。

3　信仰について、これと同じようなことが、その霊魂との関係においていえるのである。すなわち、それそのものも、また、それに類したものも——そのようなものはないのであるから——われわれが、まだ一度も見たことも理解したこともないものについて信仰はわれわれに語る。したがって、信仰についてわれわれは、自然的知識の光をもっていないのであって、それがわれわれに告げるものに匹敵する感覚的なものというのは何もないのである。しかし、われわれは、それを聞くことによって知り、それがわれわれに教えることを信じ、われわれの自然的な知性の光をなくしてそれに従わせるのである。事実、聖パウロの言っているように「信仰は聞くより生ずる」（ロマ10・17）ものだからである。その意味は、信仰とは、何かの感覚を通じて入ってくる知識ではなく、ただ聞くことによって入ってくるものに対する同意だけである、ということである。

4　また、信仰は、上記のたとえによって理解されることよりもはるかに越えている。

なぜなら信仰は、われわれに概念も知識も与えないというだけではなく、信仰をよく見分けることができるように、それ以外の概念や知識を奪い取って、何も見えなくしてしまうものだからである。

というのは、ほかの知識は理性の光をもって獲得されるけれども、信仰の知識は、信仰によって理性の光を否定し、この光なしに獲得されるもので、自分自身のもつ光を暗くするのでなければ、その知識は失われてしまうものである。このためにイザヤは次のように言っている。すなわち「信ずることなければ、悟ることはないであろう」(イザ7・9)と。

このことから、直ちに、はっきりわかることは、信仰は霊魂にとって暗夜であると同様に霊魂に光を与えるものであるということである。しかして信仰は、霊魂を暗くすればするほど、いっそうそれに光を与えるものなのである。というのは、イザヤが言っているように、「信じなければ悟らない」というのであるから盲目にすることによって、光を与えるというわけである。

そのために、信仰の象徴として、エジプト人が紅海に入ろうとしたちょうどその時に、彼らをイスラエルの子らから引き離した、あの雲が挙げられる。この雲について聖書は、「黒雲があって夜を照らした」(出14・20)と記している。すなわち、その雲は、真っ暗でありながら、夜を照らしたというのである。

5　驚くべきことは、それが暗いものでありながら夜を照らしたということである。というのは、霊魂にとって、信仰は真っ暗な雲であり、信仰のあるところには、自然の光は奪い取られて盲目となり、霊魂もまた夜となりながら、しかも信仰はその霊魂を照らし、霊魂の闇に光を与えるからである。まことに弟子は師に似るもので、闇にあるものは、闇からでなければ光を受けることができないのであり、これはダビデが次のように教えているとおりである。

「日は日に言葉をなげかけ、夜は夜に知識を伝う」（詩18・3）その意味は、〝あふれる言葉をもって、日は日に呼びかけ、夜は夜に知識を示す〟ということである。

さらにはっきり言うなら、至福にましますす神はそれ自身、日中の陽のようなものであり、すでに日中の光の中にある至福の天使や霊魂にとっても、この光の源となっている神なる午《ひる》の陽は、天使や天国のものたちが知り、かつ味わうために、その聖子であるみ言葉を発し、かつ伝えてくださるという意味である。また、夜というのは、戦える教会における信仰のことで、夜ではあるけれども、その教会に知識を示すということで、したがって、まだはっきりとした至福の英知を与えられてはおらず、また、信仰のうちにあるために、自然の光に対しても盲目になっている、いわば夜といえるこの地上の魂に知識を示してくれるということである。

6　ここで、とらえられなくてはならないことは、信仰は暗夜であるため、暗黒にある霊魂に光を与えるということで、これについては、ダビデが次のように言っていることが証しとなる。

「夜は、私の心にとって、こころよき光となる」（詩138・11）と。その言うところは、〝私の純粋な観想と神との一致の甘美のうちに、信仰の夜は私の導きとなる〟ということである。ここではっきりわかることは、この道において光をもつためには、闇のうちにいなくてはならないということなのである。

第４章

信仰によって最高の観想にまでよく導かれるためには、どのようにして、われわれの魂もまた、暗黒のうちに留まらなくてはならないかについて概略を述べる。

1　信仰によって、神との一致というこの高い目的にまで導かれるためには、信仰は、われわれにとって、どれほど暗い夜であるかということ、また、自分自身の光に対しても暗黒のうちに留まっていなくてはならないということを、以上のことでわずかなりとも理解してもらえたのではないかと思う。だが、実際それを身をもってすることを知り、この信仰の淵の中に入るために必要な暗黒について、今さらに詳しく説明しなくてはなるまい。そこで、この章では、暗黒とは何かという一般的な説明をし、そのあとで、神のおん助けの下に、その個々の問題に触れ、暗闇のうちに道を誤ったり、また導きの妨げとなるようなものがないようにしたい。

2　実際の状態において、信仰によるよき導きを得るためには、地上的なものや、この世だけのものとの関連をもつ部分、すなわち感覚的な低俗なもの（これについては、すでに述べたわけであるが）に対して目をつむっていなくてはならないだけでなく、神および霊的なものとの関連をもつ理性的な高い部分についても、やはり同じように目をつむって、真っ暗な状態に留まらなくてはならないと私は言う。

というのは、われわれが超自然的変容にまで達するためには、感覚的なものといい、理性的なものといい、およそ自然的といわれるものに含まれるすべてのものに対し、身をおきかえて暗黒になるべきであることは明らかだからである。

超自然的なものとは、すなわち、自然的なものを越えて登ってゆくものであり、したがって自然的なものは、下にとり残されてゆくものであるから。

いずれにしても、この魂の変容と神との一致とは、感覚や人間的能力のとらえることのできないものであるから、それが上からのものであろうと、下からのものであろうと、すなわち、感情あるいは意志によるものであろうと、そこにかかわってくるすべてのものからできるだけ完全に、しっかりとむなしくなっていなくてはならない。実際、自我を捨て、全く裸になり、無になったものに対して、神がお働きになるのを、だれが妨げることができるだろうか。

自分の中にとらえられるようなものは、どんなものであっても、そうしたものから自己をむなしくすること、すなわち、多くの超自然的なものをもっているとしても、そうしたものをまるでもたないかのような心構えをもち、まるで目の見えない人のように、ただ暗黒の信仰を頼りにして、それを導きとし、光とし、理解したり、味わったり、感じたり、想像したりすることには、よりかかってはならないのである。というのは、そうしたすべてのものは、われわれを誤らせる闇であり、信仰とはそうした理解、味わい、感じ、想像するものを超えて、その上にあるからである。

もし、そうしたものに対して、われわれが目をつむり、全く暗黒に留まっていないならば、それ以上のもの、すなわち、信仰が教えるところのものにまで達することがない。

3　目の見えない人も、それが全くの盲目というのでない場合には、自分の案内人に任せきるということをしないものである。少しばかりのものが見えるばかりに、ほかのよりよいものが見えず、その少しばかりのものが道を歩いてゆくのに、よりよいものだと思いこんでしまう。そのために、自分よりよく見えるはずの案内人に、かえって道を誤らせてしまうことになり、ついには、命令するのは案内人どころか、かえって自分の側になってしまうことさえある。これと同じように、われわれが何か神について知ること、味わうこと、感ずることに頼るときには、それがどんなに偉大なものであるにせよ、この道を往くにはあまりにもとるに足らないものであるから、たやすく迷いこみ、足を止めてしまうことになる。それというのも、真の導きである信仰のうちに全く盲目となっていようと思わないからである。

4　聖パウロが次のように言うとき、このことを示そうとしたのである。「神に近づくものは、神があると信じなくてはならない」（ヘブ11・6）。その意味は〝神に一致すべく近づこうとするものは、神の存在を信ずる必要がある〟ということである。言いかえれば、神との一致にまで至りつこうとするものは、頭で理解しようとしてはならず、また、味とか感覚とか、想像とかに頼ることなく、ただその存在を信じなくてはならないのであって、その存在というのは、理性にも、また欲求にも、想像にも、その他いかなる感覚のうちにもとらえられるものではなく、この世では知ることのできないものである。

この世においては、神について、いかに高く感じ、かつ味わうことができるにしても、神そのものや、その神を純粋に所有することとは無限の隔たりがあるものである。

イザヤと聖パウロは次のように言っている。「神を愛するものに神の備え給うたことは、目もこれを見ず、耳もこれを聞かず、人の心にも浮かばなかった」（イザ64・4、一コリ2・9）と。いずれにしても、霊魂が来世においては光栄をもって一致し、この世においては恩恵によって、全く結びつこうとするそのものは、聖パウロの言うように、目も見ず、耳もこれを聞かず、肉における人の心の中に浮かぶことのないものである。だから、この世において、恩恵と愛によって神と完全に一致するためには、目から入ってくることのできるもの、耳から受け取ることのできるもの、想像力で描きだすことのできるもの、そして、ここでいう霊魂、すなわち、心をもって悟ることのできるすべてのものに対して、目を閉じなくてはならないことは明らかである。

それゆえ、何かの理解、感じ、想像、考え、意志、自分自身のやり方、あるいは、何かほかのことや、自分自身のことなどにとらわれ、それらすべてのものから離脱して赤裸になることを知らなければ、神との一致という高い状態に達することを甚だしく妨げられることになる。上に述べたように、そこで人が達しようとするところのものは、知りまた味わうものがいかに高いものであっても、それをさらに超えるものだからである。したがって、それらすべてのものを超えて、不知の境地にまで至らなくてはならない。

5　であるから、この道においては、自分の道を捨てるということが、この道に入ることである。さらに言えば、自分の道を捨てて目的にいきつくということは、神という道をもたないものの中に入ることである。というのは、この状態に達したものは、もう何かの仕方とか方法というものをもたず、そうしたものにこだわることもせず、またこだわることもできないからである。

そこで仕方というのは、すべての仕方を含んでいるのであるけれども、それは理解したり、味わったり、感じたりする仕方ではなく、何ももっていないのに、すべてをもっている仕方ということである。

というのは、内的にも外的にも、自然の限界を超えて、何の仕方ももたない、しかし実際には、すべての仕方を含んでいる超自然の領域に入ることであるからである。したがって、この超自然の世界に入ることは、ここにおいても、あそこにおいても自分自身から出て、低いものからはるかに離れ、すべての高いものをも超えてくることである。

6　そのように、霊的にも自然的にも、知りまた理解できるすべてのものから離れ、この世においては知ることも心のうちにとらえることもできないものに、すべての願いをかけて、それを望むようにしなくてはならない。そして、この世において、その場かぎりの、または霊的に味わったり、感じたりするすべてのものを後ろに取り残し、あらゆる感じや味わいを超えたおん者に至りつくことを切望しなくてはならない。こうしたものに対し、自由であり、虚心であるためには、霊的にも、また感覚的にも、心の中に入ってくるものを、すべてとるに足らぬものとして一切問題にしてはならない（このことについては、各論のとき述べることとする）。というのは、理解したり、味わったり、想像したりするものについて、たとえそれが、霊的なものであろうとなかろうと、そのことを考えまた大切に思えば思うほど、至高の宝からいっそう離れ、そこに至りつくのがおくれることになるからである。

それに対し、自分のもつことのできるものが、いかに多くあっても、至高の宝を前にして、そうしたものに心を向けるようなことがなければ、いっそうその大切な宝のことを思い、それだけさらに、その宝に近づくことになる。

このようにして人は、暗黒のうちに暗黒の信仰を通して神との一致に非常に近づいてゆくことになり、その信仰が大いなる光を与えてくれるということになるのである。もし人が神を見たいと思うならば、確かに、太陽のまばゆい光を直視するよりももっと早く、神を間近にして、自身暗黒になってしまうものである。

7 したがって、この道においては、福音書において主が次のように言われているように、人は、自分の諸能力の目を閉じて光をとらえなくてはならない。「私は、審判のためにこの世に来た。見えないものが見え、見えるものが盲目になるためである」(ヨハ9・39)と。言葉どおり、それは霊的な道について言われていることである。自分自身、または地上的なすべての光に対し目を閉じ暗黒に留まるならば、超自然的な目が開かれ、それにひきかえて、何か自分の光に頼っているものは、かえってますます盲目になり、神との一致の途上において足をとめてしまうことになるであろうということである。

8 今、あまりとりとめのないことになってしまわないため、われわれが神との一致と呼んでいるものがどんなものであるかを、次章で説明する必要があるであろう。これがはっきりすれば、後章で述べることについて、もっと多くの光が与えられるからである。したがって、ここがちょうど、神との一致について話す適当なところであると思う。今、述べようとしている論述の糸が中断されるにしても、テーマの外にはみ出るわけではなく、それはそれとして、これから述べようとしていることにさらに光をそえることになるであろう。

ゆえに、次章は、同じ論旨の中に、括弧内の形で挿入されたものとして考えてほしい。そのあとに、続いて第二の夜に関連して三つの対神徳についての精神の三つの能力を個々に扱ってゆくつもりである。

第5章

神との一致とは何であるか——一つの比喩。

1　今まで述べてきたところから、神との一致というのはどんなことかを、読者が幾分なりとも了解されたならば、それについてのこれからの説明を、いっそうよく理解されることであろう。

けれども、今それを区別して、一つ一つの部分について述べるつもりはない。実際もし、知性の一致とは何か、意志および記憶による一致とは何か、また、そうしたものの能力にも、永続的なものと一時的なものとがあり、またさらに、そうしたものの能力によって、永続的または一時的にも、全く神と一致するというのはどういうことか、などということについて話し出したならば、全くきりがないからである。

したがって、話をしてゆくにあたり、ある時にはこれ、ほかの時にはあれ、というふうに扱ってゆくことになるであろう。それらのことは、今ここで話そうとしていることに関係のないことでもあり、その場所に来たときに、それと同じことについて、生き生きとした実例を挙げることにすれば、そこで、個々の事柄についていっそう注意と理解とが促され、それらについてよりよい判断を下すことによって、さらによくわかってもらえることであろう。

2　ここでは、霊魂の実体とその能力とによって、われわれが完全に神と結びつけられる永続的な一致の状態について扱うのであるが、それも目に見えぬ一致の下意識状態（ハビトゥス）としてだけ触れることにする。というのは、あとに神のおん助けの下に述べようとすることであるが、意識的現実としての諸能力の永続的一致というのは、「この世では」ありえないことで、ただ一時的に生ずるだけだからである。

3　今これから述べようとする神との一致とはどんなものであるかを理解するために、知っておくべきことというのは、どんな人の心の中にも、たとえ、この世における最悪の罪人であっても、神はその中に実際にましまし、その力となっておられているということである。この種の一致は、神とすべてのつくられたものとの間にあるもので、これによって神は、そうしたものが存在できるように保ってくださっている。つまり、こうした一致がなければ、それらのものは、たちまち無に帰してしまうということである。

したがって、われわれが神との一致ということについて話すときには、そのような常住の本質的あるいは実体的一致ということではなくて、われわれの心が愛の相似性をもつときのみに生ずる、普段と異なる霊魂と神との一致、および霊魂の変容のことなのである。

ゆえに、前者を本質的一致、または実体的一致というのに対し、後者は「相似の一致」と呼ぶことにしよう。前者は自然的なもの、後者は超自然的なものである。

この超自然的な一致は、二つの意志、すなわち、われわれの意志と神の意志とが一致して一つのものになって、互いに反発し合うようなものが全くなくなるときに生ずるものである。神の意志に反するものや、それに合わないものを全く自分から取り除くときには、われわれの霊魂は、愛によって神のうちに変容されたものとなる。

4 しかし、ここで言いたいことは、ただ実際、逆らいという行為のことだけではなく、逆らうような心の傾きのこともさしているのである。ただ、そうした逆らいを示す意志的な不完全な行いをしてはならないというだけではなく、それに類したいかなる心の傾きさえも、なくしてしまわなくてはならないということである。

神ならぬつくられたものは、いかなるものであれ、その働きや巧みさは、神の尺度にあうものではなく、また、それに至りつくものでもないのであるから、すべてのつくられたもの、およびその働きや巧みさ、すなわち理解とか味わうこととか、感ずるというようなことから離脱しなくてはならない。というのは、神に似ないもの、そわないものを、ことごとくぬぎ捨ててこそ神に似るものとなり、神のみ旨ではないものが心の中に残るようなことがなくなり、そのようにして神の中に変容されることとなるからである。

したがって、前に述べたように、霊魂のうちに神は常におられ、それに存在を与え、その力によって自然の意味での存在を保たれているということに間違いはないのであるが、超自然的存在は常にお与えになるというわけではない。

というのは、それは、愛と恩恵によってのみ与えられるものであって、しかも、すべての人々がそのうちにあるというわけではないからである。また、それをもっている人々であっても、あるものの愛は大きく、ほかのものはより小さい。したがって、愛において成長すればするほど、すなわち、神のみ旨に自分の望みをいっそう深く一致させればさせるほど、神は、それだけいっそうご自分をお与えくださるのである。そして、その一致と相似が完全なものであれば、神のうちにおける超自然的一致と変容も完全なものとなる。ゆえに感情とか心の傾きにおいて、地上的なものとその巧みさとを自分の衣裳とすればするほど超自然的変容のため、神にすべてを与えていないのであるから、神との一致に対する準備をよくしていないことになるのである。

したがって、自然の本性によって、自然的にわれわれと交わっておられる神が、恩恵によって超自然的に交わられるには、われわれは、以上のような自然の背反するもの、相似《あいに》ないものから裸になるより大切なことはないのである。

5　このことは、聖ヨハネが「血によらず肉の意によらず、人の意によらず、神より生まれたもの」（ヨハ1・13）と教えていることでもある。その意味は、〝神の子となる〟すなわち、神のうちに変容される力を与えられるもの、というのは、ただ〝血によらぬもの〝すなわち、自然的なものの組み合わせから生まれたものではなく、また〝肉の意によらず〟というのは、自然の能力や巧みさによる識量によらず、なおまた〝人の意によらず〟に生まれたものだけであるということである。そこには、あらゆる形、あらゆる方法の、悟性をもってする判断や理解のことを含んで言われているのである。

それらから生まれるいかなるものにも神の子となる権能を授けられず、ただ神から生まれたものだけに、それを与えられたのであった。これはすなわち、何よりもまず、古き人といわれる一切のものに死し、恩恵によって再び生まれたものに、ということであって、彼らは、自らを超えて超自然的なものへと高められ、考えられるすべてのものを超えて、すぐれた、あの霊的再生と、子たる結びつきとを神から受け取るのである。そこで同じく聖ヨハネは、ほかのところで次のように言っている。

「水と霊より再び生まれなければ、神の国を見ることはできない」(ヨハ3・5)と。これは〝聖霊によって新たに生まれるのでなければ、完徳の状態である神の国を見ることができないであろう〟ということである。この世において、聖霊によって再生するというのは、その清らかさにおいて神に似た魂をもつということであり、自分の中に不完全な何の雑《まじ》り物もなくなり、たとえ本質的に神と等しくなるという意味ではなくとも、神のものとなるべく、神との一致により、純粋な魂の変容を実現することになるのである。

6　以上のことを、いずれも、いっそうよく理解するために、一つのたとえを挙げよう。

太陽の光が、一つの窓ガラスに当たったとしよう。そのガラスに、いくらかの汚れや曇りがある場合には、そうした汚れが全くなく、きれいに拭われているときのように、光の中にすっかり照らしだされて、そのあり様《さま》が変わってしまうことはない。つまり、こうした汚れや曇りがあればあるほど、照らされることが少なく、反対に、そうしたものがなければないほど、いっそう照らしだされることになる。しかもこれは、光の問題ではなく、ガラス自体に関することである。もし、窓ガラスが清く、全く純粋であるならば、それはまるで、光そのものになったかと思われ、その光と同じ光を発するまでに、有様を変えて光り輝くことになるであろう。しかし、窓ガラスは光のように見えても、実際光自体とは異なった本性をもっている。

さらに、その窓ガラスが光、または光線といえるのは、光と一つのものとなる光との交わりによるということである。

この窓ガラスのように、われわれの霊魂は、神の本質から出るあの神的な光によって、いつも包まれている。否、さらによく言えば、上に述べたように、神の光自身が、そのまま霊魂のうちに宿るといえる。

7　われわれが、心をむなしくすれば——すなわち、愛するとは、神のために神でないすべてのものから赤裸になることなのであるから、意志を神と全く一致させることによって、地上的なもののすべての覆いや汚れを拭い去ってしまうならば、直ちに神の光に照らしだされ、その中に変容する。神はその人にご自身の超自然的あり方をお与えになるため、神と同じものになったかと思われ、また、ご自身がおもちになっているものをもつということになるのである。このようにして、神が霊魂にこの超自然の恩恵をお与えになると、神との一致ができて、神のすべてが霊魂と一つのものになり、その神と一つのものとなる交わり（参与）によって変容されてしまうのである。そこで霊魂は、霊魂というよりも、むしろ神のように見えてくる。だがそれは、神と一つのものとなる交わり（参与）によって神となるといえるのであって、どんなに変容したといっても、その存在は前と同じように依然として神のそれとは非常に違ったその自然的本質をもっているのであって、それは、ガラスがどんなに光に照らしだされても、光とは別個の性質のものであるというのと同様である。

8　以上のことから今、いっそうはっきりしたことは、前にも言ったように、この一致のための心構えは、神について理解することでも、味わうことでもなく、何かを感ずることでも想像することでも、ほかのいかなることでもなく、ただ一つ、純潔と愛ということ、すなわち、神のみのために、あのことや、このことのすべてを捨てて、全くの赤裸になるということである。全き清らかさのないところには、魂の全き変容もない。また、どれほど清らかであるかによって、神との一致の深さ、またそれから照らしだされる光の程度が決定されるのである。霊魂が、ここにいうように完全でもなく、清く透き通ってもいなければ、神との一致も完全なものとはならないであろう。

9　このことは、次のたとえを挙げれば、もっとわかりよいかもしれない。ここに非常に立派な絵があって、それはあまりにも繊細かつ微妙に描かれ、しかも、その二、三の部分は極度の洗練された精巧さのために、かえってそれを見分けることができないようなものであるとしよう。こうした絵についていえば、それを見る目がなければ、また、その目が清くなければ、その絵の中にある洗練された技巧に気づくことができない。それに反し、観賞眼が明らかで、澄みきっていればいるほど、その中に多くの完成された美を見いだす。したがって、さらにそれよりも清められた目をもつ人があるならば、もっと多くの完全さを見いだすことであろうし、結局、最後には、いっそう明徹な洞察力をもった人が、いっそう完全な美しさを見いだすことになるわけである。つまり、その絵の中には、どんなに努力しても、さらになお見いだされるべきものが残っているほどに、豊かに見るべきものがあるのである。

10　神のうちに照らしだされ、変容された霊魂についていう場合も、以上と同じである。というのは、人はその受容力の多少に応じて神との一致に到達するというわけであるが、それは、主が各人にお望みになるままになされるのであって、すべての人が同じ高さにまで達するというのではない。このことは、天国で神を見奉る場合も、多い少ないの差があるのと同じである。ともあれ、すべてのものが神を見奉り、それぞれ、その受容力があふれ満たされているので、みな満足しているのである。

11　それで、この世でも、各自がそれぞれ完徳の状態に達し、同じように落ち着いた心の平安に全く満たされていながら、あるものは、ほかのものより高められているということがありえるのである。しかも両者は、その受容力が完全に満たされているために、共に心も満たされている。しかし、自分にそなわった力に応じた清らかさにまで達しないものは、本当の平安と満足とを得ることができない。なぜなら、神との純粋な一致のために必要な、心の全き赤裸、虚心さに能力がありながら達しきれなかったからである。

第6章

精神の三つの能力を完成させるものが、どういう意味で三つの対神徳なのか。また、この魂がその精神能力のうちに、どのようにして空白と暗黒とをつくり出すかを述べる。

1　そこで、精神の三つの能力といわれる知性と記憶と意志とを、神との一致に導く道であるこの精神の暗夜に導き入れることについて述べなくてはならないわけであるが、この章において、まず扱わなくてはならないこととして、三つの対神徳、すなわち、信仰と希望と愛とは、上記の三つの能力に関連して、超自然的対象として取り上げられ、また、それぞれの能力を通じ、それら対神徳を通して人は神と一致するものであるということ、したがって、それぞれの能力のうちに、同じような空白と暗黒とをつくり出すということである。

というのは、信仰は知性のうちに、希望は記憶のうちに、愛は意志のうちに、それを生みだすのである。それについで扱いたいことは、知性は信仰の暗黒のうちに、記憶は希望の空白のうちに、どのように完成されるのか、またさらに、意志は神に赴くために、どのようにして愛着を捨て、それから赤裸にならなくてはならないかということである。

以上のことを述べれば、この霊的な道を確かに歩んでゆくためには、対神徳に頼りながらこの暗夜をよぎり、すべてのものに対してこだわりをもたず、そうしたものに目を閉じることがどんなに必要であるかがわかるであろう。というのは、すでに述べたように、この地上における神との一致は、決して知ることや、たのしむことや、想像することや、その他の感覚的なものによってなされるのではなく、ただ知性による信仰と、記憶につながる希望と、意志による愛のみによるものだからである。

2　これらの三つの対神徳はすべて、前に言ったように、精神の三つの能力のうちに空白をつくり出す。すなわち、信仰は知性のうちに不知の暗黒を、希望は記憶をからにし、そして愛は意志において、神ならぬすべてのものに対する愛着とたのしみを洗い落としてしまうのである。

というのは、信仰は知性をもってしては理解できないことをわれわれに告げるものだからで、聖パウロは、ヘブライ人にあてた書簡の中で次のように言っている。「信仰とは、希望するものの実体、見えざるものの証し」（ヘブ11・1）と。これは、われわれの問題に結びつけて言えることで、信仰とは、希望するものの実体であるということ、知性がそれを確実なものとして堅く信ずるにしても、それは理性によって見いだされるものではない。なぜなら、もし見いだされれば、もうそれは信仰ではなくなるからである。信仰は、知性の足場を堅めてくれるものではあるけれども、それを照らしだすというよりも、暗黒にするものである。

3　次に、希望もまた、疑いもなく記憶をして、この世のこと、あの世のことなどを、すっかり忘れさせ、目を閉じさせてしまう。希望というのは、いつも、まだ所有していないものについてのことで、もし所有してしまえば、それはもはや、希望ではなくなるからである。そこで聖パウロは、ローマ書の中で次のように言っている。「見えるものは、希望ではない。すでに見るものをだれが望むであろうか」（ロマ8・24）と。これはすなわち、見えるものの希望というのはもう希望ではなく、見るもの、すなわち所有するものを、どうして希望することがあるだろうか？　ということである。つまり、この徳も空白をつくり出すものである。それは、所有しているものではなく、まだ所有していないものに関するものだからである。

4　愛徳もまた、全くこれと同じように、意志において、すべての事物から心を洗い落とす。というのは、愛徳は、われわれに、すべてに超えて神を愛し奉るべき義務を負わせるからで、これは、われわれの愛着をすべて、それらのものから切り離さなければ、心から神を愛することはできないからである。

これについては、聖ルカを通してキリストが次のように言われている。

「持っているすべてのものを捨てないものは、私の弟子であることはできない」（ルカ14・33）と。これは、すなわち、意志的に所有するすべてのものを捨てなければ、私の弟子となることはできない、ということである。このようにして三つの徳は、心の幕を閉じさせ、すべてのものから空白にするのである。

5　ここで、われらの主が、ルカによる福音書の第11章で話された例を引用しなくてはならない。すなわち、一人の友が三つのパンをもらうため夜半にその友を訪れたという話である。このパンというのは三つの対神徳を意味している。夜半に頼みにいったというのは、霊魂が三つの能力において、すべての事柄に目を閉じ、三つの対神徳を獲得して、その徳をもって夜半のうちに自己を完成しなくてはならないことを教えられているのである。イザヤ書の第6章を読むと、この預言者は、神の両側にいるふたりのセラフィム（熾天使）が、各々六つの翼をもっているのを見たと書かれている。その二つの翼をもって各自がその足を覆っていたというのは、神のため、すべてのことにおいて、意志から生ずる愛着の目を閉じ、消してしまうことを意味している。またさらに、二つの翼をもって面を覆っていたといわれるのは、神のみ前における理性の闇を意味している。さらに、残りの二つの翼をもって飛んでいたといわれるのは、この世においても、あの世においても、神以外に所有し得るすべてのものの上に高く駆けのぼり、まだもっていないものの方へと向かう、希望の飛翔を意味している。

6　したがって、われわれは、この三つの能力の各々を、各徳にしたがってかため、それぞれを赤裸にして、対神徳以外のすべてのものに対して目を閉じさせて、この三つの精神的能力を、三つの対神徳の方へと導いてゆかなくてはならない。

これが精神の暗夜で、これを前文中、能動的暗夜と呼んだのは、この夜に入るためには、われわれの側から力をつくすからである。霊魂が自分の場から出て、信仰という道にまで高められるため、「感覚の暗夜」において感覚的能力が、その欲求の感覚的対象から、どのように切り離されるかということについて話したように、この精神の夜においても、神の恩恵の下に、どのように精神的能力が神以外のすべてのものから自己を切り離し、清め、前に述べたように、三つの対神徳という道によって、自分の目を閉じ、神との一致のため心をととのえるかについて話そうと思う。

7　このようにすれば、悪魔の悪だくみはもとより、自己愛およびそこから出てくるもろもろの力に対しても、全く安全である。そうしたものが霊的な人々の道を巧みに妨害し、欺くというのも、彼らがこの三つの対神徳によって自己を制御し、赤裸になることを知らないからである。そのため、彼らは霊的な宝の純粋な本質をとらえることができず、また望めばできるはずの、真直ぐな近道を歩んでゆくことがない。

8　注意しておかなくてはならないことは、今私は、特にすでに観想の状態に入り始めている人々と話しているということである。

初歩の人々に対しては、この問題は、もっと手加減を加えて扱わなくてはならないため、神の思召しならば、その特質について論ずるとき、第二篇[*4]において勧告を与えたいと思っている。

*4　著作の『暗夜』のこと。

第7章

永遠の生命に導く道がどんなに狭いか、またこの道をゆくものの心は、どんなに赤裸で自由でなくてはならないかについて述べる。まず、知性の赤裸について話し始める。

1　今、精神の三つの能力の赤裸と純潔について述べるにあたって、聖主が、生命に導くといわれた道が、どんなに狭いものであるか、また、この暗夜の中で、その精神の能力を空白にし、裸にすることに驚かないようにそのことを霊的な人々によくわからせるためには、私のもつ以上の知識と精神とが必要である。

2　そのために、われわれはまず、聖主が聖マタイを通じ、その第7章14節において、この道についてお話しになったみ言葉を、注意深く考察しなくてはならない。「生命に至る門は、何と狭く、その道は細く、それを見いだす人は少ない」（マタ7・14）。この言葉の中で、初めの一語「何と」の上にどれほどの強調と切願とがこめられているかについて、よく注意すべきである。すなわち、まことにその道は、あなたたちの考えるよりも、ずっと狭いということである。

なおまた、注意すべきことは、最初に「門は狭い」と言われていることで、これは、この道の糸口であるキリストの門に入るためには、何ものをも超えて神を愛し奉りつつ、感覚的および現世的なすべてのものに対し、われわれの心をひきしめて、そうしたものから全く引きはがさなくてはならないということで、これは前に述べた感覚の暗夜に属することである。

3　それからすぐに「その道は細い」という言葉がある。これはすなわち、完徳のことで、完徳の道を通ってゆくためには、感覚的なものから自己を空《から》にして狭い門に入らなくてはならないばかりでなく、さらに精神的な面からも、いさぎよく自分をひきしめ、すべての絆から自己をときほぐして裸になることが必要であると示されているのである。そこで、「狭い門」というのを、人間の感覚的部分、「細い道」を、人間の霊的、または理性的部分にあてはめて考えることができる。それから、「これを見いだす人は少ない」ということについては、その原因に注意が注がれなくてはならない。というのは、精神の徹底した赤裸と無一物の境地に入ることを知ろうとし、これを望む者が少ないからということである。

なぜなら、完徳の高い山の小径は、いずれにしても、上にいくにしたがって狭くなるもので、われわれの低い欲求がその重みを増すようなもの、また、高い欲求が妨げになるような一切のものをもとうとしない旅の人でなくてはならないからである。

ここでは、神だけが探し求められ、かつ獲得されるのであるから、そこに探し求めらるべき、また獲得されるべきものは神のみということになる。

4　以上のことから明らかなことは、われわれは、地上的なものから全く離脱していなくてはならないだけでなく、さらには精神的な部分に属する事柄も、ことごとく手放し、無視して歩まなくてはならないということである。そこで聖主は、聖マルコを通じて、この道においてわれわれを教え、そこに導き入れようとして、あの素晴らしい教えを与えられたのである。

ところが、必要なことであればあるほど、かえって、霊的な人々がそれをわずかしか実行に移さないというのは、いったい何としたことであろうか。この教えは、われわれにとって非常に有益であるので、ここにその全部を記して、字句の意味と、その霊的な意義について説明しようと思う。すなわち、「もし、私に従おうと欲するならば、自分を捨て、自分の十字架をとって私に従いなさい。自分の魂を救おうと欲するものはこれを失い、私のために魂を失う人はこれを得る」（マコ8・34－35）と。

5　おお、霊的な道につとめるものたちが、自分で考えていることと、この道の歩み方とがどんなに隔たりのあるものかを悟るために〝自分自身をなくする〟と言われている聖主のすすめが、いかなるものであるかを、だれが今ここにおいて明らかにし、またそれを実行し味わうことができるであろうか。彼らは、何かの形で引きこもることとか、何かを改めるということくらいで十分だと思いこんでいる。またほかのものは、何かの形で徳を修得し、祈りを続けたり抑制をしてみるぐらいで満足している。しかし、ここで聖主がわれわれにすすめておられる赤裸や清貧、あるいは離脱とか霊的な清らかさ（これらは、みな一つのものである）にまで達しない。というのは、慰めとか霊的感覚などの自然的なものに糧を求め、またその衣裳を身につけることに心をとられて、そうしたものから全く引き離れ、またそれらを捨てること、しかも、それを神のためにするというようなことがないからである。彼らは、世俗的なこととしてそれを捨てさえすれば十分だと思い、霊的なもちものに対しても、そのような傾きを殺し、また清めるというようなことを考えないのである。

そのために、彼らは、神における甘味が全くなく、それだけに、何かしっかりした完全なもの、すなわち、全くの心の十字架であり、キリストの霊的赤貧である乾燥、無味、労苦がさし出されると、それらを避けること、あたかも死のごとく、ただ神におけるこころよい交わりと甘さだけを探し求めることになるのである。

これは、自己否定でも精神の赤裸でもなく、精神の貧食にすぎない。そのようなものによって、彼らは、霊的にキリストの十字架の敵となる。なぜなら、真実の魂は神において美味なものよりも味気ないものを求め、慰めよりもむしろ苦しむことを、所有することよりも神のためにすべてのものを失うことを、また、甘美な心の交わりよりも乾燥と苦しみの方に心を傾けるものだからである。というのも、それがキリストに従うことであり、自己を否定することであり、他方、神のうちに自分自身を求めるとは、およそ愛に反することであることを知っているためである。まことに、神のうちに自分自身を求めるとは、神から何かの贈りもの、あるいはたのしみを求めることである。それに対し神自身を求めるというのは、神のためにそうしたものが、むしろないことを求めるというだけでなく、キリストのために、神からも、また世間からも、すべて味気ないものだけを選びとるように心がけることで、これこそ神への愛なのである。

6　ああ、われらの主が、こうした自己否定が、どこまでいきつくようお望みになっているかを、だれがわからせてくれることができるであろうか。この否定は、確かに一つの死である。というのは、それは、この世のことにつけ、地上的なこと、霊的なことにつけ、およそあらゆることにおいて、それらを全く問題にしないことなのであるから。

このことは、聖主の次の言葉のうちに示されている。

「自分の生命を救おうとするものは、これを失う」（ヨハ12・25）と。つまり、自分のために何かを所有しようとし、または探し求めるものは、これを失うというのである。次に、「私のために、自分の生命を失うものはこれを得る」（マタ10・39）というのは、自分の意志が渇望し、かつ味わうことのできるすべてのものを、キリストゆえに退け、いっそう十字架となるものを選び取るものは（主ご自身、聖ヨハネを通じて、己が魂を憎むものといわれている）そのいのちを得るということである。

これは、キリストの右と左に坐ることを願った、あの二人の弟子にお教えになったことで、このような光栄を求める要求に対しては、何もお答えにならず、この地上において、たのしみよりもいっそう確実かつ貴重なものとして、ご自分のお飲みになるべき杯を彼らにさし出されたのである（マタ20・20―22）。

7　この杯というのは、自分自身の本性に対して死ぬことを意味し、この狭い小径《こみち》を通って歩んでゆくことができるため、前に述べた感覚の世界、およびこれから述べようとする精神の世界において、その自然の本性に属するすべてのものに対して死ぬこと、すなわち、理解すること、たのしむこと、感ずることにおいて赤裸になり、無に帰させるということである。ただ、あれやこれやを自分のものとしないというだけのことではなく、この狭い道をゆくためには、霊的なものにおいてもそれにこだわっていてはいけないのである。なぜなら、（主の教えられたように）この小径には、自己放棄と十字架のほかには何も入ることができないからである。十字架はこの小径を通って到達するための杖であって、これをもっていれば自己放棄も軽く容易になる。それゆえ主は、聖マタイを通じ「わが軛《くびき》はこころよく、わが荷は軽し」（マタ11・30）と言われたのであって、その荷とは十字架のことである。

というのは、この十字架をとって、それを負ってゆく決意をしたもの、すなわち、神のため、すべての事柄のうちに真に労苦を探して、それを担う決心をしたものは、何も望まず全く赤裸になり、この道をゆくための大いなる身軽さとこころよさとを、すべてのことのうちに見いだすからである。それに反し、神についてのことにせよ、またその他の何かのことにつけ、それを自分のものにしたいという愛着があるならば、その人はすべてにおいて赤裸でもなければ、すべてにおいて自分を捨てているのでもない。したがって、上に向かうこの狭い径に入れもしないし、またそれを登ることもできない。

8　このようなわけであるから、神にいくこの道は、たくさんのことを考えたり、いろいろの方法や形式や味といわれるもの（もちろんこうしたものは、初歩の人にとって必要なものであるが）のうちにあるのではないということを、霊的な道を歩む人々にわかってほしいと思う。

ともかく、われわれにとって必要なものはただ一つしかない。それは、外的なことにも内的なことにも自分を捨てることで、キリストのために苦しみに身を委ね、すべてのことにおいて自己を全く無にすることである。なぜなら、こういうことに修練を積むならば、その中にほかのすべてのものと、またさらには、それにもましてよいものが見いだされるからである。それに反し、もしこの修練に欠けることがあるならば、それが徳のすべてであり根源であるだけに、たとえ天使のように高い思考や、神との交わりをもつとしても、それ以外のほかの方法は枝葉のようなものであるから進歩することがない。進歩は、キリストにならう以外には見いだされ得ないもので、そのキリストは、聖ヨハネを通じていわれているように、「道であり、真理であり、生命である」(ヨハ14・6)。キリストを通さなければ、決しておん父のもとにゆくことができない。またほかのところでは、「私は門である。もし、私によって入るならば救われるであろう」(ヨハ10・9)とも言われた。したがって、甘いもの、たやすいものを通していこうと望み、キリストにならうことを避けるような人は、すべて善いものとは考えられないのである。

9　私は、キリストが道であり、そして、この道は、感覚的にも精神的にも、われわれの自然の本性に対して死ぬことであるといったのは、キリストはわれわれの模範であり光であって、そうした死がキリストの模範に従うことにおいて、どのように示されているかを説明したいと思うからである。

10　第一に、キリストが感覚的なものに対して死んでおられたことは確かなことで、その御生涯中で霊的に死にたまい、その後、いのちを失いたもうたのである。というのは、そのお言葉どおり、その生活においては、頭を横たえるところもなかったのであり、その死においては、なおさらのことであったからである。

11　第二に、その死が迫ってきたとき、その心は何の慰めも安心もなく、全く廃墟にさらされたことも確かなことで、次の叫びが出るまでに、その心の縁《ふち》は、おん父からも全くの乾燥のうちに投げ捨てられておられたのであった。「わが神、わが神、どうして私を見捨てたもうたのですか」（マタ27・46）と。これは、キリストがその御生涯で最も強く身にしみて経験された死の遺棄であった。

しかも、まさにこの時こそキリストは、その全生涯にわたる多くの奇跡や、み業よりもさらに大いなる業、天にも地にもいまだかつて起こったことのない大いなる業、すなわち、恩恵による神と人との和解と一致という業を成し遂げられたのである。

そしてそれは、ここで言うように、主がすべてにおいて最もみじめなまでに打ち砕かれたもうたその時、その刹那であったのである。というのは、人間的に見て、人々は事実キリストが息絶えられたのを見て、何かの尊敬の意を示すよりあざ笑ったのであり、また、自然的に見れば、死によって無に帰せられたのである。おん父の霊的な保護と慰めということからいえば、あの刹那に負い目をことごとくかえして、人間を神と一致させるため、おん父はキリストをお見捨てになり、そのようにしておん子は全く打ち砕かれ、無に帰せられたのである。そこでダビデはキリストについて次のように言った。「私は無に帰せられ、もう何もわからなかった」（詩72・22）と。

これは、神と一致するためのキリストの門とその道の神秘を、霊的な道をよく歩む人々が理解するため、すなわち、感覚的分野、精神的分野のいずれにおいても、神のために自己を無にすればするほどいっそう人は神と一致し、より大いなる業をなすことを悟るためのものである。堅く無のうちに留まるという最も深い謙遜に至るとき、この地上において達し得る最も高く、最も偉大な境地であるわれわれの魂と神との霊的一致がなされるのである。そしてまた、それは休息や甘味、霊的な感情ということにあるのではなく、感覚的、精神的な、すなわち、内外的な一つの生々しい十字架の死のうちにあるのである。

12　このことについて、まだ話すべきことはあるけれども、これ以上長く述べることはやめておこう。なぜなら、自身キリストの友と思っている人々が、キリストについてあまりにも少ししか知らないことを私は見ているから。彼らは自分を愛して、キリストの中に自分のよろこびと慰めとを探し求めているけれども、キリストを愛して、キリストの苦しみと死とを求めることはしない。

私がここでいう、自分をキリストの友であると思っている人々というのは、偉大な学者であり権力者でありながら、キリストから遠く離れて生活している人々、その他、自身の野望や出世のことにあくせくしてこの世に生きている人々のことで、彼らはキリストを知らないために、いかにその終わりがよく見えようとも、やはりそれは苦渋に満ちたものなのである。こういう人々について、今ここでは触れないけれども、審判の日に問題とされることであろう。なぜなら神は、彼らの学識と高い地位により、神のみ言葉を掲げる的《まと》となるべき人として、彼らをお定めになったのであるから、彼らこそまず第一に、神のみ言葉を話さなくてはならないのである。

13　しかし今は、霊的な道をいく人々にわかってもらいたいと思って話すのであり、ことに神が、そのお恵みによって、観想の状態にまでお上げになった人々に対して話そうと思う(というのは、前に述べたように、今は特にこういう人々に向かって語ろうとしているのであるから)。そして信仰において、どのように自分を神の方に向かわせ、それに反する事物から自分を洗い清め、自分をひきしめ、ついには、暗黒の観想の狭い小径に入るべきかを述べるつもりである。

第8章

一般に、被造物といわれるもの、知性の中に入ってくることのできる概念など、そのいかなるものも、神との一致の直接の手段とはなりえないことを論ずる。

1　神との一致のためにふさわしい、そしてそれ本来の道である信仰について話す前に、検討しておくべきことというのは、つくり出されたもの、あるいは考えられたものは、神と一致するために、元来ふさわしい手段として役立てることはできないもので、また、理性が獲得し得ることは、すべてそれにとらわれてしまうならば、手段として役立つよりも、かえって妨げとなるものである。今、この章においては、その一般的検討をすすめ、のちに理性が、内または外の感覚から受け取るすべての知解について、および信仰という本来の手段を頼りにして進まないで、そうした内的外的な知解から生ずるいろいろの弊害について、それぞれ述べることとする。

2　哲学の原則によると、手段となるものはすべて、その目的に相応じているものでなくてはならない。すなわち、その目的となるものに対して、何らかの適応性と相似性をもっていなくてはならないのであり、その目指す目的に達するに足るだけの十分なものをもっていなくてはならないのである。

例を挙げてみよう。だれかがある街にゆくとする。その時には、その街にゆきつくべく、これと結ばれた手段となる道が、当然なくてはならない。ほかの例を挙げてみれば、火が材木と結びついて一つになる場合には、その手段となる熱は、まずその火と同じような高い温度をもって、材木を熱するようなものである。そこで熱という、本来それにふさわしい手段以外のもの、例えば、空気とか水とか土とかをもって材木をそのようにしようと思っても、材木が火と結びつくことは不可能であって、ちょうど、町に通ずる道を歩まなければ、町に到着しないのと同じである。したがって、理性が、この世において神と一致するためには、神と結びつく、神に最も近い、似つかわしさをもつ手段によらなくてはならないということになる。

3　ここで注意しなくてはならないことは、すべて被造物というものは、高いものであっても低いものであっても、一つとして神と直接結びつくものも、また、神の本質と似たものをももっていないということである。

神学者が説いているように、これらすべてのものは、その存在の重みにしたがって、それぞれ程度を異にして、神と何らかの関係をもち、神の足跡をもっているということは真実であるけれども、神の側からは、それらのものに対して何の関連も、また本質的な相似性もないからである。それどころか神の本質と、それらのものの本質との間にある差異は無限であって、天上のものであろうと地上のものであろうと、そこには比較できる相似性がないのであるから、被造物を頼りにして理性が神に至りつくということはできない。

そこでダビデは、天上のことを述べて、「主よ、神々のうちに、おん身に似たるものなし」（詩85・8）と言ったのである。神々というのは、天使および聖なる人々の魂のことである。また、ほかのところでは、「主よ、おん身の道は聖なるものの中にあり、いかなる神が、われらの神にまさらんか」（詩76・14）と言っている。その意味は、〝神よ、おん身に至る道は聖なる道、すなわち、純粋な信仰であり、ほかのいかなる神がそれほどの偉大さをもっているであろうか〟、ということである。

いいかえると、どんな崇高な本質の天使であっても、またどんなに大いなる光栄の聖人であっても、おん身にいきつくに足る、ふさわしい道となるまでにすぐれたものがあるであろうか、ということである。

それからまたダビデは、地上的なものについてと同じように、天上的なものについても、「主よ、おん身は、いと高きにましまし、低きものを見つめ、高きものをはるかなるかなたより知りたもう」（詩137・6）と言った。これはすなわち、〝いと高き存在にましますは、その高きに比して、まととに低いこの世の事物を見ておられる〟ということであり、また天上の高いものも、神の存在からははるかに隔たったものであることを見、かつ知っておられるということである。

すなわち、すべてつくられたものは、神に至りつくためのふさわしい手段として、知性の役に立たないということなのである。

4　ちょうどそれと同じように、この世において想像力がつくり出すことができるもの、また悟性が受け取りかつ理解することができるものは、いかなるものであっても神との一致のための至近の手段とはなりえない。

というのは、自然の本性として、悟性は外部の感覚を通して受け入れられるものの形や、イメージとしてとらえられるものだけしか理解できないのであって、しかもこうしたものは、前に述べたように手段としても役立たないもので、それに、自然の知性だけに力をかりるということもできないからである。

ところで、この世においてできるかぎり超自然のことについて話そうとするならば、体という牢獄につながれている悟性は、その普通の力では、神についてはっきりとした知解を受け取るだけの用意も力ももっていない。というのは、そうした知解はこの世のものではないため、死ぬべきか、それともそれを受け取らないかどちらかである。

そこで、モーセが、このようなはっきりした知解を与えてくださるよう神に願ったとき、神は、神を見ることはできないと答えられ、「まだ生きていることのできるものは、私を見ることはないであろう」と言われたのである（出33・20）。聖ヨハネも「だれもかつて神を、また神のように思われるものさえも見たものはない」（ヨハ1・18）。また聖パウロ（一コリ2・9）は、イザヤ（64・4）と同じく、「目もこれを見ず、耳もこれを聞かず、人の心にも上らない」ものと言っている。

使徒行録に述べられているように、茨の草むらの中に神がおられたとき、モーセがあえてそれを考えようとしなかったというのはそのためである。なぜなら彼が神について感ずることに応じ、それにふさわしく、悟性が神について考えることができないことを、彼は知っていたからである。

また、われわれの父であるエリヤについても、彼が山に登ったとき、神のみ前においてその顔を覆ったと記されている（王上19・13）。これは彼が悟性の目を閉じたことを象徴しているのであるが、実際彼がそうしたというのは、自分で考えたり、特別に理解したりすることは何であれ、神からは非常に隔たっていて、それには似ても似つかないものなのであるから、それほどまでに高い事柄の中に、いやしい手を差し込むことをあえてしようとは思わなかったからである。

5　このことからわかることは、どんな知解も、超自然の知覚も、この死すべき状態にあっては、神との高い愛の一致のための至近の媒介とはなりえないということである。というのは、悟性をもって知り、意志によって味わい、想像をもって描き出しうるところのものは、すでに述べたように、神とは非常に異なったもので、比べものにはならないからである。これらのことはすべて、イザヤもあの有名な言葉をもってみごとに言い表している。「お前たちは、何をもって神に似たものとすることができるか。いかなる像をもって神に比べるものとするか。恐らくは、鋳物師のつくったものか、あるいは、金工が黄金をもってつくったものか、あるいはさらに銀工が銀の板をもってつくったものではないか」（イザ40・18―19）と。

鋳物師とは悟性のことで、感覚的なイメージの鉄を洗いおとして、それによって認識をつくり出すつとめをもつものである。金工とは意志のことで、愛の金からひき出されたこころよい姿や形を受け取る能力をもつものである。銀工が銀のうす板をもって神を細工することはできないというのは、想像と結びついた記憶のことであって、これが形づくる知解と想像というのは、ちょうど銀のうす板のようなものであるということで、まことに当を得たことである。つまり、悟性はその知識をもってしても、神については、それと類似したものさえつかむことはできないということである。また、意志は神のものと思われるような甘美を味わうことはできず、記憶は神を表すような観念やイメージを、その想像力の中にとりいれることはできないというのである。

以上によってはっきりしたことは、こうしたものによる観念はどんなものであっても、知性を直接神に導きつれていくことのできないもので、神に達しようと思うならば、理解しようと思うよりもむしろ理解しないようにすべきであり、よりいっそうの神の光に近づくためには、目を開いているよりもむしろ目を閉じ、闇に留まるべきであるということである。

6 それゆえ、知性が神についていっそう高い知解をもつようになる観想を、人々は神秘神学と呼ぶのであって、それは神についての秘められた英知という意味である。聖ディオニジオは、これを闇の光線といった。これについては、預言者バルクが「だれも、この道を知る者はなく、この小径を考えうるものはない」（バル3・23）と言っている。このことで明らかなことは、神との一致のために悟性が達し得るすべての小径に対し、自ら目を閉じなくてはならないということである。アリストテレスは、「こうもりの目が太陽に向かうと全く闇になってしまうように、われわれの理性にとっても、神における大いなる光は全くの闇である」と言った。さらに彼は、神のことに関し、「それが本質的に高くかつ明らかなものであればあるほど、われわれにとっては不可解なものであり、暗黒である」と言った。これは使徒パウロがはっきり言っていることでもある。「いと高き神のことは、人間はわずかしか知ることができない」（一コリ3・19）と。

7 悟性の中に入ってくることのできる事柄や、およそつくられたものの中には、悟性が神の高きにまで挙げられるような梯子《はしご》をどこにも見いだしえないことを明らかにし、また証明するため、その根拠や理由を述べようとするならばきりがないであろう。それよりもぜひ知っておかなくてはならないことは、もし知性が、すべてこうしたもの、あるいはそのうちの何かを、神との一致のための至近の媒介として利用しようと思うならば、それらはかえって障害となるだけでなく、この山を登るにあたって、ひどく踏み迷い、欺かれるもととなるということである。

第9章

知性にとって、神との愛の一致に至りつくためには、信仰がそれにふさわしい至近の手段であることを述べる。——聖書の言葉と比喩による説明。

1　前に述べたことによって明らかなことは、知性が神との一致にととのえられるためには、感覚の中に入ってくるすべてのものから洗い清められ、それから離脱していなくてはならないと共に、知性の中に、はっきりした形でとらえられるすべてのものから離れきって、神と霊魂との一致にふさわしい、唯一至近の手段である信仰の中に腰を落ち着け、全く芯から、静かに落ち着いてしまわなくてはならないということである。というのは、信仰と神との間にある類似は非常なもので、見られる神と信じられる神、ということのほかに違いはないくらいだからである。

神が無限のおん者にましませば、信仰はやはり神を無限のものとして示す。また、神が三位であると同時に一体にましませば、信仰はやはりわれわれに、神を三位にして一体のものとして示すからである。また、神はわれわれの知性にとって闇であれば、信仰もわれわれの知性を盲目にし、またその目をくらませてしまうのである。このようにして神は、すべての知性を超えた神的ひかりの中に、この信仰という唯一の媒介によって、われわれに自らをお示しになるのである。したがって、信仰が深ければ深いほど、神との一致も大であるということになる。

これがすなわち、前に記した聖パウロの言葉の意味で、「神に一致するものは、神を信じなくてはならない」（ヘブ11・6）ということである。すなわち、信仰によって神の方に歩みよるには、信仰のみとなって、知性はその目を閉じ、闇の中に留まっていなくてはならないということである。というのは、この闇の下において、知性は神と一致し、ダビデのいうように、この闇の下に神は隠れてましますからである。

「神は、その足もとを闇をもって包み、ケルビムに乗り、風の翼をもって天駆ける。闇と暗い水をもっと、その隠れ家の覆いとなしたもう」（詩17・10―12）。

2　ここに「その足元を、闇をもって包み」とか「闇を、その隠れがとなす」とか、「神を囲む幕屋は、暗黒の水のうちにある」とかいうのは、神の隠れてまします信仰の暗黒を示しているのである。

また「ケルビムに乗り、風の翼をもって天駆ける」という句は、神が知的なすべてのものを越えて、その上を飛ぶことを説いている。ケルビムとは聡明なもの、または観想者を意味し、「風の翼」とは、洗練された高さをもつ霊の知解と思考をいっているので、それらすべてのものの上に神の本質があり、そこへはだれも、自分の力をもって達することができないということである。

3　これについては聖書の中に、次のようなたとえがある。すなわち、ソロモンが神殿を建ておわると、神は闇の中にお降りになって神殿を満たされたため、イスラエルの子らは何も見ることができなかったといわれる。そこで、ソロモンは、「主は闇の中にあることを約したもうた」（王上8・12）と言った。モーセにも山上において、闇の中に隠れたままお現れになった。神は親しく交わそうとされるときには、ヨブの書（38・1、40・1）にあるように、いつでも闇の中にお現れになるのであって、聖書の記すところによれば、神は暗闇の中でヨブに話されたといわれる。すべてこれらの闇というのは、信仰の暗黒のことであって、この中に神性が隠されてあり、そこでわれわれと交わられるのである。この闇がなくなれば、聖パウロのいうように（一コリ13・10）信仰の闇という「不完全なものがなくなって」、「全きもの」すなわち、神の光がくることになるのである。これについてのたとえも、ギデオンの軍隊の中に同じように見られる。

兵士はみな光を手に持っていたのであるが、それを器の闇の中に隠して持っていたので、何も見えなかった。ところが、それが壊れるや直ちに光が現れたという（士7・16）。すなわち、その中に神性の光をもつ信仰は、あの器にたとえられるわけで、この死すべきいのちを終わって、その器が壊れてしまうときには、その中に包まれている神性の輝かしい光栄が、直ちに現れることになるのである。

4　それによって明らかなことは、われわれがこの世において神と一致し、神と直接の交わりをもつようになるためには、神がお住みになると約束されたソロモンのいう闇に一致することが必要である。

また、神がヨブにその奥義を示された暗闇に近づかなくてはならず、さらにまた、信仰の暗黒のうちにあって、愛の一致という光をしっかりと手の中に（すなわち、意志の働きの中に）保つためには、ギデオンの器を暗黒のうちに保っていなくてはならない。そうすれば、信仰の光を妨げている唯一のもの、すなわち、この世の生命《いのち》という器が壊れると、栄光のうちに直ちに顔と顔とをあわせて神を見奉ることになるのである。

5　以上のことを述べたあとには、知性が受け取ることのできるすべての知識や知覚、信仰の道においてあり得る妨げと弊害の個々について、感覚からのものにせよ、また精神的なものにせよ、弊害というよりむしろ、それらを有益なものにするためには、どのような態度をとるべきかについて話すことだけが残っている。

第10章　知性の中に入り得るすべての知覚と知解の種別について。

1　神的一致のための媒介として、信仰について述べたのであるが、この場合、知性による認識や知覚が霊魂に与える益や弊害の個々について、また知性が受け取ることができる自然的、または超自然的なすべての知覚についての区別を、ここに挙げておく必要があろう。それも順序よく、いっそうはっきりとそうしたものを通して、直ちに信仰の夜と暗黒に知性を向けてゆくため、できるだけ簡潔に述べてゆくつもりである。

2　すなわち、知性は二つの道によって観念と知解とを受け取ることができる。一つは自然的な道で、ほかの一つは超自然的なものである。自然的な道とは、知性が理解することのできるすべての事柄で、感覚によるものもあれば知性自身によるものもある。超自然の道とは、知性の本来の力や幅を超えて、それに与えられるすべてのものをいう。

3　超自然的な観念のうち、一つは形体的なもので、ほかの一つは純精神的なものである。形体的なものには二つある。その一つは、外的な感覚を通じて受け取られるもの、ほかの一つは、内的な感覚によるもののことで、そこには想像によってとらえられるもの、形づくられるもの、つくり出されるすべてのものが含まれている。

4　純精神的なものにも二つの形がある。一つは個々別々にはっきりしているもので、もう一つは漠然とした広がりをもつ、とらえにくいものである。個々別々に、はっきりしているものには、感覚的な形というものに頼らないで、精神との結びつきをもつ四つの形の認識がある。すなわち、示現《じげん》（ヴィジョン）、啓示、霊的な言葉および霊的な感情の四つである。

不明瞭でつかみにくいというのは一つだけで、それは信仰のうちに与えられる観想のことである。この中にわれわれは、霊魂を置かなくてはならないのであって、まず最初のものから始めて、次にそれから引きはがされつつ、観想へと向かっていかなくてはならないのである。

第11章

五官による外的感覚において、超自然的に現れるものを、知性が把握する場合に生じ得る妨げと弊害について、およびこれらのものに対していかに処すべきかについて。

1　前章において述べた第一の観念というのは、われわれの知性に本来属するものである。これについては、精神を感覚の暗夜に導く第I部においてすでに述べたことであるから、ここでは何もいわないこととする。それらのことについてのふさわしい教えは、その時に述べておいたからである。

したがって、この章において扱わなくてはならないことは、五官による外的感覚、すなわち、見る、聞く、嗅《か》ぐ、味わう、触れる感覚を通じて、超自然的にだけ知性に結びつく観念的なもの、知覚についてである。

これらすべてについて、霊的な道を歩む人には超自然的な表れとか対象が生ずるものなのである。

視覚に関して通常現れることというのは、何か彼岸的なイメージや人物などで、聖人のだれかとか、天使、悪天使の姿、さらには何かの光とか異様な輝きというようなものである。聴覚の場合は、何か全く変わった言葉が聞こえてくる。それは、時に目に見えるものの姿が語りかけてきたり、またはそうしたものなしに、だれが話しているかわからないときがある。嗅覚においては、どこからともなく、非常にこころよい香りがしみわたるように感ぜられる。味覚にも、極めて美味なものが感ぜられ、また触覚には、たまらないこころよさのために、骨の髄までよろこびにしみとおり、花咲き香る心地がして愉悦のうちに浸る。

これが通常「霊の塗油」と呼びならされているのは、霊から出て、その清らかな霊の肢体へと広がってゆくからである。こうした感覚のたのしみは、霊的な道を歩む人には極めて普通のことで、それぞれ人に応じ程度を異にしながら、感じやすい心の敬虔な感情からあふれでてくるものである。

2　そこで知っておくべきことは、たとえこれらすべてのことが、神を通して、体の感覚にとらえられたものであるとしても、それらを確かなものだと思ったり、受け取ったりしてはいけないということである。それどころか、むしろそうしたものが良いものか悪いものかを試してみようとさえすることなく、頭からそれを避けなくてはならない。というのは、それは外的なもの、感覚的なものであるだけに、神に由来するという確実性に乏しいからである。神においては、感覚よりも霊と交わられるのが、もともとそれにふさわしいものだからである。

霊的交わりにおいては、われわれにとっていっそうの安全性と利益とがある。感覚的な交わりには、通常多くの危険と錯覚とが伴う。そこには体の感覚が、自分の感じていることが本物だと思いこんで、霊的なものを判断し評価することになるからである。しかも、実際はそこに体と霊魂、また感覚と理性との間にあるほどの大きな違いがあるのである。つまり、体の感覚が霊的なことに関しておそろしく無知なことは、ロバが理性的なことを解せないよりもさらにひどいものである。

3　したがって、そうしたものを大事にするものは、大きな過ちを犯し自己欺瞞の危険にさらされるわけで、少なくとも霊的なものに至りつくために、すっかり妨げられてしまうことになるであろう。およそこれら体に由来するものと霊的なものとは、前にも述べたように比較のしようもないからである。ゆえに、これらのことは神からというより、むしろ悪魔からくるというほうがより確かであると思わなくてはならない。それに、内的で霊的な事柄よりも、外的で体に由来する事柄において、悪魔はいっそうたやすく人を欺くことができるものである。

4　体に由来するものと、霊的なものとの間には、非常な差異があり、ほんのわずかなつり合いしかないのであるから、これらの体に由来するもの、またそのイメージとなるようなものは、外的なものであればあるだけ、内的なものや心に与える益は乏しくなる。というのは、そうしたものが神に由来するものであるときは、いつの場合にも何か霊的なものを伝えるわけなのであるが、それにしても、それと同じことがもっと霊的で内的であれば、それとは比べものにならないほどの多くの益をもたらすことになるからである。そうしたものは、心の中に、過ちや思いあがり、虚栄心を容易につくりだす危険となる。

それに、目に見えてとらえやすいものであるだけに、強く感覚に訴えるため、自分にとってそれらが何か大切なものであるかのように思われ、それがわれわれの目指す神との一致のための導きの光であり、手段であると思いこみ、信仰には頼らないで、それら体に由来するもののあとにひっぱられてゆくことになる。そして、このようなものを大切にすればするほど、信仰の道と手段とを、ますます失うことになるのである。

5　さらには、このような異常なことが自分におこるのを見て、自分は神のみ前においてすでに何ものかである、というような考えをひそかにもち謙遜に反することとなる。悪魔もまた、時にはずいぶんあからさまに、心の中にひそかな自己満足を植えつけることを知っている。

そのためには、聖人の素晴らしく美しい姿を見せたり、非常に欺かれやすい言葉を耳にささやいたり、芳しい香りや口に甘い味、しびれるような肌ざわりなどを感じさせたりし、感覚を誘惑して多くの悪の中に引きこむのである。

したがって、このようなイメージや感情は常に払いのけるようにしなくてはならない。実際、たとえその中のあるものが神に由来するとしても、それを払いのけ、またそうしたものを望まないからといって、神に対する侮辱になるのでもなく、またそうしたものによって、神がわれわれに与えようとなさる実りを受け取らないということになるわけでもない。

6　その理由はこうである。つまり、目に見える形をとった示現とか、その他の感覚に生ずる感情というものは、より内面的な別の交わりと同じように、もしそれが神からのものであるならば、それが現れ、または感じられる刹那に、精神の中にその結果を引き起こすもので、それを望むか望まないかなどと考えている余裕はないからである。われわれの側からの十分な用意とか、あるいはそうしたものを受け取る力とかいうものを考慮することなしに、全く上から神はそうしたものをお与えになるのであるから、そうしたものによって、したいと思し召すままのことをなさるのである。その場合、われわれの心は、その働きかけを受け取るという受け身の態度となる。

つまり、それが引き起こされるのも、または中止されるのも、われわれが望む望まないには関係なくなされる。それはちょうど、裸のものに火を投げつけたようなもので、火傷《やけど》をしたくないと思ったところで、火はいやおうなくその結果を引き起こすようなものである。本当の示現（ヴィジョン）やイメージもそうしたもので、われわれの心が望まなくとも、体よりもむしろ心の中に主としてその結果をつくり出すものである。

悪魔からくるものもまた（心はそれを望まなくとも）心の中に、騒がしさや味気なさ、虚栄心、それに自負心を引き起こすものである。しかしこれらは、神よりのものが善に向かう力をもっているほどには、悪に向かわせる力をもっていない。というのは、悪魔からのものは、意志の中に第一衝動しか引き起こせないで、意志が望むのでなければ、もはやそれ以上に意志を動かすことはできないからで、そうしたものは、幾分の不安を引き起こすことはできるけれども、心の無気力と不用心というようなものが原因とならなければ、そうした不安は長続きするものではない。これに反し、神からくるものは魂に浸透し、意志を動かして愛を生みだし、否応なくその効果を残してゆくもので、たとえどのようにしようとも、それに逆らえないことは、ちょうど太陽の光がガラスを通す場合よりもさらにはっきりしている。

7　したがって、私のいうように、たとえそれが神からのものであっても、われわれは決して、それをそのまま受け取るようなことがあってはならない。というのは、それをそのまま受け取ろうと思うならば、次の六つの厄介なことが生ずるからである。

第一には、信仰が次第に薄らいでくる。というのは、五官をもって体験されることは、信仰を非常に衰えさせるものだからである。前にも述べたように、信仰は感覚的なすべてのものを越えているもので、心の目が、こうしたすべての感覚的なものに対して閉じられているのでなければ、神との一致の手段から離れてしまうことになる。

第二には、そうしたものを退けなければ、精神にとって障害となるからである。というのは、心はそこにとらえられてしまって、見えないものに向かって、飛んでゆかなくなってしまうからである。主が使徒たちに向かって、聖霊がご降臨になるためには、ご自分が彼らから去ることは、彼らにとってよいことだといわれたのも、そうした理由の一つである。またご復活のあとにマグダレナ・マリアが、み足のもとに来ることをお許しにならなかったのも、信仰に根を下ろさせるためであった。

第三には、心がこれらのことに執着して、真の放棄や魂の赤裸へと歩まなくなってしまうからである。

第四には、これらがもたらす実りと、それらが内奥において生みだす大切な霊を、次第に失うことになる。というのは、全く大切なものではない感覚的なものに目を注ぐからであって、そうすると内奥に生みだされる霊をそれほど豊かに受けない。この霊というのは、純粋な霊とは非常に異なった感覚的なものを、ことごとく捨てることによって、いっそう深く刻まれ、かつ保たれるものなのである。

第五には、神の恵みを失う。というのは、そうした賜物もそれに対する執着があるため、そうしたものを欲しいと思うそのことのために、せっかくのものがためにならなくなってしまうのである。神が実際そうしたものをお与えになるのは、われわれがそれを欲しがるようにとお考えになってのことではないのであって、ましてそれが神からのものだと、われわれは決して信じ込んではならないからである。

第六には、そうしたものを望むことは、悪魔に向かって門を開くことで、そうなると悪魔は、それに類したいろいろなものによって、われわれを欺くようになるからである。悪魔は、そうしたものがよいもののように見えるほど、実に巧みにつくろって身を隠すことを知っているのである。

使徒パウロがいっているように、悪魔は、「自ら光の使いに身を装う」ことができるのである（二コリ11・14）。これについては、できればあとの第Ⅲ部の霊的むさぼりについて語るとき触れることとする。

8　以上のようなわけであるから、そうしたものがだれからのものであろうと目をつむって、いつも払いのけてしまうのがよいのである。もし、こうしない場合には、悪魔がつけこむ多くの隙を与えることになり、悪魔は欲しいままに手をのばしてくるため、悪いものもよいと思うような錯覚が生ずるだけでなく、悪魔からのものが倍増して神のものが減り、おしまいには、すべてが悪魔のものとなって、神のものは何も残らないことになってしまうからである。

これは、軽はずみで無知な人々にあることで、彼らはこうしたものを受け入れることに何か安心感をもち、その多くのものは、純粋な信仰をもって神に向かうのにひどく苦労することになってしまうか、またはほかの多くのものは、悪魔があまり根を深く下ろしてしまうために、結局神に向かうことができなくなってしまうのである。したがって、こうしたことに対しては、自らを閉じ、そうしたすべてのものを捨ててしまうのがよい。

なぜなら、それが悪いものであるときには、悪魔の欺きを避けることになるし、よいものであるときには、信仰の妨げが除かれて、精神はその実りを集めることになるからである。だから、もしそうしたものを抱こうとするならば、神はそれを与えることをおやめになるのである。というのは、そこに愛着があって、正しく用いることができず、悪魔からのものがそこに入りこみ、それが増し加わるちょうどあつらえの場所と、つけこむ理由ができるからである。もし、われわれがそうしたものを捨てて、これらのものに逆らうようにするならば、悪魔は何も災いをつくりだすことができないのを見て、それをやめてしまう。それに対し、神はこのような謙遜で執着のないものに、いっそう多くの恵みをお与えになり、あの些細なことに忠実であったしもべ（マタ25・21）と同じく、多くのものをつかさどるものとしてくださるのである。

9 もし、さらに忠実であり、慎み深くあれば、主は神的一致と変容に至るまで、徐々に絶え間なく高めてくださる。

主がわれわれを試しつつ高めてくださるのに、初めのうちはその弱さを顧慮して、感覚的なきわめて目に立ちやすい低いものをお与えになるのであって、その時、われわれが注意して控えめに力と糧とのために、その最初の一口をとるならば、神はわれわれを高めて、もっと滋養のある食物をくださる。このように、第一歩において悪魔に打ち勝つならば、第二の段階へと進むことになり、第二において同じようにそうすれば、次は第三へと進むことになる。そして、その浄配が全き愛の酒宴の室に（雅2・4）導き入れてくださるまで、愛の七つの段階である七つの住居を次々と進んでゆく。

10　黙示録（12・3）のあの怪獣と戦う力をもつものは幸いである。その怪獣は、この愛の七つの段階に逆らう七つの頭をもっていて、それぞれの段階で愛に対して戦いを挑み、その各々の頭をもって、この住居の一つ一つの中で霊魂と戦う。その住居というのは、修練を積んだ霊魂が、神の愛をそれぞれの高さにおいて獲得しているところのことである。もし人が、その各々の住居において真剣に戦い、勝利を収めるならば、激しい戦いを交える怪獣の七つの頭を切り捨てながら、住居から住居へと次々に通りすぎて、最後に確かに勝利を勝ちとることになるであろう。この戦いの激しさは、聖ヨハネがいっているように、各々の愛の段階で聖者たちに挑戦する悪魔には、そのための武器や装備が充分に与えられていて、事実、聖者たちに勝つことができるのである。まことに残念なことは、この怪獣との霊的戦争に入りながら、世俗的な感覚的なものを退けて、最初の頭を切る決断力のないことである。またある人々は、断固として最初の頭を切り捨てても、今ここで述べるあの感覚的な示現という第二の頭を切り捨てない。しかしさらにもっと悲しむべきことは、第一、第二だけでなく、内的感覚の知解についての第三の頭さえも切り捨て、黙想の段階を通りすぎてさらに前進し、まさに純粋な霊的世界に入ろうとするその時に、この怪獣に敗北することであって、怪獣はその時彼らに立ち向かい、いちばん最初の頭までが息をふきかえし、さらに彼よりも悪いほかの七つの悪鬼をたずさえてくるため、その結果は、再度の敗北のため、前よりもいっそう悪くなる。

11 そこで、霊的な道をゆくものは、怪獣に対して、第一と第二の頭を切りとり、愛の第一室、および生ける信仰の第二室に入ろうと望むならば、外的感覚に触れる、この世的なたのしみを、その知覚とともに皆捨てきってしまわなくてはならない。感覚に与えられるものを、引き入れようとしたり、それに邪魔されたりしてはならない。それはいちばん信仰の力をなくさせてしまうからである。

12 以上から直ちに明らかになることは、こうした示現や感覚的な知覚というものは、神との間に全くつり合いのないものであるから、一致のための手がかりとはなり得ないということである。キリストが、マグダラのマリアにも（ヨハ20・17）聖トマスにも（ヨハ20・29）、「ご自分」に触れることをお望みにならなかった一つのわけは、これである。悪魔は、人がそうした示しを受けることを望んだり、その方に心が傾いているのを見ると非常によろこぶ。そのようなときにこそ、錯覚をしのびこませたり、信仰を骨抜きにするよい機会と手がかりをつかむことができるからである。すでに述べたように、信仰のことについて、こうしたものを望むものには、まことに粗野な考え方や、さらに時として、非常にひどい誘惑や僭越な心が入りこんでくる。

13　外部の感覚について、ここで幾分長く述べてきたのは、これからさき、すぐ述べるほかの知覚に対し、より多くの光を取り出すためである。しかし、この部分については、話せばきりがないほどたくさんのことがある。

ここで言いたかったことは、そうしたどんなものも受け入れないように注意すること。例外的には、ただときに、そうしたことがあるまれな考え方に従って許されるとしても、その場合でも決してその望みを起こしてはならないということ。これだけを言うに留めたわけである。ここで言うことは以上で十分であると私は思う。

第12章

想像による自然の知覚について。それはどんなものであるか。また、それがなぜ神との一致のためにふさわしい手段とはなりえないか。そうしたものから逃れる術《すべ》を知らない場合には、どんな害を蒙《こうむ》るかについて。

1　超自然的に内的感覚の中に起こってくるのを常とする、想像による示現（ヴィジョン）は、内的感覚、すなわち、想像力とか心象とかいうものに従って生ずるのが常であるが、それについて話す前に、順序としてここでは、それと同じ内的な形をとって表れる自然の知覚について論ずるのがよいと思う。それも、下から上へ、外面的なものから内面的なものへ、魂が神と一致する最も内奥の潜心へと入っていくためである。

これまでも、それと同じ順序をたどってきたわけで、第一には、対象について自然的知覚がもつ、外的感覚をはぎとる。したがって欲求の自然的な力もはぎとることで、これは第I部の感覚の暗夜で述べたことである。そのあとすぐに、超自然的なものとしてとらえられる外的感覚からも裸になるべきことについて話を始めたが、これは精神の暗夜に導き入れるためであった（これについては、前章で述べたところである）。

2　この第Ⅱ部において、最初に取り上げるべきことは、形をとった内的感覚のことである。これは、想像と心象によるもので、この場合も、自然にこうした感覚の中に入りこんでくる想像による心象や形に、心をとらわれないようにしなくてはならないのであって、そうしたものの働きをやめないかぎり、神との一致に達することができないことを証さなくてはならない。それらのものは、このような神との一致のための、ふさわしい手段でもなければ、至近の道ともなり得ないからである。

3　次に知っておくべきことは、ここで、個々に扱おうとしている感覚というのは、想像および心象と呼ばれる内的感覚のことで、この二つのものは、相互に具合よく助け合うものである。

その一つは、想像しつつ考えを追い、ほかの一つは、イメージをおりだしながら、想像または、想像されたものをつくりだすものである。

ここでの話のためには、この一つについて語ることは、他方について語るのと同じことになる。したがって、各々の名を挙げないときには、その双方について話しているのだと考えていただきたい。

こうした感覚が、受け取りまたはつくりだすことができるものはすべて、想像またはイメージと呼ばれるもので、その形は、目に見える形または姿をもって、この感覚のうちに示される。これらのものには二つの形のものがある。そのうちの一つは超自然のもので、感覚の働きなしに感覚の中に受け取られ、表されるものである。これをわれわれは、超自然の道による想像の示現と呼ぶのであるが、これについてはさらにあとになって話すことになろう。もう一つは自然的なもので、これらはその力によって自ら、形や、姿や、イメージとして、自身のうちにつくりだすことができるものである。

以上、二つの能力に基づくものが黙想で、これは、上に述べた感覚によってつくりだされた、映像や形やイメージなどによる推理の働きである。例えば、十字架のキリストや、柱につけられて鞭打たれたもうたキリストや、その他の場合を想像してみるように、あるいはまた、大いなる威厳をもって坐したもう神のことやあるいは、その光栄を非常に美しい光のように想像したり、要するに、神的なものにせよ、人間的なものにせよ、想像の中に起きてくるそれに類したものを考えたり、頭の中に描いてみたりすることである。

神との一致に至りつくためには、このような感覚に対して目を閉じ、これらすべてのイメージに、自己の関心をなくしきってしまわなくてはならない。「五官という外的感覚に役立つ形態的なものの場合と同じく」これらのイメージは、神と結びつく至近の手段となるには、あまりにもつりあいのないものであるからである。

4　そのわけは、想像というものは、外的感覚によって経験されたこと、すなわち目で見たもの、耳で聞いたことなどのほかは、何をつくりだすこともできないからである。せいぜい、これらの視覚、聴覚、触覚などから、それに似たものをつくりだすくらいのことで、しかも、そうしたものは、それらの感覚が受け取るものだけの実在性のないものである。というのは、例えば、金《きん》や真珠を見たからといって、真珠の宮殿や黄金の山を想像するようなもので、それは、量や規模においていくら大したものであっても、想像は想像で、実際においてそうしたものは、本物の一片の金や一つぶの真珠にも及ばないようなものだからである。上に述べたようにつくられたものはすべて、神の本質とは全く比べものにならないのであるから、どんなにそうした被造物に似たものを想像してみたところで、神との一致のための至近の手段となり得ないどころではなく、それには、はるかに及ばないものなのである。

5　したがって、このように何か形をとったもの、例えば、大きな火とか、あるいは輝き、あるいは、そのほかの何かの形で神を想像し、そうしたものが幾分でも神と似たものであるように思うならば、神から遠ざかること甚だしいと言わなくてはならない。ただし、初心のものには、あとで述べるように、感覚を通して心のうちに愛を呼びさまし、またそれに糧を与えるために、このような考えや、形象や、そうした形の黙想が必要で、それは、神と一致するための遠い手段として役立つものである。

これらは、終局の霊的平安の部屋にゆきつくまでに、通常通りすぎなくてはならないものではあるが、それは通過すべきもので、そこにいつまでも留まっているべきものではない。そのようなことをしていては、決して終局に達することはないであろう。というのは、終局のものは遠い手段のようなものではなく、それとはおよそかけ離れたものだからである。それは、ちょうど階段のようなもので、登ってゆくための手段ではあるが、終局、すなわち、上にある部屋とは全く別のものであるのと同様である。

そこを登るものは、一段一段、次から次へと、あとにして進まないならば、あるいは、そのうちの一段に留まっているならば、最後のととのった静かな部屋に至りつくことは決してないであろう。ゆえに、この世において、あの最も大いなる安息と善とに達すべきものは、これらの考えや形や、イメージをも段階として踏んでいかなくてはならないとしても、そこに留まることなく通りすぎなくてはならない。というのは、それらのものは、終局における神とは、およそ似ても似つかぬものなのであるから。ゆえに使徒言行録の中で、聖パウロは次のように言う。

「神を、人間の技術と知恵とをもってつくった金、銀や石のようなものだと思ってはならない」(使17・29)と。その意味は、神的なものを、金、または銀、あるいは細工によって形づくられた石、あるいは人が想像によって作りだすことができるようなもの、と思ってはならないということである。

6　以上のことからすれば、霊性の道をゆく多くの人々の大きな誤りがわかる。彼らは、初心のものにはふさわしい何かの形や、イメージ、そして黙想によって神に至りつく修練を積んでいるうちに、神が彼らを、もっと内的な、目に見えない霊的な宝へ心の目を向けさせようとお望みになり、頭を働かせる黙想のよろこびや糧をお取り上げになろうとすると、彼らは、にえきらず、それに思いきって足を踏みだそうとはせず、すっかり慣れてしまった身に触れるような感覚的なものから手を引こうとはしないのである。彼らは、そうしたものにしがみつくことに夢中で、以前のようにイメージに頼る考えや黙想を続けたいと思い、また、そうしなければならないものと思いこんでいる。

そこで非常な努力をしながら、得るものはほんのわずかな糧か、あるいは何もない。そればかりか、はじめの糧を得ようと努力すればするほど、ますます心の乾燥と不安と疲労とが増すばかりである。というのは、すでに述べたように、今となっては霊魂は、そのような感覚的食物は全く好まず、ほかの、もっと味わいのある、もっと内的な、そして感覚に訴えることの少ない食物を望んでいるのであって、それは前のような形では心の糧を見いだすことができないことによる。それは、想像力に頼って努めることにあるのではなく、心を休ませ、かつ、できるだけ霊的な静けさと安らいのうちに心を落ち着けることにある。

心が霊的なもののうちに落ち着くほど、あれやこれやに心づかいすることをやめ、大きく全体的なものを見る透明な動きのうちに気を落ち着けるようになるもので、ちょうど、一日の行程をおえたのち、脚はその歩みを止め、静かになるのと同じように、霊魂が、ゆきつくところまで歩いていった諸機能は、今その働きをやめる。もし、いつまでも歩いてばかりいるのなら、いつまでたっても行きつくことはないわけで、また、もしすべてが道というのなら、どうして終局目的に達するよろこびがあるだろうか。

7　このように見れば、多くの人々が、神の平安と憩いに満たされた内の静けさがもつ平和な休息のうちに心を落ち着けることを望んでいながら、かえって不安をつくりだし、いちばん外面的なことの方に心をとらわれ、今まで歩いてきた方に逆戻りさせるような無駄をし、目的に導く手段にすぎないものについての考察にひかれて、魂がすでに憩うている終局目的に目をくれないようにするのは、まことに遺憾なことである。

しかしこれは、大きな抵抗と嫌悪感なしにはありえないことで、その時人は、言い表しようのないあの平安を自分自身の場所として、そこに留まっていたいと思う。これはちょうど、休息の場所にやっと骨折って到達したものが、また、もとの苦しみにひきもどされ、辛い思いをするようなものである。彼らは、この新しい経験についての深い意味を知らないため、それは怠慢で、無為な状態だと思いこんでしまう。それで、自分を落ち着けていないで、黙想しよう、考えようと努力し、引き出すべきでないところからその糧を取り出そうとする結果、心の乾燥と疲労に満たされる。

それはむしろ、骨折損のくたびれもうけ、といえるわけで、無理に努力すればするほど悪くなる。というのは、霊魂は、霊的平安から外に出て、小なるもののために大いなるものを捨て、すでに通りすぎたところを、もう一度逆戻りすることであり、すでにしてしまったことを、やりなおすことである。

8 このような人々に対して言うべきことは、愛に満ちたまなざしを神に注ぎつつ、静かにしていることを学び、想像や、その働きに頼ることがあってはならないということで、そこでは、前に述べたように、諸能力が休んでいて積極的な働きをすることがなくなり、神が、それらの能力のうちにおいてなしたもうことを受けるという、受動的姿勢をとることになるからである。特にもし、その諸能力が働いているようなことがあるならば、それは、無理に努力してから得た推理によるのではなく、甘美な愛によるのであって、あとで説明するであろうが、われわれの力によるよりも、むしろ神に動かされることになるのである。しかし、さらに進歩したいと、あえて思うならば、その到達した状態から益を得ることが望ましい時に至れば、すべての想像形式や、方法的な働きから離れることを知るべきである。それがどれほど大切であるかは、以上の説明で十分であろう。

9 次に、どのようにして、またいつ、そうすべきかを知るために、次の章では、霊的な道を歩む人が、自分のうちに見いだす二、三の徴《しるし》について述べてみよう。これは、霊的な道をゆく人が、すでに述べた方法を自由に使うことのできる時期を知ると共に、推理による歩み方や、想像の働きを捨てることを悟らせるためである。

第13章
どんな時期に黙想と推理とをやめ、観想の段階に移るのに適当であるかを知るため、霊的な道を行く人が、自分のうちに見いだす徴《しるし》について。

1　それについての教えがつかみどころのないようなものでないためには、霊的な道を行く人が、上に述べた、想像や形や、心象などによる推理的黙想という働きを、その精神状態が要求する時期より、遅すぎも早すぎもせずにやめるため、その時期を明らかにしておくのがよいであろう。なぜなら、邪魔されないように、神にいくためには、これらを捨てるべき適当な時期があるのと同様に、後退しないためには、上述の想像力を生かす黙想を捨てることも、時期を失しないことが必要だからである。というのは、これらの能力によると知覚は、進歩した人々にとっては神との一致の至近の手段として役立つものではないとしても、初心の者には、感覚を通して霊的なものへ精神をととのえ、それに慣れさせるため、またそれと共に、ほかのいっそう低俗な、現世的かつ世俗的な、通常のイメージや映像のすべてを、すっかり除きとってしまうための、遠い手段ともなるからである。そのためにわれわれはここで、霊的な道を行く人が、自分自身のうちに見いだすべき二、三の徴や、兆しについて述べ、それによって、これらを捨てるべき適当な時期であるかどうかを知るすべとしたい。

2　第一に、想像によっては、黙想することも、頭を働かせることもできず、今までのようにそれにたのしみを覚えることもできなくなるのに気づく。以前にはいつも感覚の根を下ろし、その樹液を吸っていたものに、今では味けなさを感ずるようになる。といっても、黙想において、その糧を見いだし頭を働かせることのできる間はそれをやめてはならない。やめてもよいのは、第三の徴のところで述べるように、心が平安と静穏の中に入る場合である。

3　第二には、外的なものにせよ、内的なものにせよ、何か一つの限られた事柄に想像や感覚をとめたい望みが起こらなくなることである。だからといって、想像があちらこちらと行き来しないと言うのではない（これは全く心が静まっているときでさえ落ち着かないものなのである）。ただ想像を故意にほかのものに走らせようとしないということである。

4　第三は最も確実な徴で、神の方に愛のひとみを注ぎながら、ただひとりでいることをよろこぶことで、そこでは、何も特別に考えるということもなく、内的な平安と、静穏、休息のうちにあり、記憶、理性、意志というような諸能力の働きもなく、少なくとも、一つのものからほかのものへと移る頭の働きはなくなる。前に言ったように、特に何かについての認識をもつというのでもなければ、これといって物事を理解するのでもなく、大きく全体的にものを見る愛に満ちた目を注ぎつつ、そこから何ものかを受け取るだけである。

5　霊的生活をするものが、道をふみはずすことなしに、黙想と感覚による段階を超えて、観想と霊の段階に入るためには、少なくともこれらの三つの徴が合わせて認められなくてはならない(傍点訳者)。

6　したがって第一の徴だけがあって、第二の徴が伴わないのでは、十分ではない。というのは気を散らしたり、注意が足りないために、以前のようには、神について思いを紡ぎだすことも黙想することもできない場合があり得るからである。そのために第二の徴として、神と無関係なことについては考えたくもないし、考えようとも思わないということが確かめられなくてはならない。というのは神に心の目を注ぐことができないことが、気を散らしたり、なまぬるかったりすることからくるものであるならば、ほかの用のないことに想像をはせたい気持ちがおこり、そこから出て行く機会をみつけることになるからである。

だが第三の徴も同時に見いだされないならば、第一と第二の徴だけではまだ十分でない。なぜなら、神のことについて、頭を働かせたり、思いをはせたりすることができず、さらに別のことについて考えたいとも思わないにしても、そうしたことは、脳や心臓に起因する憂うつ症や、あるいは何かほかの不快がもととなることがあり得るからであり、こうしたものは感覚のうちにぼんやりとした精神の停止状態を生みだすもので、何も考えようとも、考えたいとも思わず、ただあの何とも言えない放心状態に留まらせるものである。だから前に述べたように、広く全体を見つめる落ち着いた愛のまなざしが第三の徴として必要なのである。

7　それにしても、この状態が始まる当初においては、この愛に浸された知的認識があるのかないのか、それを見分けることが事実容易ではない。それには二つの理由がある。一つは、この愛に浸された認識が、非常に繊細で、微妙で、ほとんど感じとられないものであるからである。

もう一つの理由は、全く感覚的な黙想をする修練に慣れきってしまった状態にあるため、感覚にとらえられない新しい純粋に霊的なものは、理解できないし、ほとんど感じないからである。それを理解しなければ、そこに自分を落ち着けていることはできず、ほかのもっと感覚的なものを求め、愛に満たされた内的平安のほうが、はるかに豊かなものであるにもかかわらず、それを感じ、よろこびをもって受け取るだけのゆとりをもつことができない。それに反し、心が自らを静めることに慣れれば慣れるほど、神についての愛に満ちた広く全体的な知解が増し加わり、それを感じとるようになって、どんなほかのことよりも、それをよろこびをもって味わうようになるのである。なぜならそれは、骨折りなく、平安と憩いと、味わいとよろこびとを生みだすものだからである。

8　以上のことをはっきりさせるために、次章においてその原因と理由とを述べることにしよう。そうすれば、霊的な道を歩むために、上に述べた三つの徴がどうして必要なのかわかるであろう。

第14章

前進するために、これらの徴について述べたことの必要性を裏づけ、そのような徴の価値を確かめる。

1　前に述べた第一の徴について知るべきことは、霊的な人が想像や感覚に頼る黙想は心がひかれず、また頭を働かすことができなくなったときには、霊的な道、すなわち観想の道に入るために、そうした想像や黙想を捨てなくてはならないということであり、それは二つの理由のためであるが、これは結局、一つの事柄でもある。

第一の理由とは黙想や考察によって、神のことについて見いだすはずの、すべての霊的な宝が、ある意味で全部その人に与えられてしまったからである。その徴候として、人はその時、もはや前のようには黙想したり頭を働かせたりすることができなくなり、以前そうしたことの中に見いだしていた糧やよろこびを新しく感じなくなる。

というのはその時まで、自分自身のてもとにあった霊のところまで行きついていなかったからである。普通、何か霊的糧を受けるときには、少なくとも霊においてそれを受け取る媒介となるものに、いつも、何か味わいを感じて受け取り、そこからためになるものを引き出すのである。もし、そういう味わいなしに、そこからためになることを受け取るとすれば不思議なことで、そうしたものを受け取るときに思い出される支えや糧を、そこから取り出すこともない。

哲学者たちも次のように言っている。「味わいあるものが、養いとなる」と。また聖ヨブは「塩味のないものがどうして食べられよう?」(ヨブ6・6)と言っている。これが以前のようには考察も推理もできない理由で、そうしたことの味わいも、ためになるものも、ほとんど見いだせなくなるからである。

2　第二には、この時期になると、人はすでに黙想の精神を本質的に身につけているからである。というのは、神のことについて黙想や考察をするのは、結局神について幾分でも知り、かつ神を愛するということにある。そこで黙想によってそれを引き出すごとに、われわれは実際的なその一つの行為をすることになるわけだが、行為というものは、何度もくり返されることによって自然に身についたものとなるように、そのたびごとに愛にしみとおった知解が〝行為〟としてなされ、いつもそれを続けていくうちには第二の天性[*5]となってしまうのである。

といっても、こうした行為を通すことなしに(少なくとも何回もの繰り返しということなしに)そうしたものを神がお与えになるということは、多くの人々においてみられることで、その場合には、すでに観想の状態におかれることになる。このようにして以前にはたびたび一つ一つの事柄を考え、黙想する努力によって、いちいちそれを引き出していたものは、前に述べたように、いつもそうすることによって、これといってはっきり輪郭を定めることのできない、愛に満ちたある種のしっかりした知的感覚を身につけることになるのである。これは以前のようにはっきり見分けのつくものではなく、また個々に離れたものでもない。祈りを始めるとすぐに手近なところに水をもっている人と同じように、骨を折ることもなく、きわめて落ち着いて水を飲むようになり、前のように考察やイメージや想像のようなパイプをかりて水を汲みとる必要がなくなる。そのために神の前に出ると、すぐにその心は、静かで、平和で、愛に満ちた、これといって枠づけられない知的感覚にとらえられ、その中で英知と愛の芳しい香りを吸うのである。

3　この静かさの中にいる霊魂に、無理に黙想をさせたり、個々の事柄に頭を働かせるようにすると、非常な苦痛と、困難とを感ずるのは、そのためである。というのは、ちょうど乳飲み子のように、一杯ふくらんだ乳房から乳を吸っているのに、その乳房を奪われて、また乳を集めて引き出すために、無理やりに、一生懸命何度も乳房をしぼったり、押さえたりするようにさせられるようなものだからである。ほかのたとえでいえば、皮をむいて、実を味わっている人があるのに、もう皮をむいたあとにも、なお皮をはごうとしてむくなら、皮はみつからないし、手の中にある実を味わうこともできなくなってしまうようなものである。これはちょうど、持っていない獲物を得るために、手にもっている獲物を捨てる人にも似ている。

4　観想の状態に入り始めている多くの人々にも、よくそうしたことがある。彼らは霊の皮にあたる部分といってよいイメージや、目に見える形によって、頭を働かせたり個々の事柄を理解するのが、なすべきすべてであると思っている。霊魂が留まっていたいと望んでいるあの隅々まで愛に満たされた静かさの中には、そうした皮を見いだすことはできないし、そこでは何もはっきりとつかむことができず、自分が失われていくようで、時間つぶしをしているのだと思いこみ、また、イメージや考察という皮のようなものを探し求めるけれども、これはもうすでにとり去られてしまっているのであるから見いだすわけがない。このように実をたのしむことも、黙想もできず、そこで自分はあともどりしているのだ、失敗したのだと考えてひどく悩んでしまう。事実そのようにして、彼らは自分を見

＊5　スコラ哲学の用語「Actus（行為、現実態）」、「Habitus（習性、素質）」というのが、しばしば使われるが、「Habitus」というのは「第二の天性」または「素質」というような安定性のある行為以前の行動原型のことで、「Habitudo（習性）」というような、行為の習慣性を意味するだけのものではない。日本語に移しにくい言葉であるので、「身についたもの」とか、「第二の天性」とか訳出してみた。通常「習性」と訳されているが、これは「Habitudo」に近いと言えよう。「Habitus」を「素質」「第二の天性」「Habitudo」を習性「Consuetudo」を習慣と訳しておく。

失っているわけであるが、彼らの考えていることと実際は違うのである。というのは、彼らは、自分自身の感覚、および感覚の最初の形としては失われているのではあるが、これは彼らに与えられている霊を獲得し始めていることなのである。その霊においては、知性でとらえることが少なければ少ないほど、彼らは、ここで論ずる精神の暗夜の中に入ろうとしているのであって、それを通り越さなければ、すべての知を越えて、神との一致に達することはできない。

5 第二の徴については、あまり言うことはない。

というのは、この時期に達したものは、当然あくたのようなこの世のものの想像をたのしもうとはしないからである。また前にも述べたように、神からくる、もっとふさわしい想像であっても、上述の理由から、それもたのしむことがない。ただ、前にもちょっと注意しておいたことであるが、この潜心においては、想像が行ったり来たりして、さまざまに変化するのを常とする。しかしそれをたのしんだり望んだりするのではなく、そうした想像がこころよい落ち着きを乱すため、かえってそれを辛いことと感ずる。

6 第三の徴、すなわち、愛に満ちたひとみをそのまま神の方にじっとそそぐようになるということは、上記の黙想を離れることができるために、しかるべく大切なものであることは、言うまでもない。これについては第一の徴のところですでに幾分触れたことでもあり、あとに知性による個々のすべての認識について述べてから、神のはっきり枠づけのできない、全体的把握について話すとき、そのことについても扱うことになろう。しかし、ただ一つの理由だけ述べておくことにしよう。それによって、観想に達した人が、黙想や考察の道を捨てなくてはならない場合に、神の全体的把握、愛に満ちた知性のまなざしが、どんなに必要なものであるかということがわかるであろうから。というのは、その時にあたって、そうした神に向かう知性のまなざしをもっていないならば、結局何もせず、何ももっていないということになるからである。すなわち感覚的な能力に基づいて考察するところのあの黙想を捨て、かといって他方前に述べたような、実際に精神能力としての記憶、理性、意志の働きが共に一つのものになって、あの〝はっきりと枠づけられない知性のまなざし〟のうちに受け取られる観想にも欠けているなら、神に結びつくものは何もないということになる。そもそも霊魂というのは、感覚的または精神的ないずれかの形を通してでなければ、自ら働いたり、働きを受け取ったりすることはできないからである。前に言ったように、霊魂は、感覚的な能力を通して、推理したり探し求めたり、対象についての認識の働きをもつことができるし、また精神的能力を通して、上記の諸能力のうちにあらかじめ受け取られた認識を、そのまま、すなわち精神的機能は停止姿勢のまま――受け取りたのしむことができるからである。

7　このように、感覚的機能と精神的機能を働かせるという場合の相違は、働きかけるというのと、すでになされた仕事の実りをたのしむという違い、あるいは歩いていく疲れと、目的について静かに休息する違い、または食物をととのえることとそうした調理の苦労もなしに、もう調理され、かみくだいたものを食したのしむこととの違い、あるいは、受け取りにいくことと、すでに受け取ったものを用いることとの違いのようなものである。そこでもし、黙想や考察による感覚的能力も、あるいは上に述べたような観想や認識の精神機能によって受け取るものにも、その働きにも与り知らぬ状態で、どちらの形においても作業停止というのであれば、いずれの面からしても、霊魂は働いているということはできない。したがって黙想と考察の道を捨てるためには、上に述べたような認識が必要となるのである。

8　それにしても、ここで知っておかなくてはならないことは、これから話そうとするこの全体的把握の形をとる知解は、非常にこまかく微妙なもので、特にそれがまじりけのない純粋なものであればあるほど、より完全であり、霊的であり、内的であればあるほど、その知解にとらえられていながら、それに気づかず感じないでいるということである。

このことは前にいったように、知解それ自体が、いっそうすきとおったものであればあるほど完全であり、純粋であればあるほどそうしたものなのである。そして特に理性や感覚がとらえることのできるような知識や個々のものの理解から離れ遠ざかっている、最も清らかな霊魂のうちに入りこんでくるとき、いっそうそうなのである。理性や感覚の力で通常とらえるものがなくなるため、それを感じなくなるわけで、それというのも、普段慣れていた感覚的なものがそこになくなってしまうからである。より純粋で、完全であればあるほど、理性にとっていっそう感じとられにくいものとなり、ますます暗く思われるわけは正にこのためである。反対にそれが、あまり純粋でなく、単純でないときには、知性にとってはっきりしたものになり、それだけに大切なものとして映るのである。というのは、その場合には、知解が何らかの可知的な形のものに覆われ、まじり、包まれているため、そこに知性や感覚の足場ができるからである。

9 このことは、次のたとえによってよくわかることであろう。窓に射し入る太陽の光を観察してみると、この光線は、空中に微粒子や塵埃が満ちていればいるほど、われわれの目にはっきりと見てとることができる。だがその時には、光自体はその後粒子や塵埃で満ちているため純粋でもなければ、すっきりしたきれいさをもつ完全なものでないことは明らかである。ところで、これらの微粒子や塵埃がなくなり、澄み切ってくればくるほど、光線はとらえにくくなり、肉眼には映らないものになってくることをわれわれは知っている。つまり光が澄んでくれば、いっそう目につかず、とらえられなくなるということである。それでもし、さらに微粒子や塵埃が全くなくなり、澄みきってしまうならば、そうした光線は目に全然映らなくなり、とらえることはできなくなるはずである。

そこには、視覚の本来の対象となるものがないからである。すなわちそこで目につく何ものもないというのは、光というものが視覚の本来の対象ではなく、目に見えるものを照らしだしてみせる媒介だからである。したがって、光線または光が反射されるべき、目にとらえることのできるものがそこにないときには、何も見えないということになる。とすれば、もし光線が一方の窓から入り、何か、ものの形をもつものに全然つきあたることなしに、他方の窓から出てしまえば、何も見えないはずである。それにもかかわらず、その時の光線そのものは、そこに目に見えるものが一杯満ちていて、非常にはっきりと感じとられるときよりも、ずっと純粋で澄んでいる。

10 これと同じようなことが、知性という精神のひとみに対する霊的な光について言えるのである。今ここで話している「全体的把握の形をとる知解」とその光とは、超自然的で、すべての知的なイメージから洗われて非常に純粋で澄みきっているため、知性の中に入っても、知性はそれと感じもせず、気づきもしない。それどころか、時には（その光が極度に純粋である場合には）知性の目をくらませてしまうのである。

その時、見慣れた光や、形や、イメージなどから知性は遠ざけられてしまって、知性自身真っ暗になることが感じとられる。しかし神の光がそれほどの力をもって、霊魂の中に入りこんでこない場合には、霊魂はそのような闇を感じないし、さりとてその光もとらえず、右を見ても、左を見ても霊魂自身が見ているものを実際につかめないでいる。そこで心は、時に何かすっかり茫然自失の状態に陥ったような気がする。どこにいたのか何ごとが起こったのかもわからず、時のすぎたことにも気づかないくらいである。そのため、長い間すっかり自分を忘れていても、我に返ったときには、一瞬もたっていないような、また、事実何ごともなかったようにしか思われないことがある。

11　この自己忘却の原因は知解の単純さのためである。今まで感覚とか記憶を通じて、霊魂は時間のうちに働いていたのであるが、今この知解にとられて、感覚や記憶による知覚やイメージのことごとくを洗いおとされ、本当にまじりけのない澄み切ったものとなってしまうからである。そのため霊魂は、自分を忘れ、時のすぎるのを忘れてしまう。そこで前に述べたように、祈りが長く続けられても、束の間のこととしか思われないのである。それというのも、霊魂が、時間のうちにはない純粋な知的認識に結びついてしまうからである。この短い祈りが「天を貫く祈り」と言われるのは、それが文字どおり短く、というより時間のうちにはないからである。天を貫くというのは、その時霊魂は、天上的知解に一致するからである。

このように、そうした認識は、心のうちにそれを思い起こすとき、今までそれとは気づかずに心の中に生みだされていた実りを残すものである。その実りというのは、天上的認識に向かって心を高めることであり、すべての事柄、およびその事柄についての形やイメージや、記憶から引き離されることである。この自己の忘却から、我に返る経験をもっていたダビデは「夜どおし、目をさまし、わたしは、屋根の上にひとりとどまる雀のようである」（詩101・8）といっている。その意味は〝屋根の上のひとりぼっちの雀のように私は夜も眠らず、目覚めていた〟ということである。孤独とは、すべての事柄から遠ざけられ、引き離されていることである。屋根の上とは、精神が高い所にあげられていることを意味している。

そこで心は、すべての事柄について、あたかも無知のようになる、というのはただ神だけを知っていて、それも、どのようにしてということはわからないままに。

雅歌（6・11）の中では花嫁がこの眠りと、自己の忘却とが生みだす結果の中で、この「不知」についても説明している。それは花嫁が「Nescivi」（私にはわからなかった）という言葉をもって、眠りに入ったと言っている時のことである。これは〝どこからそうしたものが来るかわからない〟ということである。すでに述べたように、そうした知解にとらえられている霊魂は、感覚やそうした機能をもって何も働きもしていないのであるから、自分は何もしていないし、また何ごとにもかかわっていないように思われても、決して時間を無駄にしているのではないということを確かに信じてよいのである。というのは、たとえ霊魂の機能の調和が失われるにしても、その認識は上に述べたような状態で残っているからである。

そこで、賢い花嫁は、同じ雅歌の中で、この疑いに自問自答し、「わたしは眠っていても、わたしの心は目覚めている」（雅5・2）と言っている。

というのは、自然の自分はその働きをやめて〝眠っている〟けれども、超自然的認識にまで高くあげられた〝わたしの心は目覚めている〟という意味である。

12 しかし、こうした知解は、今話したように、必ずしもそうした自己忘却をひき起こすものであると考えてはならない。実際これは、神が霊魂をすべての自然の機能、霊的能力の働きから引き離してしまわれるときにだけ生ずることで、まれにしか起こらないものである。というのは、こうした知解が霊魂のすべてをとらえてしまうのは、いつものことではないからである。

今ここで扱っている場合には、知性がこの世のものにせよ、霊的なものにせよ、何か個々の認識から引き離され、どんなことをも、それについて意志が考えたいという欲求をもたないというだけで十分である。というのは、前に述べたように、それは心がすでにそれにとらえられている徴だからである。

こうした徴があることによって、上に述べたような知解が働いているということ、そして、知性にだけそれが伝えられているということがわかるのである。それも霊魂がしばしば、そのことに気づかないままでいる。

ほとんどいつでもそうなのだが、もし、意志にもそれが伝えられるなら、霊魂は、それを知ろうと思えば、実際自分が愛しているものを個々には、知ることもなく理解することがなくても、そのうちにこころよい愛を感じるので、あの知解に奪い取られている自分を、多少とも知らずにはいない。

それゆえ、これを「愛にみたされた、はっきりと枠づけられない知解」と呼ぶのである。というのはその知解は、知性によって暗黒のうちに伝えられるように、意志にとっても、その愛しているものを、はっきり区分することができないままに、何とも名状しがたい心にしみとおる愛を伝えるものであるからである。

13　霊的なことで頭を働かすことをやめるため、またその時何もしていないように思われても、上述の徴がみられるならば、心は十分に充たされているわけで、それを確かめるためには、前にいったような知解に心を集中していることがどれほど大切であるかがわかるために以上のことで十分であろう。

前に述べたたとえによってもわかるように、この光が知性の目にいっそうとらえやすく、目につきやすいからといって、それが、それだけいっそう純粋で、高く、澄んだものだと思いこんではならない。それはちょうど、塵埃がいっぱい広がっている太陽の光線がよく目に映るのと同じだからである。アリストテレスや神学者たちの言うところによっても、神的な光は、高ければ高いほど、素晴らしければ素晴らしいほど、われわれの知性の目にはとらえられないものなのである。

14　この神的な知解については、それ自体を取り上げても、また、観想状態にある人々のうちに生じさせるその結果についても、なお多く述べるべきことがある。それらは、すべて他の機会にゆずることにする。というのは、ここでの教えが、確かに、これまでにひどく混乱しているといわれるので、それ以上混乱させないためにも、この知解についての説明を、むやみに長びかせることはしたくないと思うからである。何しろ、こうしたことは、それ自体例外的なことで、かつわかりにくいことであるため、話の中にも、書物の中にも、こういう形で扱われることはまれにしかない上に、私自身のまずい文体と、浅学が災いするからである。私自身、わかりやすく述べることができるかどうかという不安があって、しばしば説明が長すぎたり、それを教えようとして必要以上の場所を与えたりしたことを知っている。時にはわざとそうしたこともあるのは、ある若干の理由をあげただけではっきりしないところが、他のものを加えることによって、恐らく、よりよく説明され、したがって理解されうると思ったからで、またそうした形で、あとになって述べることにも、より多くの光が与えられることにもなるからである。

15　この章を終わるにあたって、こうした知解が継続する場合について起こり得る疑問に答えておくのが適当であると思われるので、次章にそれを簡潔に述べることにする。

第15章
もう初歩ではなく、進歩の段階にあるもの、すなわち、この観想の「はっきり枠づけられない知解」をもつにいたったものにとっても、時に頭を使ったり、また、自然の機能を働かせたりすることがどんなに大切であるかの説明。

1　今まで述べてきたことについて、ひとつの疑問が起こるかもしれない。というのは、前に言ったような、観想の超自然的知解のうちに神が引き入れ始めたもうた、いわゆる進歩の段階にある人は、それを受け取り始めたからというその事実だけで、もう黙想や、自然の形などを利用することは決してしてはならないかどうかということである。

これに対しては、次のように答えよう。すなわち、この愛にひたされた全体的把握の形をとる知解をもち始めたからといって、それで、もはや、黙想をしようと努めなくてよいという意味ではないということ。なぜなら観想もまだその序の口にあるときには、欲すればすぐにでも、実際にはっきりとしたその知解にとらえられるほどには完全に身についてはいないのであり、黙想からそれほど遠く抜け出ているというわけではないから、時には、以前のような形や方法によって、そこに何か新しいものを見いだし、前にしていたように頭を働かせて黙想すべきで、そんなことはもう全く用がないとまでは言いきれないのである。

それどころか、こうした序の口にあっては前に述べたような徴によって、自分の心がまだあのような霊的な静かさや知解にとらえられていないとわかるなら、そうしたものを幾分なりとも完全に近い形で身につけるまで、頭を働かせることが必要なのである。というのは、前にも言ったように、心をひそめようと思えばすぐに、あの静かな知解に心を落ち着け、黙想することもできず、またそれを望みもしないようになればよいわけであるが、進歩の段階に達するまでには、時にはあれ、時にはこれという具合に異なるものであるからである。

2　ともあれ、しばしば霊魂は力を労せず、すなわち、あれこれと自分の側から働きかけることなく、ただ受け取るという姿勢だけで、あの愛にみちた平安のうちに自身が落ち着ききってしまうのである。といっても、なおしばしば、静かにかつ適度に頭を働かせながらそれを助けることも必要である。

しかし、霊魂がそのうちにひきこまれると、前に述べたように、自分の力では何も働きかけないのである。むしろその時は、知解と芳ばしさとが霊魂のうちに働くわけで、霊魂の方は、何も感じようとも見ようともせず、ただ愛のひとみを神に注いでいるというだけである。

すなわち、そこでは神を受け取るといったらよいわけで、ちょうど、目を開くという以上のことを何もしていないのに、光が与えられるのと同じである。超自然的に注がれる光を受け取るということは、上から与えられて知るということである。

しかし、何の働きもしないというのは、何もわかっていないということではなく、少しも自分から骨折ることなしに、ただ与えられるものを受け取るだけでよいということを意味している。それはちょうど、神から光や照らし、霊感を受け取るようなものである。

3　ここで、意志は神についての「はっきりと枠づけられない全体的把握の形をとる知解」を何の努力もなしに受け取るわけであるが、この神の光を、もっと純粋に豊かに受け取るためには、他のもっととらえやすい光、形とか概念とか、何か知性を働かせてつくりだすもの、そうしたものをその間に介入させないようにすることが大切である。というのは、そうしたものは何であっても、あの清く澄み切った光には似ても似つかないものだからである。その時、何か個々の事柄をとらえ、それについて考えをめぐらそうと思うなら、たとえそれが非常に霊的なものであるにしても、そうした雲のようなものが間に入って、あの清くそして広く澄み切った光を妨げることになってしまうからである。これはちょうど、目の前に何かをおいて、わざと妨げをつくり、光も前方の視野を塞いでしまうようなものである。

4　このことから、もし、知性の目にとらえることができる形やイメージのすべてを全く洗い落としてしまうときには、完全な状態となり、この純粋でまじりけのない光のうちに憩うことになることは明らかであろう。なぜならその光に全く欠けるところがなくなるからである。しかし、つくられたものの形やヴェールによって霊魂が覆われたり、隠されたりしていると、光は霊魂の中に入りこんでくることがない。それに対してこうした妨げやヴェールをすべて除き去り、全くの赤裸と心の貧しさのうちに、身をおくなら、前もってまじりけのない純粋さをもつその霊魂は、神の聖子である純一な英知のうちにとけこんでいくことになろう。

愛に燃えている霊魂から、地上的なものが洗い落とされると、直ちに神的なものが、自然的にもその中に注ぎこまれるようになるのである。というのは元来何もない空白のままということはあり得ないからである。

5　霊的な道を歩む人は、見たところ何もしていないように思われても、黙想することができないときには、知性をおだやかに保って、神のうちに愛にみちたまなざしを注ぎつつ、じっとしていることを学びとらなくてはならない。

そうすれば、この神の愛に包まれた驚くべき崇高な認識とともに、神の静かさと平安とがその人の心の中に徐々に、しかし迅速に注ぎこまれることであろう。

ただそこで不安になったりして、その満たされた平安から心を引き離してしまい、そのために不愉快な、いやな気持ちになるような結果を招かないためには、そうした形や、推察やイメージあるいは少しでも頭を働かせるようなことに足を踏み入れないようにしなくてはならない。だから、もし、前にも言ったように、無為にすごしているというような悩みが起こってきたならば、心をおだやかにし、何の働きかけも欲望もなく、それを静かな平安のうちに落ち着かせていることは、少なからぬことをしているのだと、自分自身に言いきかせるべきである。これは、われらの主がダビデの口をとおして、われらに求めたもののことで、「すべてのことより手を休め、わたしが神であることを見よ」(詩45・11)と。すなわち、すべての内的、外的な事柄から心を引き離すことを学べ。そうすれば私が神であることがわかるであろうということである。

第16章

何かの映像として、超自然的に表れる想像力による知覚について——こうしたものが神との一致のための至近の媒介となるには、いかに程遠いかということについて。

1　自然的知覚、および、その知覚の中で頭の働きのもとに心象や想像力が働くことについては、すでに述べたのであるから、想像のヴィジョン（示現）とよばれる超自然的知覚について話さなくてはならない。この知覚もまた、想像による形や映像をとるものであるから、自然的知覚の場合と同じように感覚に属するものである。

2　注意しておくべきことは、この想像の示現という名のもとに、超自然的に想像として現れ得る映像や、形像などのすべてを含んでいるということである。というのは、これらの知覚や映像は、五官を通して霊魂に示され、自然の道によって、霊魂に宿るものではあるが、そうした外的感覚の助けを全くかりることなしに直接、超自然的に表されることもあり得るからである。

記憶と結びついている想像力という感覚力は、知性の記録保管所であり、倉庫のようなもので、この中に知性的なイメージや映像のすべてが受け取られ、五官または、上に述べたように超自然的に受け取られたものを、ちょうど鏡のように自分のうちに保つのである。そして、これらのものが知性に示されると、知性はそれらのものについて考察し、判断を下すのであるが、知性は、ただこれだけのことをなし得るばかりではなく、そこで知る事柄に近似している他の事柄をも、つくりだし、想像することができる。

3　五官がその対象のイメージや映像をそうした内的感覚に映しだすことができるのと同じように、否、さらに美しく、かつ完全に、神や悪魔は、そのような外的感覚をかりることなく、超自然的に同じようなイメージや映像を示すことができるのである。こうした映像によって、神は非常にしばしば多くのものをお示しになり、たくさんの知識をお与えになることは、聖書のいたるところに見受けられる。例えばイザヤは、神殿を包む煙と、翼で、顔と足とを覆いかくしているセラフィムの現れのもとに、神を栄光のうちに見たのであった（イザ6・4）。またエレミヤには神は巴旦杏《はたんきょう》（アーモンド）の枝を示され（エレ1・11）、ダニエルには多くの示現が示された。

他方悪魔も、見かけのよさによって、それなりの映像をつくりだし、人々を欺こうとする。例えば列王記にみられるように、アハブの預言者たちの想像の中に角を示し、これをもって、アッシリア人を破るのだと、すべての預言者たち全部を欺いた偽りがある（王上

22・11)。またピラトの妻のみた、キリストを処刑してはならないという示現もそれで（マタ27・19)、その他これに類似した多くのことがある。これによってもわかるように、形をとって外に現れる示現よりも、映像とか想像の鏡の中に、こうした示現が現れることのほうが、すでに進歩の段階にある人々において頻繁なのである。しかも前に言ったように、これらの映像とかイメージというものは、外的感覚を通して入ってくるものと異ならないものである。しかしそれらから生ずる結果とか、そうしたイメージの完全性ということになると、非常に大きな相違がある。というのはそれらが超自然的なものであればあるほど、また同じ超自然的といっても、それらのものは外的なものでなくて、内的なものであればあるだけにいっそう微妙で、霊魂に及ぼす影響が大きいのである。とは言っても、外的な形をとるものが、かえって大きな結果を引き起こすということがないということではない。結局のところは、どのような交わりをお望みになるかどうかにかかっている。しかし、ここでは、想像力にかかわる示現が霊的なものであるだけに、いっそう影響力をもつということについて話しているのである。

4　想像や映像のこの感覚こそが、時に自然的、時に超自然的な巧みさをもって、悪魔が通常入りこんでくる場所である。というのは、これが霊魂のための門であり入口であるため、前に述べたように、ちょうどここが港か貯蔵所であるかのように、知性は、そこにものを取ったり、置いたりするために来るのである。したがって神だけでなく悪魔もまた、超自然的な映像や想像の宝石を知性に提供するために、通常そこにやってくる。とはいえ、神がお教えになるのは、いつもこの方法だけを使われるとは限っていない。霊魂のうちに、実質的にそのまま宿りたもうている神は他の方法によっても、同じようにおできになるのである。

5　ところでどういう示現が神からのもので、どういうものがそうではないか、また、これはこの形、あれはあの形でくる、というようなことを見分けるためのしるしをあげることに、足をとめていることはできない。というのは、私の目的は、そのようなところにあるのではなく、ただそれらのことについて知性を照らし、役に立つよいものだからといってその示現にこだわって、神的英知との一致が妨げられたり、他方偽りの示現によって欺かれたりすることのないようにすることにあるからである。

6　そこで、そうした知覚にしても、想像に映ずる示現にしてもすべて、またどんな形や種類のものにしても、何かの形やイメージ、あるいは個々の知的形態をとって示されるものであるならば、それが悪魔に由来する偽りであるにせよ、あるいは神からくる真実のものであることがわかるにせよ、理性がそれにこだわって、そこに糧を求めたりそこに心をとめていてはならないと私は言うのである。というのも、神との一致のためには、霊魂は、そうしたものから離れて、赤裸になり、そうした形のものは何もないまでに、清く洗われたものにならなくてはならないからである。

7　なぜなら、そうした形のあるものはすべて、(前にも述べたように) 何らかの限られた形態をとった状態で示されるわけであるが、理性が一致すべき神の英知には、何らの形態というものがなく全く純粋無垢であるため、限られた枠や個々の形の認識の中に入ってこないからである。人間の霊魂と神の英知という両極が結びつくためには、その両者の間に何らかの似通った形のものがなくてはならないわけで、そのために霊魂も、純粋無垢のもので、そのどこかに限界があったり、何かの形やイメージなどによって枠づけられたり、色づけをされたりしてはならないのである。神はイメージや、形のあるものによって枠づけられたり個々の認識の対象となるものではないのであるから、やはり形のあるものや、個々別々の認識にしばられるものであってはならないのである。

8　神には、何かの形またはそれに類したようなものは全くないということは、聖書の申命記のうちに聖霊がはっきりと示しておられる (申4・12)。「あなたたちはその言葉の声を聞いたけれども、その形は全く見ることがなかった」。意味は〝あなたたちはその言葉の声を聞きはしたが、神において何の姿も見ることはなかった〟ということである。そこには暗黒と雲とに包まれ闇があったといっているが、これは前に述べたわれわれの魂が神と一致する、あの暗く、はっきりととらえられない知覚のことである。そのすぐ先のところでは、「ホレブの山で火のさ中から、あなたがたに主の語りたもうた日に、あなたがたは神に似た何ものも見なかった」(申4・15) と記されているが、これは〝ホレブの山において火のさ中より、主があなたたちに語りたもうたあの日には、あなたたちは、神のうちに、何もそれらしいものを見はしなかった〟ということである。

9　また、何かの形やイメージを頼りにしていては、この世において達し得る限りの、あの神の高さにまでいきつくことはできないということは、同じ聖霊が民数記の中で示されている。すなわち、モーセの兄アロンと姉ミリアムが、モーセに対してつぶやいていたため、神は彼らを責めて、モーセが神との一致、その親しい交わりをもっていた高い状態についてわからせようとし、次のように言わせた。「もしあなたたちのうちに主の預言者がいるならば、わたしは彼に姿をとって現れ、夢のうちに語ろう。しかし、わが家のいと忠実なしもべモーセはこのようなものではない。わたしは口づてに、包むことなく彼に語る。彼は、不可解なものや、形によって神を見るのではない」（民12・6―8）というのは〝あなたたちのうちに、もし預言者がいるならば、私はヴィジョン（示現）の形で彼に現れるか、あるいは夢の中で彼に話しかけるであろう。しかし、私のしもべモーセはそのようなものではない。彼は私のすべてのもののうち、最も忠実なしもべであるから、私は彼に口より口にはっきりと語るため、彼はたとえとかそれに類似したものや、形をかりて神を見るということもない〟のである。

以上のことからはっきりすることは、今ここで話そうとしている神との一致の高い状態においては、神は、想像やイメージ、あるいはそれに類した何かの示現に姿をかりて、霊魂との交わりをもつことはなく、そうしたものはあるべきものではないということである。口から口へというのは、愛における神の口とも言うべき、純粋そのものの神の本質が、神の愛における霊魂の口にあたる純粋そのものの霊魂に、じかに交わられるということである。

10　したがって、神の愛との本質的な一致に達するためには、想像による示現や、形のあるもの、イメージ、個々の事物の理解などを頼りにしてかかってはいけないのである。こうしたものは、今述べたような実を結ぶために、至近の媒介としては役に立たないもので、かえってその一致の妨げとなるものであるから、こうしたものをはっきりと退けて、手に入れようなどとはしないよう努めなくてはならない。もし何かの場合にそうしたものが受け取られ、尊重もされなければならないとすれば、それは示現が真実のものであって、霊魂に与える有益なよい結果を生ずることもあるからである。しかしその場合でも、そうしたものを受け取らなくてはならないというのではなく、むしろ向上するためには、そうしたものを常にしりぞけなくてはならない。というのは、そうした想像による示現が、霊魂のうちに生ぜしめるよきものというのは、前に述べた外部に形をとって現れるものと同じように、知的理解、あるいは愛、あるいは、こころよさを与えるということなのであるが、かといって、このような示現が霊魂の中にこうした結果を生ずるためには、それをすすんで受け取ろうとしなくてはならないというのではない。なぜなら、前にも言ったように、これらは想像のうちに現れると同時に、知識とか愛、あるいは何か甘美なものや神がお望みのものを霊魂のうちに注ぎいれ、かつつくりだすからである。それもただ同時にというだけではなく（よし全くそれと同時ではなくとも）、霊魂は妨げようにも妨げることができず、受け身の形で、それが働きかけるままの結果を受け取ることが第一のこととなる。

以前には、そのための心構えをととのえるということができたが、今はそれを獲得するために自分の方から何もすることができない。これはガラス窓がそこにさしこむ太陽光線を妨げることができず、ただ全く受け取るというだけで、光線は清められたガラスをとおし、窓自体は何もすることなしに、明るくなるのと同じである。

霊魂も、それと似て、たとえ、いくら拒もうと思っても、それらのイメージの力や働きかけを受け入れないでおこうとしてもできないことで、どんなにそれに抵抗してみたところで無駄である。なぜなら謙遜な愛をもって何もかも捨ててかかる意志であるならば、この超自然的な光が注がれるのを防ぐことはできないからである。そうすることができるのは、心の不純と不完全だけであって、それはちょうどガラス窓に入る光の妨げとなるのが、汚れであるのと同じである。

11　以上によって明らかなことは、上に述べたような霊的なものを伝えるべく、それを内に包んでいるイメージや映像や、形のあるものが目につくとき、意志的にも感情的にも、その汚点のようなものを洗いおとして、赤裸々になればなるほど、かえってそれとの交わりや、それがもたらす大切なものを奪い取られないばかりでなく、そこにある霊的なものをかくしているカーテンか、ヴェールのような、あの知覚のすべてを捨て去って、はるかにゆたかに、明るく、思う存分純粋にそれらのものが与えられるべく心をととのえることができるのである。もしそうしたものの中に糧を求めるならば、それらは精神と感覚とをとらえ、精神が神との真の交わりを、自由にもつことができなくなる。

というのは、精神はその外部の殻に閉じ込められてしまって、理性がその本質的なものを受け取る自由をもたなくなってしまうことは明らかだからである。そこで、もしこのとき、それを受け取ろうと思ったり、それらに気をひかれたりするなら、自分自身の妨げとなって、結局そこにある貧弱なもの、すなわち、知性の目にとらえられる、あのイメージや、映像や個々のものについての知識を得るというだけで満足することになってしまうからである。なぜならそこにある大切なものは、霊魂に注ぎこまれる霊的なもので、とらえることも理解することもできないし、それがどういうものであるかを言い表すこともできないものであるからである。というのもそれは、純粋に霊的なものであるからである。それらについて知ることができることは、前に言ったように、それらのうちで最も貧弱なもの、感覚によってとらえられる形だけだからである。ゆえに霊魂が受け身の姿勢で、知ろうと努めず、またその働きもしなければ、そうした示現から、想像もできないものが与えられるのである。

12 したがって、心のひとみは、それが見ることのできるものや、見分けをつけることのできる一切の知覚から離れていなくてはならない。というのは、こうしたものは感覚に与えられるものであって、信仰の基礎にも保証にもならないからである。心のひとみをそうした感覚的なものではなく霊的なものにおかなくてはならないからである。霊的なものは感覚にとらえられるような形をとるものではなく、われわれを信仰における神との一致に導くもので、この信仰こそ、前にも述べたように、そのためのふさわしい手段なのである。このようにして、感覚的なものや知性的なものをしりぞけ、神がそれをお与えになる本来の目的をよく把握しているならば、そうした示現も信仰のために実益をもたらすことになるであろう。なぜなら、こうしたものは前に、形をとって現れるものについて述べたと同様、それを受け取ったり、それに執着したりするために神がそれらのものをお与えになるのではないからである。

13 すると、ひとつの疑問が生じてこよう。

もし神がこうした超自然的示現をお与えになるというのが真実であるならば、しかもそれがそうしたものを受け取ろうとしたり、気をひかれたりするためのものでないとすれば、いったい何のために神は与えたもうのであろうか？　それに、そうしたものによって、大きな誤りや危険、少なくとも霊的進歩のために、今述べてきたようなさまざまな支障におちいることがあるというならば、神は霊的に本質的なものだけお与えになれるのに、なぜわざわざそのような感覚を通し、前に述べたような示現や、感覚的イメージによってそうしたものをお与えになるのであろうか、ということである。

14　この疑問に対する答えは次の章で述べることにする。この豊かな教えは霊的な人々のためにもまたその指導者のためにも、まことに重要なものであると私は思う。なぜならここにおいて神がそうした示現において意図しておられる目的と、その働き方が示されるからで、それを知らないために、たくさんの人々が、道を踏みはずし、自分をどうしてよいかわからず、こうした示現を受けたとき、神との一致に自分も他人をもひきつれていくことができないままでいるからである。彼らは、こうした示現が本当のもので、神からのものであることがわかるなら、それを受け取るのはよいことと考え、そうしたものでも、世俗のことと同じようにそれを退けることを知らなければ、そこに見いだすものは、やはり所有欲であり執着であり、妨げであることに気づかず、そうしたことに自分をもたせかけてしまうのである。その人たちには、あるものは受け取り、他のものは捨てることがよいように思われるわけであるが、その実、それによって、本物と似て非なるものとを見分けることで、自分はもちろんのこと、他の人たちも大きな困難と危険に陥れることになってしまうのである。

神は確かに人々にそんな骨折りをさせたいとはお思いにならないのであって、純粋で単純な霊魂をそのような危険や戦いにひきこむことを命ぜられるわけはなく、彼らは信仰という、聖にして確固たる教えをもって、歩んでゆくべきものである。

15　これは、感覚や、個々のものについての、はっきりした認識のすべてに対して、目を閉じなければできないことである。ゆえに聖ペトロは御変容のキリストにおいて光栄の示現を見たことがあれほど確実なことでありながら、それをペトロの手紙二において書き記したあとも、その事実に人々がおもな確証を求めることのないように、信仰において歩むよう、次のように記している。

「さらになおかたい預言の言葉をわたしたちはもっている。あなたがたはこれをもって暗いところを照らす灯とし、夜が明けて陽の出るまで、よくこれに思いをひそめよ」（ペトロ二1・19）と。その意味は、〝キリストについての証しとして、われわれはタボル山の示現よりもさらに確かな保証である預言者の語った言葉をもっている。ちょうど暗闇の場を照らす灯のようにそこに目をそそぐがよい〟ということである。これと合わせて考えるなら、われわれがここで説く教えを見いだすことであろう。というのは、暗黒を照らす灯のように、預言者たちの説いた信仰を見つめようというのは、われわれが暗黒のうちに留まり、すべての他の光に対し目を閉じよということであり、その暗闇の中において、同じく暗黒である信仰のみがより頼むべき光であるということだからである。

もし、ものを見分けるはっきりとした認識の光によりかかろうとするなら、すでにわれわれは、信仰という暗黒に支えをおかないことになり、聖ペトロが言うような暗黒の場における光を信仰が与えてくれなくなってしまうのである。その暗黒の場というのは、ここでは理性を象徴する信仰の灯がおかれる燭台のことである。この場所は、あの世において、神を目の前にみる明らかな示現の日が明けるまで、またこの世において、その方向に進んでいく神のうちにおける変容的一致のその時まで、暗黒でなくてはならないものである。

第17章　神が、感覚を通して霊的な宝をお与えになるときの目的と、その形についての説明、ならびに、前章にふれた疑問に対する解答。

1　霊魂を低いところから、その神的な一致にまで高めるために、神が、これらの示現（ヴィジョン）をお与えになる目的とその形について、言うべきことはまことに多く、霊的書物はみな、これについて論じており、われわれがここで扱うのも、それについての理解を与えるためである。

この章では、前に述べた疑問に答えるのに十分なことだけを話すつもりである。その疑問というのは、すなわち、これらの超自然的示現が前に述べたようにわれわれの前進のための大きな危険や障害になるというのなら、最も賢明で、つまずきや、わなを取り除いてくださる友であるはずの神が、どうして、これらのものをお示しになったり、お与えになったりするのであろうかということである。

2　これに答えるためには、初めに、三つの基本的な事柄をあげておかなくてはならない。

第一は、ローマ人に与えた聖パウロの言葉である。「あるものはすべて、神により定められている」（ロマ13・1）。すなわち〝現にあるところのものは、神によって定められたものである〟ということである。

第二は聖書のみ言葉で、知恵の書のうちにある。「すべてのものを、無理なく、美しくととのえたもう」（知8・1）。その意味は、〝神の英知は、一方のはてから他のはてに至るまで、その隅々まで行きわたるものでありながら、しかも、そのすべてを、いとも妙《たえ》にはからいたもう〟、ということである。

第三には神学者たちの言葉であって、「（神は）すべてのものを、その各々のあり方に従って動かしたもう」（聖トマス『真理について』第十二問、第六項）。すなわち〝神は、すべてのものを、それぞれの性質に応じて動かされる〟ということである。

3　以上の基本的な事柄から明らかに言えることは、神が霊魂を動かし、これをいちばん低いところから、ご自分との神的一致という、いちばん高いところにまでおあげになるには、それを順序正しく、かつ妙に、また、それ自身のあり方に従ってなされるということである。というのはわれわれの認識の過程は、まず、つくられたものの形やイメージより始まるもので、理解や認識の足場は感覚的なものであるから、神が霊魂を、最も高い認識にまでおあげになるのに、それを巧みに、無理のない形でなしたもうには、感覚といういちばん低いところから、まず手をつけたまわなくてはならないわけである。それは、人間の霊魂のあり方に応じて、神は感覚によってはとらえることのできない、およそ、それとは反対の極致にあるその神の英知にまで、われわれの霊魂を高めてくださるのである。それというのは始めの間は、それにふさわしく、形のあるものやイメージその他さまざまの感覚的なものをとおし——自然にしても、超自然にしても——また、頭を働かせることによって、神の至高の霊にまで神は、われわれの霊魂を導かれるということである。

4　これがすなわち、なぜに神は、示現とか、形のあるものやイメージ、その他感覚的認識、霊的なものの知性的把握をお与えになるかという理由である。

といっても、神が最初から、霊の英知を直ちに与えることを望まれないからというのではない。もし、人間的なものと神的なもの、感覚と霊、という両極が、同一行為の中に結びついているというのならば、そうすることはできるのであるが、通常自然の行為は、最初のものに続いて、つぎつぎと多くの過程的予備的行為が、たくみに秩序正しく組みたてられてゆくわけで、ひとつのものは、他のものをととのえる土台となっているのである。第一のものは第二のもののため、第二のものは第三のもののため、というように、順次それ以上でもそれ以下でもない形でつながってゆく。したがって、神は、その人間のあり方に応じて、いちばん低い外面的なところから、いちばん高い内面的なところまで、人間を徐々に完成されるのである。

そのために神は、まず最初には、外部的に全き自然のよきものをつかって霊魂を動かし感覚を完全なものにされるのである。例えば、説教を聞いたり、ミサ聖祭に与ったり、聖なるものを見たり、食事における味の抑制や、触感も償いと聖なる厳しさで抑えることなどがそれである。このようにして、これらの感覚がしっかりしたものになるときには、いっそうそれを完全なものにするために、善に身を固めさせるべく、何か超自然的な報いや恵み、ある種の超自然的な交わりを与えられるのが常である。

聖人や聖なるものを形をもってお示しになったり、こころよい香りや、言葉、または、うっとりするような何かのものに触れた感覚などがそうである。これによって感覚は、いっそう徳のうちに固められ、悪いものに対する欲望を追い払うことができる。

その上なお、今ここに述べようとしている想像や映像のような、形の内部感覚をも、それと同時に完きものにし、聖なる事柄について考えたり、黙想したり、思いめぐらしたりすることによって、それらを完全なものにし、かつ善なるものに親しませ、そうしたすべてのことの中に、霊の教育をされるのである。この自然的な修練によって、その内的感覚をととのえおわると、神は、ここで想像的と呼ばれる何か超自然的な示現をもって、われわれを教え、かつ、いっそう霊的なものにされるのが常であって、前にも言ったように、これらの示現においては、霊は非常な進歩をなし、あのことにおいても、このことにおいても、粗雑さをなくし、少しずつ徐々に自分を改めてゆくようになる。

このようにして神は、段階を追って、霊魂をあの最も内的なところにまで高められるのである。といっても、今いったような具合に最初の段階から最後の段階まで、きちっとこの順序を神が常に守られるにちがいないというのではなく、時として神は、ひとつのことを他のものなしでされたり、あるいは、より内的なものを通じて、しかもあまり内的でないものが与えられたり、あるいは、それを全部一緒にされたりする。

いずれにしても神は、その人に適切であるとみられるままに、またそのお望みのままに恵みを与えられるのである。しかし、通常の道は、上に述べたようなものである。

5　通常、このようにして神は霊魂を教育し、霊的にされるのであって、われわれの霊魂の幼稚さや力の不足を考えて、まず外部的な感覚に触れることのできるものから始めて、徐々に霊的なものにされるのである。これは、それ自身としてはよきものといえる感覚的な事物の殻を通しながら、霊魂はそれ自身の働きによって、そこから霊的な交わりを小刻みに受け取るうちに、霊的なものにすっかり慣れて、感覚とは全く無縁の霊の実体そのものにまで至りつくためである。前にも述べたように、そこまで到達するのに、霊魂が常につなぎとめられている感覚を通じては、ほんの少しずつしか進むことができないものである。霊魂は、神との交わりにおいて霊的になればなるほど、頭を働かせたり、想像に頼ったりする黙想などの、感覚による道から離れ、それにとらえられなくなるのである。実際、神との霊的交わりに完全に到達するためには、およそ神についての感覚的なすべてを、なくしきってしまわなくてはならない。

ちょうど、一方の端に近づけば近づくほど、他の端からは遠ざかってゆくようなもので、完全にひとつの端にゆきつくということは、他の端から完全に離れきるということになるのである。そのため、通常次のような霊的諺がある。「霊の味わいは、肉のものをすべて味気なくする」、すなわち、肉的なものはそこで何の役にも立たず、またそこに入りこんでくることもないということで、そこに言われているのは、霊的なものについての感覚的な受け取り方すべてを指していわれているのである。

霊であれば、感覚にとらえられるわけはなく、もし、感覚にとらえられるものならば、それは確かに純粋に霊的なものではない。というのは、感覚や自然の認識によってとらえられるものであればあるほど、霊的なもの超自然的なものに乏しいということ、これは前に説明したとおりである。

6　ゆえに完全に霊的な人は、感覚のことは全く問題にせず、感覚を通してものを受け取ろうとはしない。霊において大人になる前とはちがって、神のことについて主として感覚を用いることも、またそれを必要とすることもなくなるのである。聖パウロは、コリントの信徒への手紙一の中で次のように言っている。

「幼かったときには、わたしは、幼子のように語り、知ることも幼子のようであり、思うことも幼子のようであった。しかし、大人となっては幼子のことを捨てた」（一コリ13・11）と。これは、〝私が幼児であったときには、話すことも幼稚で、考えることも同じく幼稚であった。しかし、大人となっては、その幼稚さを捨ててしまった〟ということである。

感覚的な事柄や、そこから霊が引き出すことができる認識などは、どんなに幼稚なものであるか、すでに明らかにしたことである。もし、そうしたものに執着をもち、それらを捨てようと思わないならば、われわれは決して幼児的段階から抜け出られないであろうし、常に、神について語ることも幼稚で、神を知ることも、神について考えることも幼稚なのである。

なぜなら、感覚にふれる外的なものにしがみつくものは子どもであり、全き成人とも言える霊の実質に達することはないからである。したがって、たとえ神がさし出してくださったものであるにしても、自分の成長のためには、前に言ったような啓示を、おいそれと受け入れようとしてはならない。それは、ちょうど、子どもの口を、いっそう実質的で栄養分のある食物に慣れさせるため、乳離れする必要があるようなものである。

7 すると人は、次のように言うことであろう。

霊魂がまだ幼い間は、そうしたものをとる必要があり、大きくなれば、それを捨てたらよい。それは、ちょうど、子どもが成長してそうしたものが要らなくなるまで、自分の生命を保つために、母の乳房を必要とするようなものであると。

これに対しては、次のように答えよう。霊魂が神を探し始めるあの黙想や、通常の意味での頭の働きということに関しては、その時期がくるまで、生命を保つため感覚の乳房を離れてはならないということは真実である。その時期というのは、すでにこの第Ⅱ部の第13章で述べたように、神が霊魂をより霊的な交わりである観想のうちに導き入れられる時のことである。

しかし、完全な状態、あるいは不完全な状態、そのいずれにしても、われわれの意志とは無関係に感覚に入りこんでくる想像の示現や、その他の超自然的知覚の場合には、たとえそれが神からのものであろうとそれを受け取ってはならないのであって、それには二つの理由がある。

ひとつは、前に述べたように、われわれの側から、しばしばあるように、示現を妨げたりすることができたとしても、神はそれにもかかわらず、それから実りを取り出すことがおできになるのであって、それを妨げることは、われわれの力の及ばないことだからである。したがって、霊魂に与えられるべきはずの実りは、そのままの形ではなくても、かえっていっそう実質的に与えられることになるのである。というのは、前に述べたように、神が与えたいと思われた宝は、何かの不完全や所有欲によらないかぎり、それを妨げることはできないからである。したがって、こうした示現を謙遜に、恐れをもって退けることには、決して、不完全とか所有欲とかいうことはない。

第二には、よいものと悪いものとの識別、あるいは、それが光の天使か闇の天使かを見分けるための危険と骨折りから免れるためである。このようなことの中には、決して利益はなくただ時間を空費し、心をがんじがらめにし、甚だしい不完全や停滞に身をさらすだけのことで、ことこまかな知覚や、個々のものの認識から心を解放して、大切なことに目を向けさせることにはならない。これについては、形をとって現れる示現のところで述べたことであるが、さらに、後に詳しく説明するつもりである。

8　もし、主なる神が、ここでいうようにわれわれ自身のあり方に応じて、お導きくださるのでなかったならば、形やイメージや、個々の事柄の認識というような、非常に細い管を通して、神の豊かな霊が与えられることは決してないわけで、神は、そうしたものを通じて、一口ずつ霊魂にその糧を与えたもうのである。これについてダビデは、「(神は)切れぎれのパンのように、氷を投げ送る」と言った(詩147・17)。すなわち、〝神は、その英知を、ひと口ずつ送られた〟ということである。霊魂が、無限を包容する力をもちながら、その霊性の貧しさと、感覚の側の受け入れの姿勢ができていないために、感覚の口を通して少しずつしか食物を受け取っていないのをみるのは嘆かわしいことである。聖パウロにも、この霊を受けるのにあまりにも幼稚なこと、心のととのいがないことが苦痛に感じられ、コリント人に与えた手紙の中で次のように言っている。

「兄弟たちよ、私があなた方のところに来たとき、霊的な人々に対するように語ることができず、肉的な人々に対するように話した。というのは、あなた方はそれを受け取ることができなかったからであり、今も、なおできないでいる」「キリストにおける幼子のように、乳を与えて食物を与えなかった」（一コリ3・1―2）と。すなわち、〝キリストにおける幼子のように、あなた方に乳を飲ませ、堅い食物を与えなかった〟という。

9　そこで、なお知っておくべきことは、超自然的に現れるもの、またその形などの外殻に気を奪われていてはならないということで、外部感覚についていえば、耳もとにささやく言葉や語りかけ、目についていては、聖人の示現や、美しい輝き、鼻には香り、舌には美味しい味、体に触れる快さなど、こうしたものは、通常、霊に由来するもので、霊的な人々にとっては、きわめてありふれたことである。また、内部感覚に現れる何か想像による示現に目をとめることもいけないことで、そうしたものは、すべて退けなくてはならない。目をおくべきものとは、ただ、こうしたものが生みだすあのよき霊の上だけで、その霊を正しい神の奉仕のために働かせ、また修練すべく保ち続けるために、そのような現れに注意をひかれたり、感覚的なたのしみを求めたりしてはならないのである。

このようにすれば、こうした事柄の中から神が特に与えたいと望んでおられるものすなわち、敬虔な信心だけが引き出されることになる。神が、そうしたものをお与えになるのは、このことがおもな目的だからである。それに、前にも書いたように、感覚の働きや知覚などというものなしに、精神において受け取るならば、その時には、神がお与えになりたくないようなものは、そのまま顧みることはなくなるものである。

第18章

霊的指導者のうちには、前にも述べたような示現（ヴィジョン）について、人々を正しく導かないものがあるため、それによって生ずる弊害について――また、さらに、それが神からのものであっても、そうしたものにおいて、自らを欺くこともあり得ること。

1　示現（ヴィジョン）については、言うべきことが多く、われわれの望みどおりに簡単にすませることはできない。前に述べたような示現について、いかに対処すべきか、また、師たるものは、その弟子をどのような形で導くべきかということを示すために、必要なおもなことはすでに述べてきたわけであるが、霊的な道を歩む人々だけでなく、その人たちを指導するものも同じく、たとえ示現が神からのものだとしても、それを、すぐに軽々しく信じこむことから生じ得る弊害について、もう少し個別的に説明を加え、さらに多くの光を与えることは余計なことではないであろう。

2　これを、今少し詳しく扱おうとした動機は、私の見るかぎり、一部の指導者のうちに、そうしたものに対する慎重さが不足していると思われるからである。

彼らは、前に述べたような超自然的知覚が、神からのものであるとわかれば、それにすっかり気を許してしまって、だれもかれもが甚だしい過ちと、狭い見識に陥ってしまうのである。彼らについて、次の主の言葉がある。「盲人が盲人を導けば、共に坑に落ち込む」（マタ15・14）と。それも〝落ち込むであろう〟というのではなくて〝落ち込む〟と言われている。というのは、落ちるためには誤りを犯さなくてはならないのではなく、そうしたものが同じような他のものに導かれるというだけで、すでに誤りをおかしていることになるからである。

それだけのことで、すでに落ち込んでいるわけである。というのも、第一に、このようなものを受け取る人々に対し、ある指導者たちは、何らかの形で、そうしたものに目を向けさせ、それにこだわらせて道を誤らせ、謙遜によって彼らを導くようにしないため、彼らは信仰の精神をもたないままでいることになり、そうしたことをあまり問題にするため、その信仰を、しっかり立てることができない彼らは、自分がそれに関心をもち、重きをおいていることを感じさせるために、人々も同じようにするのである。

そのために、人々は、あの知覚の中に腰を落ち着けてしまって、信仰において、しっかり立つことがないので、信仰の暗黒のうちに高く舞い上がるべく、そのような事柄から執着を絶ち、抜け出て、すっかり離れきってしまうことができない。

こうしたことはみな、これについて、師たるものが語る言葉や話から出てくる。どうしてかわからないほどたやすく、そうした事柄を高く見積り、心はそのことでいっぱいになってしまって、そのために気を奪われ、信仰の淵から目をそらすことになってしまうのである。

3 このたやすさの原因というのは、あまりに心がそのことに奪われているということにある。それが感覚に触れるものであり、感覚というものは、自然にそちらに傾いているものであるだけに、あのように、はっきりと感覚に現れてすっかりお膳立てがそなわっていれば、聴罪司祭、または他の人のうちに、そうしたものを高くかってくれるのを見るだけで自分も同じように考え、さらには、知らぬまに、そのようなことに欲望がますますひかれていって、心はそちらへと傾き、いっそう、それに味をしめ、そのことに担われてしまうことになるのである。

ここから少なくとも多くの不完全が生じてくる。というのは、そうしたことが何か価値のあるものと考え、何かよいものを自分はもっているため、神は私を重んじていてくださると気をよくし、およそ謙遜とは反対の自己満足に陥るため、少なくともそこではもう人は謙遜ではなくなってしまうのである。

すると悪魔は、気づかれないように、そういう気持ちをひそかに増し、次に他人はそうしたものを持っているかどうか、そのような状態にあるかどうかという気がかりをとりださせ始める。こうしたことはおよそ、聖なる単純さ、精神の孤独に反するものである。
4 実際、そうしたものから離れてしまわなければ、今言ったような弊害が生じ、信仰においても成長することがないだけでなく、全き魂の赤裸の道を歩まない。よし、それほどにはっきりと手にとってわかるものではなくとも、さらに微妙、かつ、神の目には忌まわしい弊害がある。そうしたことについては、今ここで述べるのはやめ、いつか霊的貪欲からくる悪徳や、他の六つの罪について扱うときに触れることにしよう。
み旨ならば、そこでは、精神が全き赤裸のうちに歩むことを知らないため、心に付着する小さく目につきにくい汚点について、多くのことを述べることになろう。
5 今は、よい教えを与えることを知らない聴罪司祭たちの、人々に対する指示の与え方について二、三のことを述べてみよう。というのは、弟子となるものの精神が、いかに、目に見えぬ間に霊的師父の精神に合わせて、それに形づくられていくかということをわからせることの困難さから、何とか自分の言いたいことを、よく説明できたらと思う。
それに、こうしたくどくどしいことには正直のところ疲れてしまう。というのも、それが精神に関することであるだけに、一つのことが他のことに関連をもち、他のことを説明しないで、一つのことをわからせることはできないからである。
6 しかし、今ここでは、次のことを言うだけで十分かと思う。

もし霊的師父に啓示のようなもの、あるいは、よろこびをみたすようなものを大事にする心の傾きがあるならば、その霊的師父よりも進歩していない弟子の心には、知らぬ間に、そうした形の甘いものを刻みこんでしまわずにはいないということである。また、霊的師父以上にその弟子が進歩しているとしても、もし弟子が、いつもその霊的師父と共にいるならば、大きな弊害を蒙ることになる。というのは、霊的師父のもっている心の傾きや、示現に対する好みは、そうしたものを重んずることになり、自身余程の注意をしないかぎり、他のものにも同じような感情を移さずにはおかないからである。そして、もし他のものも、それと同じような心の傾きをもっているなら、互いに意気投合して、ますますこうしたものを見たり、重んじたりせざるを得ないことになるであろう。

7　しかし、ここでは、そのようなこまかいことを、とりだしているわけにはいかない。話そうとすることは、聴罪司祭がそのようなことに対する傾きをもっているにしても、あるいはないにしても、その指導を受けるものの欲望を赤裸にして、脱ぎ捨てさせてしまうようにというつつましさをもつことなく、かえって、そのことについて話し合い、そのおもな霊的会話は、前に言ったように、ヴィジョン（示現）に向けられ、その善悪を見分ける印を示そうとすることである。それがわかることは結構なことであろうが、このようにして、人々を苦労と心配と危険に陥れなければならない理由はどこにもないはずである。なぜなら、そうしたことを捨てて問題にしなければ、そのようなすべてのことから免れて、なすべきことはなされることになるからである。ところが、それだけではなく、前に言ったような人々に、そうした神に関することがあるのを見て、霊的師父たるべきもの自身が、彼らを頼みにし、自分自身のことや他人について、あれやこれやを神が啓示してくださるよう神に祈るように願ったりするのである。すると愚かにも彼らは、その道によって、それらを知ることを望むのは正しいものだと考えて、実際、そうするのである。神は、そのお望みのままに、またその望みの目的のために、超自然的に何かを示したり言ったりすることをお望みなのだから、われわれにそれを啓示してくださるよう望んだり、またお願いすることは正しいことであると彼らは信じこんでいるのである。

8　もし彼の願いにこたえて、神がそれをお示しになるようなことがあるなら、ますます確信を堅めて、神は、お答えになるのだから、それをよろこび、それを望んでおられると思いこんでしまう。ところが実際には、神は、およろこびにもお望みにもなってはいない。彼らは、こうした神とのかかわり方に執着しているため、すっかりそこに腰を落ち着け、いい気になって、その示しや答えに従って、非常にしばしば事をなし、それでよいと信じきっている。

彼らは、およそ自然の好みに従い、自分なりの考え方にあわせて、ものごとをたのしんでいるのである。そうして、しばしば道を誤まり、彼らが考えていたようには、ことが運ばないのをみて驚く。そこで、全く、事《こと》志《こころざし》と違《ちが》うのをみて、それは神からのものか、あるいは、そうでないのだろうかという疑念が生ずる。

彼らは、始めに二つのことを考えていたのである。第一は、それが、最初、あまりにも気にいるものであったため、それは、神からのものであると考えていたのである。しかし、前にも言ったように、そうした気持ちをつくりだすのは、けっこう、自然の心の傾きだけということがありうる。

第二には、それが神からのものであるのなら、彼らが理解し、かつ考えたとおりに、ことが運ぶべきものであると思っていたのである。
9　ここに、ひとつの大きな錯覚があるのである。というのは、啓示や神の言葉は、人間が理解したり、その言葉の響きのままになるとはかぎっていないからである。したがって、それが、よし神の啓示であり、神の答えであり、言葉であることを知っているとしても、それに頼って、それを信じこんでしまってはならない。それ自体は確かなもの、真実なものであるとしても、その原因となっているものや、われわれの理解の仕方ということからすれば、必ずそうであるとは限っていないからである。そのことについては、次章において確かめてみることにしよう。
同じくまた、あとで確かめてみたいと思っていることであるが、神は、そうした超自然的に懇願されたことに、時にお答えになることはあるにしても、それをよろこんでおられるのではなく、答えながらも、かえって憤りを感じておられるのである。

第19章
示現（ヴィジョン）や、神からの言葉が真実のものであるとしても、それについて、われわれが、どんなに錯覚に陥りやすいものであるかということの説明と論証。――聖書の言葉によって確かめる。

1　示現（ヴィジョン）や神の言葉が、それ自体、真実なものであり、確かなものであるとしても、われわれにとっては、必ずしも、いつもそうでないということを二つの理由から話しておいた。

第一には、それを理解するわれわれの仕方に欠陥があるということ、第二には、そうしたものの原因が変わりやすいものであるということである。

第一の理由に関しては、そうしたものは、常にわれわれが理解するような形で実現するものではないことは明らかであるということ。

なぜなら、神はすべてのところに深くおられるために、その預言や語りかけや啓示の中には、通常われわれが解し得る形や考えとは非常に異なった道や考え、もののとらえ方が含まれていて、それが真実であり、確実なものであればあるほど、かえってわれわれには、そう思われないのである。このことは、聖書の各所に表れている。多くの昔の人において、預言や神の言葉は、彼らが期待したようには実現しなかった。というのも彼らは、それを自分なりの形で、また、あまりにも文字どおりに解釈したからである。このことは、次のことに、はっきり表れている。

2 創世記の中で、神は、アブラハムをカナンの地にお導きになって後、彼らに向かって「お前に、この地を与えよう」(創15・7)と言われた。このことは何度も言われたのに、アブラハムはいつのまにか非常に年老いてしまって、しかも土地は決して与えられなかったので、さらにもう一度同じことを言われたとき、アブラハムはそれに答えて、「主よ、わたしが、それをもつようになることを、どうして知ることができますか」(創15・8)すなわち、〝主よ、どのようなことから、あるいはどんな印があって、私がそれをもつことになるのを知るべきなのですか〟と言っている。そのとき神は、もつのは彼自身ではなく、四百年後に彼の子孫が所有することを示された。そこで初めてアブラハムは、その約束を理解することができた。

その約束自体、まことに真実であるというのは、神がアブラハムを愛されたゆえにその子孫に土地をお与えになることは、かれ自身にお与えになることに外ならないからである。その解し方においてアブラハムが誤っていたのであって、もしその時、かれがその預言を自分なりに解して行動したならば、土地が与えられないままにアブラハムが死んでゆくのをみた人たちは、——彼らは、その実現の時代の人ではなかったのであるから——ひどく道を踏みはずすことにもなったであろう。というのは、神が彼に土地をお与えになるはずと聞いていたのであるから、それが偽りだったと思いこんでつまずいてしまったであろう。

3　また、孫のヤコブにおいてもそうで、その子ヨゼフが、カナンの飢饉のため彼をエジプトに呼んだとき、そのヤコブに神が途中で現れたまい「ヤコブよ、おそれることはない。エジプトに下れ。そこにおいてお前を大いなる民としよう。わたしは、お前と共にそこに下り、……やがてそこから、お前を帰らせるであろう」（創46・3—4）と言われた。その意味は〝ヤコブよ、恐れることはない、エジプトに下れ、われも汝と共にその地に下るであろう。汝がそこより帰るときには、汝を導き、その地から離れさせるであろう〟ということである。ところが、これも、われわれの思うような形において起こりはしなかった。事実、聖なるヤコブはエジプトで死に、生きては帰ってこなかったことをわれわれは知っているのであって、こうしたことは、その子らにおいて実現したのであり、多年ののち、同じその神が、彼らの道案内となられて、彼らをそこからお引き出しになったのである。

したがって、ヤコブに対する神の約束を知っているものにとっては、神の命令と守りの下に、かれ自身が、生きてエジプトに行ったと同様、それと同じ形で、生きてそこを出て帰ってくるのが疑いもなく当然のことと思われよう。なぜなら神は、そこを出ることと、帰途の保護とをお約束になったからである。ゆえに、かれがエジプトで死に、その期待が実現しなかったのを見た人々は、欺かれたと思い、驚くことであろう。

このように、神の言葉は、それ自体真実のものであるにもかかわらず、それを人々は、正しく解せないことがしばしばあり得るのである。

4　士師記（20・11）にも、次のようなことが記されている。ベニヤミン族の間でみながおかした悪を罰するため、イスラエル族が集合し、戦いをしたことが書かれている。神は、イスラエル族のため、戦いの司令官を指名されたくらいであるから、彼らは勝利を信じて疑わなかったのであるが、戦うに及んで敗北を喫し、二万二千人の死者を出したときには非常に驚いてしまった。勝利は彼らのものとばかり信じこんでいたため、この敗北の理由を知るよしもなく、終日神のみ前において泣き叫んだ。そこで、再び戦うべきかどうかを神に尋ねたとき、神は、征って彼らと戦うべきであると答えたもうた。

そこで彼らは、今度こそ、勝利は自分たちのものだと信じ、勇敢に出ていったのであるが、この二回目も敗北に終わり、一万八千人を失った。すっかり腰を折られてしまった彼らは、どうしてよいのかわからなくなってしまった。彼らは、神から戦うよう命ぜられているのに、常に敗北を喫した。しかも、数においても力においても、彼らははるかに敵を凌いでいたのにもかかわらずである。ベニヤミン族は二万五千七百を越えることはなかったのに、彼らの兵力は四十万にも及んでいた。

その実、神の言葉に欺瞞があるわけはなく、彼らが、その解し方において間違っていたのである。というのは、神は、戦えと言われただけで、彼らが勝利を得るとは言われなかったのであるから。実際、神はこの敗北によって、彼らのうちにある怠惰と傲慢を罰し、へりくだらせようとお望みだったのである。後に、彼らが勝つであろうとお答えになったとき、非常な困苦を伴ったのではあるが、とにかく、言葉どおり勝利を占めたのである。

5　このようなことや、その他、多くのことについて、神のお与えになった言葉や啓示の意味を、あまり文字どおり、表面的にとったために、間違いを生ずることがある。

というのは、すでに説明したように、そうしたことにおける神のおもな意図は、そこに隠されている霊を示し、それを与えることであるが、それを理解することは難しいからである。霊は文字の意味よりもはるかに豊かであり、非常に特異なものであって、字句などで捉えきれるものでないために、文字や言葉や形や示現などの、目に映るものにこだわっている人は、多くの誤りを免れることができず、感覚を頼りにして導かれ、それを全くぬぎ捨てて霊に場所を与えなかったため、後になって自分の見方が、いかに近視眼的で混乱していたかに気づくのである。聖パウロが、「文字は殺し、霊は生かす」（二コリ3・6）と言っているとおりである。したがって、この場合、感覚にあたる文字は捨てるべきで、感覚が解することのできない霊である信仰の暗黒のうちに留まっていなくてはならないのである。

6　事実、イスラエルの多くの子らは、預言者の言葉や預言を、ひどくその字句にこだわって解釈した結果、彼らの期待したようには成就しなかったのをみて、それを軽視し、信じなくなってしまったのである。こうして、預言者を侮辱することが、彼らの間では公《おおやけ》の言い草となり、ほとんど決まり文句にさえなった。これについてイザヤは、次のような嘆きを訴えている。

「神は、いったい、だれに知識を与えられるであろうか？　だれにその耳にしたことを悟らせられるのであろうか？　乳を断ち乳房を離れたものに。いましめにさらにいましめを、またさらにいましめを繰り返し、期待にさらに期待し、なおさらに期待して、あそこに少し、ここに少し、と。その唇よりの不知の語りかけと、異なる言葉をもって、その民に話される」（イザ28・9―11）。

その意味は、「神はだれに知識を与えたもうのか。だれに預言とおんみずからの言葉を悟らしめたもうのであるか。ただ、乳を断ち、乳房を離れた人にだけ語りたもう。というのは、預言について、すべての人は次のように言うからである。約束し、またかつ約束し、期待し、またかつ期待して、あそこにも、ここにもわずかのものしかない。というのは、唇にのせられた言葉、また他の言葉をもってその民に語りたもうからである」と。

ここでイザヤは、これらの民が預言をあざわらい、「待てど暮らせど」というような嘲笑的な俗言をつくりだしていたことを、はっきり言い切っている。というのは、預言というものが決して実現しなかったと、彼らが言っていたということで、それは、彼ら自身のとらわれていたものが、幼子のための乳である文字であり、また、母の胸と言ってよい感覚というような、霊の偉大な知識とはおよそ反対のものであったということである。

したがってイザヤは、「だれに預言の知識を教えたもうのか？　文字の乳、感覚の乳房よりすでに離れたものをよそにして、その教えをだれに悟らせたもうのか？」と言ったのである。彼らの理解は、外殻の文字にこだわり、感覚の乳房にすがるだけのものであったため、彼らは、「約束に約束をかさね、待てど暮らせど」などと言うのである。神が彼らに語りたもうのは、神の口ずからの教えであって、彼らの教えではなく、他の言葉ではなく、ご自分の言葉によるからである。

7　したがって、神の言葉は、霊によるもので、われわれの言葉とはひどく異なり、理解が困難であるから、われわれの感じ方や言葉で考えようとしてはならない。

エレミヤでさえも、神の預言であるにもかかわらず、神の言葉の意味が、通常人間の感じとるものとは非常に異なるのをみて、かれ自身、何か目まいがするように思ったかのようで、その民を弁護して次のように言っている。「ああ、ああ、ああ、主なる神よ〝あなたたちに平安〟と言いたもうて、おん身は、この民とエルサレムを欺きたもうのか、まことに剣はその魂にまで及んだのに」（エレ4・10）と。

ところが、神が、彼らに約束された平安というのは、彼らのもとにお遣わしになるはずの救い主によって、神と人間との間に実現するものであったにもかかわらず、彼らはそれを、地上的な平和と解したのである。そのために、戦いや苦難が生じ、彼らの期待とは逆の結果をみるごとに、彼らは神に欺かれたと思ったのである。そのため、エレミヤが言っているように、彼らは「平和を待ったけれども、むなしかった」（エレ8・15）。

このように、彼らは、文字上の意味だけをとってことに処したのであるから、間違わないということは、むしろあり得ないのである。詩篇72でダビデがキリストのことについて話している預言にしても、その他、キリストに関することにおいて文字にしばられているならば、だれが混乱や誤謬に陥らないでいられようか。そこには次のように言われている。「海より海に至るまで、川より地の果てに至るまで統べたもう」（詩71・8）と。

これは、すなわち、〝海より海に至るまで、川より地の果てに至るまでわがものとなしたもう〟ということである。そこには、また、「貧しいものを力あるものから救い、寄るべなき貧しいものを救いたもう」（詩71・12）とも言われている。これは、〝貧しいものを権力者から自由にし、助けをもたぬ貧しいものを救いたもうであろう〟ということである。ところが、後にキリストが身分の低い者として生まれ、貧しさのうちに生き、みじめな最期を遂げられ、この世におられた間は一時的にも地を支配したもうどころか、ポンティオ・ピラトの権力の下に死にたもうまで、卑しい人たちに服従したもうたのを見ようとは。

また、その貧しい弟子たちを、しばしの時さえ、この世の権力から自由にしたまわなかったばかりではなく、そのみ名のゆえに殺され、迫害されるに任せたもうとは。

8　これらのキリストについての預言は、霊的に解釈されるべきもので、その意味では間違いない真実である。なぜなら、キリストは神であったがゆえに、地上の主であるばかりでなく、また天上の主でもあったからである。キリストは、彼に従った貧しい人たちを、よるべなきものに襲いかかる力ある悪魔の手からとりもどして救っただけでなく、彼らを天国の世嗣《よつぎ》となしたもうたのである。

このように、神が、キリストおよび、それに従うものについて語られたときは、その主要な部分をなす永遠の王国と永遠の自由ということについてであったにもかかわらず、彼らは、神がほとんど問題になさらない、地上的な支配や、この世の自由という、神のみ前では王国でも自由でもない末梢的なものに準じて預言を理解しようとしたのであった。

字句という低いものに盲目になっていた彼らは、霊と文字の真意を解することなく、彼らの神であり主にましますおん者から生命を奪ってしまうことになった。これを、パウロは次のように言っている。

「エルサレムに住んでいた人々、および、そのおもだった人々は、かれがだれであるかを知らず、安息日ごとに朗読される預言の言葉も解しないままに、彼を裁いて、それとは知らずその預言を果たしていたのである」（使13・27）と。

9　神の言葉を理解することは非常に困難であって、キリストと共にいたその弟子たちまで思いちがいをしたくらいである。例えばキリストの死後、悲しい思いと不安な気持ちでエマオの城の方に歩いていった二人がそうである。「かれこそ、イスラエルを救うものだと我々は期待していた」（ルカ24・21）と言っている。彼らも、この世の救い、地上の主権者のことと解していたのである。このとき、われらの主なるキリストがお現れになり、預言者たちに言われたことを信じようとしない彼らの心の暗愚と遅鈍と粗野とを責めたもうたのであった（ルカ24・25）。なお、キリストのご昇天の時においても、ある者たちは悟りが悪く、次のように質問している。「主よ、今このときに、イスラエルの王国を建てたもうのですか」（使1・6）と。聖霊は、人間が解するのとはおよそ異なったことを意味する多くのことを言われるのであって、キリストについてカイアファに言わしめたもうたことがそうである。すなわち、「全国民が亡びないために、一人の人間が死ぬのはよいことである」（ヨハ11・50）と。彼は、それを自分から言ったのではないが、自分なりにそれを解釈したのであって、聖霊の言われようとしたことは、別のことであった。

10　以上によってわかるように、言葉や啓示が神からのものであっても、それによって安心していることはできない。その解釈の仕方や方法において、われわれは、まことにたやすく、しかもひどい誤りに陥ることがあり得るからである。なぜなら、それらは霊の底知れぬ深淵であるから、われわれの理解や把握の枠の中におしこめようとすれば、それはちょうど空気をつかもうとするか、あるいは、その中において手に触れる塵埃をとらえようとするようなもので、空気は逃げてしまって何も残らない。

11 それゆえ霊的指導者は、その弟子が超自然的な事柄の知覚を重大視しすぎて、その霊を小さくしてしまうことのないように努めなくてはならない。

こうした超自然的な知覚は、霊の塵埃以上のものではなく、残るのは、ただそれだけで霊的な何ものもない。指導者は、したがって、あらゆる示現や言葉から遠ざかって、精神の自由と信仰の暗黒の中に留まることを学びとるようにしてやらなくてはならない。そこにおいて、精神の自由が豊かに受け取られ、ひいては、神が語ってくださることの真の理解と英知とが与えられるからである。

というのも、われわれが霊的でなかったなら、こうした神の事柄を判断したり、正しく理解したりすることは不可能なことで、感覚によって判断するというのは、霊的でないということだからである。

また、そうであれば、感覚のうちに入ってくることがあっても、それがわからないということである。これについて聖パウロが次のようによく言い表している。

「動物的な人間は、神のことを解せず、ただ愚かなこととしかみえない。それらが霊的なことであるために、彼らは理解することができない。霊的な人はすべてを正しく見分ける」(一コリ2・14―15)と。動物的人間というのは、ここでは、ただ感覚だけを使う人のことで、霊的な人とは、感覚にとらえられもせず、それに導かれもしない人のことである。

それゆえ、神との交わりによって、あえて超自然的なものをとらえようというのは、まことに大それたことである。

12　わかりやすくするため、ここに二、三の例をあげてみよう。まず、敵の迫害にあって苦しんでいる聖人があると仮定しよう。その聖人に神が、私はあなたをすべての敵から救いだすであろうとお答えになったとする。その預言は真実そのものであるにもかかわらず、敵が優勢になって、聖人は、その手にかかって死ぬことがある。とすれば、この預言を地上的に解釈するなら、欺かれたことになろう。しかし神が話されたのは、救霊という真の意味での最も大切な自由と勝利のことであり得るわけで、そこでは、人は全く自由になり、地上において救われるよりもはるかに真実の意味で、またより高い意味で、すべての敵に対して勝利者となったと言い得るのである。したがってこの預言者は、この地上の生活に結びつけて解するなら、理解することができないまでの真実と豊かさとをもっていると言えるのである。神は、いつも神の言葉をもって語りたもうのであって、最も大切で、最も有益な意味に注意が向けられているのに、人間は、自分の考え方と目的に合わせて末梢的なことにこだわり、欺されたようなことになるのである。

詩篇の第二で、ダビデがキリストについて言っているあの預言の中に、このことをみることができる。

「おん身は、鉄の杖をもって彼らを統べ、土の器のように彼らを砕きたもう」(詩2・9)と。この中で神は、キリストの本来の全き支配、すなわち永遠の支配が実現されたことについて語りたもうているのであり、地上的な第二義的なことについては、キリストの地上の生涯において実現されはしなかったのである。もうひとつの例をあげよう。

13　殉教者になりたいという大きな望みをもっている一人の人がいるとする。その彼に、神があなたは殉教者になるであろうと言われたとしよう。そしてこれが、彼の心のうちに、大きな慰めと、そうなるにちがいないという確信を与えたとする。にもかかわらず、彼は殉教者としての死が遂げられないことがあり得る。しかも、神のお約束に間違いはないといえる。では、なぜそれが実現しなかったか。というのは、その預言は、その最も大切な、本質的なものにおいて実現し得るわけで、それというのは、彼に、本質的な殉教者の愛とその報いとを与えられるということである。

このようにして神は、人間が本当に望み、そして神がお約束になったものを、真にお与えになるわけである。というのは、その人が本当に望んでいたものは、そうした死に方ではなく、殉教者のように神に身を捧げ、殉教者のように愛を生きることであったからである。なぜなら、あのような死に方は、愛がなければ何の価値もないのであって、殉教という愛の生き方と報いとは、他の道によっても、より完全に与えられるからである。したがって、形は殉教のようなものではなくとも、自分の望んだことを神がお与えくださったということで、十分みたされるのである。このような望みが、活ける愛、またはそれに類したものから生ずるときには、彼らの頭に描かれるような、またそれが考えるような形で実現しなくとも、望外のすばらしさをもって神に光栄を帰する現実となって現れるのである。ダビデはそれについて、「主は、貧しいものの願いを聞きたもうた」（詩10・17）といっている。また箴言の中で、神の英知は次のように言う。「義人たちの願いはかなえられる」（箴10・24）と。われわれは多くの聖人が生前、あれやこれや、いろいろと願ってそれが果たされなかったことを知っているが、彼らの願いが正しく真実なものであるなら、あの世において完全にみたされていることを信ずべきである。

事実、このようであるなら、神がこの世において、あなた方の望みは果たされるであろう、と約束されたことは、われわれの考えるのとはおよそ異なった形で満たされるということである。

14　この形、あの形、いずれにしても、神の言葉や示現は真実かつ確実なものであるけれども、われわれは、神が、そうしたものの中に意図しておられる大切な意味を十分理解するだけの高みをもっていないため、欺かれたようになるのである。ゆえに、最も正しく確かなことは、そうした超自然的なものから賢明に逃れて、神との一致をもたらす暗黒の信仰のうちに、霊の純粋さを保つことに精神を慣れさせることである。

第20章 神の言われた事柄や、言葉は、それ自体、いつも真実なものであるとはいえ、それが生みだされる原因においては、いつも確かなものとは限っていないということを、聖書に基づいて証しする。

1　神からの示現（ヴィジョン）や言葉は、たとえ、それ自体では真実そのものであるとしても、それを受け取るわれわれの側からすれば、いつも確かであるわけではないということについて、今これから、その第二の原因をただしてみなくてはならない。これは、そうしたものの土台にある原因ということである。というのは、非常にしばしば神は、変わりやすくまたなくなりやすい被造物や、その被造物に由来するものに土台をおいたさまざまのことを語りたまい、したがって、そのようなことを基にする言葉も変わりやすく、そのとおりにならないこともあり得るからである。なぜなら、相互に関連性のあることは、ひとつが欠ければ、他も欠けることになるからである。例えば神が、〝今から一年の間に、この国に、これこれの災厄をおくる〟と言われたとき、このような脅威のもととなったことは、その国において、神に対し人々が背いたということである。ゆえに、もし、このような不敬がなくなるか、または変わるならば、処罰もなくなるであろうが、脅威が真実であったことに変わりはない。なぜなら、そのような脅威は、現実の罪に基づいていることで、もし、それが続けば、脅威は事実となるはずだからである。

　2　これは、ニネべの町について、神がなさったことのうちに表れている。「今から四十日のうちに、ニネべは破壊されるであろう」（ヨナ3・4）という言葉は実現しなかった。というのは、この威嚇の原因であった彼らの罪業が止み、彼らは罪のつぐないをすべく苦行をしたからである。もし、この罪のつぐないがなかったらそれは現実となったはずである。

　また列王記（上21・21）をみると、王アハブが大きな罪を犯したので、神は霊父エリヤをつかわし、王自身にも、その家族や国家にも、大きな罰が与えられるであろうと告げられた。そこでアハブは、悲しみのあまり衣服を裂き贖罪のための、とげの衣を着て断食し、荒衣のままで眠り、悲しみにうちひしがれていたため、神は直ちに預言によって彼に、「アハブは、わがためにへりくだったため、その生ける間に災厄をおくることなく、その子の時に送ろう」（王上21・27―29）と告げられた。その意味は「アハブは、わが愛のために自らを卑しめたがゆえに彼の生ける間に災厄を送ることなく、その子のときに送ろう」

ということである。すなわち、アハブが今までの心と好みとを変えたため、神もその宣告を変えられたことがわかる。

3　以上のことは、われわれが、ここで言おうとしていることのために取り上げることができる。たとえ神が、本人、または他の人によって、よいことにせよ悪いことにせよ、ある人に何かをはっきり言い、または啓示されたとしても、その人の心のもち方、あるいは、その土台となっている事柄が、いろいろ変わることによって、それが大きくまたは小さく変わったり、または全くなくなったりし得るもので、人々の思うようにそれが実現するわけではなく、多くの場合、それが何のためかは神以外知るものがない。というのは、神は、多くのことをお話しになったり、教えたり、約束なさったりしても、その当座に、人々がそれを理解したり、それを実際手に入れたりするのではなく、後になってそれについての光を得るとき、あるいは、その結果が現れたときになって始めて理解できるというふうなものだからである。われわれの知るようにキリストは、その弟子たちにたとえや教えをお話しになったけれども、その深い意味がわかったのは、キリストが生前に言われたように、すべてを明らかにする聖霊が、彼らの上に降って宣教すべき時になってからであった。聖ヨハネは、キリストのエルサレム入城について「これらのことを、はじめ弟子たちはわからなかった。イエズスが光栄に輝きたもうたとき、それがイエズスについて書かれていたことであったと思い出した」（ヨハ22・16）と記している。

このように、非常に特別なことが、いろいろたくさん神からくるわけであるが、その意味は、本人にも、その指導者にも、その時がくるまでわからないものである。

4　サムエル記上にも、イスラエルの司祭エリが、その子息を矯正しなかった罪のために神が憤られ、サムエルを遣わして次のように言わせられた。

「まことに、あなたの家、あなたの父の家は、いつまでもわたしの前に仕えるようにとわたしは言った。しかし、もうそうしたことはない」（サム上2・30）と。これは次のようなことである。〝あなたの家とあなたの父の家とは司祭として、わたしの前に永く仕うべきものであると言った。しかし、この決心は、今私から遠のいてしまった。したがって、もはやそのようなことはない〟と。司祭の職は、神に栄光を帰するということにその根本があるのであって、それを目的として、神は彼の父に永久の司祭職を与えることを約されたのである。ただし、彼に欠けるところがなければのことであった。したがって、神に対するエリの熱心が欠ければ（事実、神ご自身が嘆かれて言われるように、エリは、その子どもを傷つけないために、彼らの罪をみのがし、神よりもその子どもをいっそう尊重したため）、彼らのよき奉仕と熱意次第で、長続きしたはずの神の約束も果たされないことになったのである。

このように、神からの啓示や言葉であるからといって、それが文字どおり実現すると考えてはならない。ことにそれが変化し、うつろいやすい人間的な原因に基づいているときには、いっそうのことである。
5　そうした神の啓示や言葉が、いつ、このような人間的な原因に基づいているかは、神がご存じであるけれども、いつもそれは明らかにされるわけではない。話しかけ、啓示をしながら、時にその条件について沈黙し給うている。ちょうど、ニネベ人に対してなされたように。彼らには、四十日ののちに破壊されるということが、始めからはっきりと宣言された（ヨナ3・4）。また、他の場合には、ヤロブアムにおけるように条件を示されることもある。すなわち「もしあなたが、しもベダビデのように、わたしの掟を守るならば、わたしが彼とともにあるように、あなたと共にあり、わたしのしもベダビデの場合のように、あなたの家を建てよう」（王上11・38）と。
しかし、そうした条件の示しがあったにせよ、なかったにせよ、自分なりにそれを解して安心していてはならない。なぜなら、その言われたことの中にある神の隠された真理と、その多くの意味は、到底そのすべてをとらえることはできないからである。神は天上にあり、永遠の道に則って話されたのに対し、われわれは地上の盲人で、肉体と時間によって見る外はない。次の聖賢の言葉を私はこのように解する。「神は天にあり、汝は地にある。ゆえに話を長引かせたり、それに信頼してはならぬ」（コヘ5・1）と。
6　すると人は私に言うことであろう。〝それを理解してもならず、その中に入りこんでもならないと言うのなら、神は何のために、そうしたものをお与えになるのだろうか?〟と。

前に述べたように、そうしたことは、それを話された神のお望みのままに、その時になればわかることであり、神のお望みになったものにはわかることで、やはりそうあるべきだったということが後になって明らかになるのである。なぜなら神のなさることは、常に真実であり、それ相当の理由があるからである。

したがって、肝に銘じておくべきことは、神の言葉や、事柄の意味を、漏れなくつかむということはできないことで、外側だけで判断するなら、どうしても甚だしい誤りをおかし、何が何であるかわからなくなってしまうということである。神の言葉を託されていた預言者たちは、このことをよく知っている。それを人々に伝えるためには非常に苦労をしたのである。というのも、前に言ったように、その預言の言葉が文字どおりに実現することはなかったからである。そのために彼らは、多くの嘲笑と侮辱を浴びせられることになり、エレミヤは次のようにまで言っている。

「ひねもす人は私をあざけり、人はみな侮辱し軽蔑する。というのは、私はすでに長く前から、彼らの邪悪を責め、必ずその破滅がくると言ったからである。

主の言葉は、いつのときも、すべて私に恥辱と軽蔑をもたらす結果になった。そのために、もう神のことを思うまい、その名においてもはや語るまいと自分で自分に言いきかせた」(エレ20・7―9)と。

この聖なる預言者は、神の道やそのはからいに堪えることのできない弱い人間として、一種のあきらめをもって語っているけれども、そこには、神のみ言葉の成就と、言葉の外側だけの普通の意味との間にある相異をよくわからせてくれるものである。というのは、神のことのために、預言者たちは欺瞞者とみられ、そのために非常に苦しまなければならなかったのであって、同じエレミヤは、他のところで次のように言っている。「預言と痛悔とは、わたしたちにとって恐怖と罠《わな》になった」（哀3・47）と。

7　ニネベの破滅を宣べ伝えるように神がお遣わしになったとき、ヨナが逃げだしたわけは、神の言葉が、人間の理解とはどんなに異なるものかということ、その言葉の動機となっているものの変わりやすさを知っていたからである。そこで預言が実現しなかった時に嘲笑を浴びせられないため、その預言を言わないで逃げだしたのである。それから、四十日の間、街の外にいて、その預言が実現するのを待っていた。しかし、それが実現しなかったため、ひどく悩み、神に向かって次のように言っている。「主よ、おっしゃってください。私がなお生国にいたとき言いましたことは、このことではなかったのですか。そのために私は、タルシスに逃げるべく努めたのです」（ヨナ4・2）と。その聖者は憤然として自分の命を奪ってくださるよう神に願った。

8　とすれば、神が話されたり、啓示された事柄が、人間の納得のゆくように実現されないからといって何の不思議があろう。神が当人または他の人に関し、しかじかのよいこと、または悪いことがあると言われたり、またはそうした事柄を示されたとしても、それが、その人またはその他のものが、当時神に対してもっていたある感情とか、奉仕とか、侮辱というようなことを土台にしているかぎり、もし、それがそのままであれば実現するわけであるが、そのままそれが続くことが確かでないからには、神の言葉の実現も不確かということになる。ゆえに、心のおきどころは、そうした頭による理解ではなく、信仰でなくてはならない。

第21章

時には、神が、願ったことに答えてくださるとしても、このようなことを神がおよろこびにはならないということの説明。たとえ答えてくださったとしても、憤りを覚えられるということ。

1 前にも述べたように、一部の霊的な道を歩む人々は、時に超自然の道によって何かを知ろうと努める好奇心をよいことだと思いこんでいる。それに神は、時には彼らの願いに答えてくださるのであるから、それはよいことで、神もそれをよろこばれると考えている。ところが、たとえ神が彼らに答えられたとしても、それはよいことでもなく、神がおよろこびになってもいないというのが真実である。それどころか、多くの場合、心よりず思い、憤りさえ感じておられるのである。というわけは、どんなものにしても、神がその支配のため、通常定められた限界を超えることは許されないことだからである。神は人間を統べるため、自然かつ合理的な限界をおかれるのであるから、この限界を出ることを望むのは不当なことである。超自然の方法によって何ごとかを調べ、それに至りつこうと望むことは、まさしくこの自然の限界を乗り超えることなのである。言うまでもなく、それは許されないことで、神はそれをよろこばれるわけはない。すべて不正なことは、神の憤りをかうからである。このことをアハズ王はよく知っていた。イザヤが彼に何かの印を神に願うように言ったにもかかわらず、それを欲せず、「私は願わない、主を試みることはしない」(イザ7・12)と言った。

神を試みるとは、異常な道、すなわち超自然の道[*6]によって神と交わることである。

2　とすれば人は言うであろう。神がよろこびたまわないとすれば、何のために神は時々そのような望みに答えたもうのであるか、と。私は言う。時々は悪魔が答えるのであって、神が答えられる場合には、その道をゆくことを望む霊魂の弱さのためであると。あまり悲しんだり、後もどりさせないため、あるいは、神が自分に背を向けておられると考えてあまりに心を痛めないため、あるいはまた、人間の弱さを考慮して、神のみが知っておられる他の目的のために、この道で答えてやるのがよいと思し召される場合のことであ

＊6　ここで「超自然の道(via sobrenatural)」というのは、対神徳または恩恵などに基づく道のことではない。東洋で、神通とか神通力というような、あるいは極端には、神霊術的な交わりをさしている。「異常な道(extraordinaria)」と言ったほうがよいかもしれないが、十字架の聖ヨハネの用語が「超自然」となっているので、誤解のないように。

る。

多くの無気力で弱々しい人に対しても同様、上に述べたように、神との交わりにおいて、非常に感覚的なうっとりするようなこころよさをお与えになる。しかしこれは、神が、こうしたことや、そういう道によって交わることをよろこばれ、それを望まれるからではなく、それぞれの人の力に応じて恵みを与えられるからである。

神はちょうど泉のようなもので、各自がそれぞれの器をもってきて汲みとるわけであるが、時々、例外的に大きな管をもってきて汲み取ることを許されるのである。だからといって、そうしたもので水を汲むことが許されているということにはならない。それは、神のみが、ご自分のお望みの時にお望みのままに、お望みの人に、お望みのことのために、われわれの言い分とはかかわりなく与えたもうことができる。前に述べたように、ある場合には、その人々が善良で純粋であるため、彼らを悲しませないよう、助けなしに放っておくにしのびない気持ちから、その望みや願いを聞きいれられるのであるが、かといってそのようなことを好まれるわけではない。

このことは、次のたとえによって、いっそうはっきりするであろう。

3　ある一家の父が、そのテーブルの上に、さまざまな食物を山ほどもっているとする。そして、その中のあるものは他のものより上等である。ひとりの子どもがいて、上等の方ではなく最初に目についたものを欲しがる場合、それも、その食べ方を他のものよりよく知っているということから、それを望むわけなのであるが、上等のものは与えても受け取らず、ただ自分の欲しいと思うものばかりねだって承知しないのを見る父は、子どもは食物なしというわけにもいかず、悲しませたくもないので、仕方なしに悲しい思いで、その方を与えるようなものである。イスラエルの子らが王を欲しいと願ったとき、これと同じようなことがあった。それが、彼らにとってよいことではないと知っておられただけに、気のすすまぬままにお与えになったのである。そこで、サムエルに向かって、「彼らが、あなたに話すすべてのことにおいて、民の声を聞け、彼らが捨てるのはあなたではなく、わたしである」(サム上8・5—7)と言われた。その意味は、〝この民の声を聞き、彼らの願う王を与えよ。彼らは、あなたを捨てたのではなく、わたしの支配を逃れるために、わたしを捨てたのである〟ということである。このように、人々が、彼らにとってあまりよいものではなくとも、この道のほかに彼らは望みもせず、歩んでゆくことも知らないために、仕方なしに神はそれをお与えになることがある。

ある人々が、霊や感覚のやわらかさや甘さを受け取ることがあるというのは、彼らが御子の十字架の苦しみという、より強く堅い食物をとるだけの用意がないため、神は、そうしたものをお与えになるわけで、神ご自身は、彼らが他の何よりも十字架をとることをお望みになっているのである。

4　また、自然を超えた異常な道で、何かを知りたいと望むことは、感覚の中に霊的なたのしみを求めることよりも悪いことであると私は考えている。というのは、どんなによい目的のためであるとしても、また完徳の域に達しているとしても、こうしたことを、あえて得たいと思うものが、どうして罪を犯さずにおれるのか私にはわからない。そのようなことは少なくとも小罪を犯すことで、そうすることをすすめるものも同意するものも同様である。なぜなら、そのようなものは一切必要のないもので、自然の理性と、福音の掟と教えとがあれば、自己を律してゆくのに十分なのであって、この、まことに神のみ心にかない、霊魂のためになるものによって、解決することも救うこともできないような困難な状態などは、あり得ないからである。したがって、望むと望まないとにかかわらず、超自然的に何かのことがわれわれに告げられたとしても、そこから理性と福音の掟にかなっているものだけを受け入れるように、それらの教えだけを心の糧とするようにしなくてはならないのである。そこで、それらの事柄を受け入れるとしても、それが啓示であるからというのではなく、そうした意味から離れて、ただ理性にかなったことだからというのでなくてはならない。さらには、啓示は、あたかもなかったかのように、否それ以上に、その道理を見つめ吟味しなくてはならない。なぜなら悪魔は、理性にかなう尤もらしいこと、未来に関することなどをたくさん言って、われわれを欺そうとするからである。

5　以上のことからして、困っているとき労苦しているときには、神は、お望みの方法でわれわれのために計らってくださるにちがいないという希望、そして祈り以外にすぐれた、かつ安全な方法はないということになる。このようなすすめは聖書の中にみられるもので、ヨシャファト王が敵の包囲に陥って苦しんでいるとき、この聖なる王は、祈りのうちに神に次のように言っている。

「今、何をすべきか、わたしたちにはわかりません。わたしたちに残されたこととしては目を御身に向けることだけです」(代下20・12)と。その言うところは〝窮境において、施す術《すべ》がなく、何の見通しもきかないとき、おん身のみ心にいっそうかなうよう取り計ってくださるように、おん身に向かって目をあげることだけが残されたことである〟ということである。

6　神は、このような願いに対してお答えになるにしても、前にも説明したように、時にはお怒りになることもあるということについて、ここにも聖書の言葉を借りて明らかにしておくのがよいであろう。

サムエル記上をみると王サウルは、すでに他界した預言者サムエルが自分に現れて語るように神に願ったと言われる。預言者は王に現れたけれども、そのために神は憤られた。というのは、預言者は、こんなことに引きだされたことに対して、直ちに王をとがめたとあるからである。

「なぜ私をよみがえらせて、煩わせたのか」(サム上28・15)と。

また神は、イスラエルの子らにこたえて、その望むままに肉をお与えになったけれども、彼らに対して非常に憤られたことをわれわれは知っている。神は直ちに懲罰の火を天から降らされたことが、モーセの五書（民11・32―33）に書かれ、ダビデも次のように言っている。

「食物の、まだ喉を通りすぎぬうちに、神の怒りは彼らの上にかかった」（詩77・30―31）と。

また、民数記（22・20―32）には、神が預言者バラムに対して、非常にお怒りになったことが記されている。というのは、彼はミディアン人の王バラクに招かれ、彼らのところに行ったからで、神は往けといわれたにはちがいないけれども、それは、かれがそこに往くことを望み、神にお願いしたからであった。その途中において剣を持った天使が現れ、彼を殺そうとして、次のように言った。「あなたの道はよこしまで、わたしに背くものである」（民22・32）と。

7　このように、また他の多くの場合、神は憤りを覚えながらも人間の望みをかなえてくださることがある。聖書には、それについて証明するなお多くの事柄や例証があるけれども、このようにはっきりしていることについて、それほど列挙する必要もないであろう。このような道によって神と交わることを望むのは、思ったよりはるかに危険きわまることであるとだけを言っておこう。こんな方法に執着しているものは、多くの誤りに陥ることを免れ得ず、しばしばわけがわからなくなってしまうばかりである。そのようなことを重大視していた人たちは、経験によって私の言ったことがわかるであろう。実際、神からの言葉や示現（ヴィジョン）について間違わないようにすることのむずかしさに加えて、それらの中には通常悪魔から来るものが多く、悪魔は、神が伝えてくださる事柄と酷似したことを示すことによって、神の装いをして人間につき従い、狼が羊の皮をきてその群れの中に入りこむように、それとは気づかれないように、しばしば入りこんでくるのである。というのは、悪魔は、しばしば筋の通った尤もなことを言い、また、それが実際にそうなったり、将来についてまでもそれが的確にあたったりすると、これは神からのものに外ならないと思いこんで、容易に欺かれてしまうからである。それも、生来の光をもっている悪魔にとって、将来起こるべきこと、過去にあったことを、その原因から推して知ることは、極めてたやすいことであることを、彼らは知らないからである。すべては神に依存するかぎり、いつも予想どおりにいかないにしても、悪魔は、非常にいきいきとした光をもっているため、その原因から結果を推すことは、きわめて容易なことなのである。例をあげてみよう。

8　地球や空気の状態、あるいは太陽の位置などによって、ある一定の時期になると、必ずその状態に異常が生じてペストをはびこらせ、それも、あるところではひどく、他のところでは軽微であるというようなことを悪魔は知っている。この場合、ペストのあることはその原因によって知られる。したがって、悪魔がある人に、今から一年ないし半年の間にペストがあると言い、実際そうなったとしても、別に驚くべきことだろうか。それが悪魔のひとつの予言といったものである。これと同じような具合で、地球の内部に空気がみたされているのをみて、地震があることを知り、〝この時期に地震があるであろう〟ということができるわけであるが、こうしたものは自然の知識である。そのためには、魂を欲求から解き放していれば十分で、ボエチウスはこのことを次のように言っている。「もし、明晰な光をもって真理を見分けようと思うならば、よろこびをはぎとり、恐れや希望から逃れ、心の痛みもあってはならない」（『哲学の慰め』第1部7）と。これは〝もし、知性本来の明晰さをもって真理を知ろうと望むなら、よろこびやおそれ、希望や悩みを捨てよ〟ということである。

9　また、神のみ摂理に関する超自然的なできごとにしても、その原因より推して察することができる。というのは、人の子の善悪に応じて、最も正しく、かつ最も確実に、神は計らいたもうからである。すなわち、この人、あるいは、この、またはあの街、あるいはその他のことにおいて、あれやこれやの困窮の事態にあたり、神はそのみ摂理と正義に従い、そのことにふさわしく、事理に応じて、ある時には罰、他の場合には賞というふうに、原因となるものとの結びつきによってはからいたもうことを、自ずから知ることができるからである。その時には、「これこれの時期に、神はそれをお与えになるであろうとか、そのことをなしたもうであろうとか、あるいは、そうしたことが確実に起こるであろう」ということができる。聖なるユディトがホロフェルネスに言ったのもそのようなことで、イスラエルの子らが必ず滅ぼされることを納得させるために、まず、彼らのなしたあさましいことをならべたててから（ユディ11・8—12）、こう言った。「このようなことをするからには、その滅びは確かである」（ユディ11・15）と。これは、原因から推してその罰を知るわけで〝このような罪は、正義そのものにまします神からの罰を招くことになるのは当然である〟と言っているのである。同じく、神の英知は、「人は、その犯す罪そのもので苦しめられる」（知11・17）と言っておられる。

10　悪魔は、こうしたことを、ただ通常の形で知り得るだけでなく、神がそれと似たことをなさるのを見た経験によっても、それを予測することができる。

聖なるトビトも、ニネベの町が罰せられることを、その経験より推察し、その子トビアを戒めて次のように言っている。

「お前に言っておくが、わたしと、お前の母が死ぬときには、お前はこの土地を出てゆくように。この土地は将来存続することがないであろう。このよこしまのために滅びを見るに至ることが、わたしにはわかる。彼らの邪悪が必ず罰を招くに至ることは、火をみるより明らかで、そのために街は荒れ果て、滅びてしまうことであろう」（トビ14・12—13）。悪魔にしてもトビトにしても、このことを知ったのは、ただその町の人々の邪悪ということだけではなく、経験によるものであったということ。それは、神が洪水によって人々を滅ぼしたまい、ソドムも火によって滅ぼされたときと同じこの世の罪を、彼らがもっているのを見たからであった。尤もトビトは、その上、神の霊によってそれを知ったのではあったが。

11　また、例えば、悪魔は、ペトロという者が、普通からすれば、これこれ以上の年数を生きることができないということを知ることができ、それを前もって告げることができる。このように、枚挙にいとまがないほどその他多くのこと、多くの方法において複雑微妙に偽りをひきこんでくる。したがって、啓示にせよ、示現にせよ、超自然的な言葉にしても、そうしたものから逃れるようにしなければ、このような欺瞞から救われることはできないのである。

このことからすれば、こうしたものを受け入れる者に対して、神が不快に思われるのは当然のことである。実際、そのような多くの危険、自負心や好奇心、傲慢の芽や虚栄のもとになるもの、神の事柄の軽視、その他、人々が陥る多くの悪のもととなるものに、自らすすんで入ってゆくことは、慎みのない暴挙[*7]であるからである。そのような人々はあまりに神を憤らせてしまうので、神は、彼らがそのまま道を誤り、欺かれるままにし、精神を暗くし、正しい生命の道を捨てて、虚栄心と妄想を欲しいままにさせておかれるのである。イザヤはこれについて、

「主は、彼らの心に、目まいを生じさせたもうた」（イザ19・14）と言っている。つまり、

〝主は、錯乱した精神を、そのうちに混入したもうた〟ということである。わかりやすく言えば、何ごとも反対に解する心ということである。これは正しくわれわれの言おうとしていることに端的に触れている。というのは、将来起こるべきことを超自然の道によって知ろうとする人々について言っているからである。ここで、神が人間の心の中に、ものを反対にとる心を混入されたといっているのであるが、これは実際に神が誤謬の霊を望まれるとか、それをお与えになるとかいうのではなく、人間には通常知ることのできない事柄のなかに、彼らが入りこもうとしたからである。このことを不快と思われた神は、彼らが入りこむのをお望みにならないことには、光を与えたもうことなく、彼らの好き放題にしておかれるのである。このように、そうした災いの原因は神であるとイザヤは言っているわけであるが、（災いを与えるというのではなく）よきものが失われる原因[*8]ということで、要するに、神が光をお与えにならないため、どうしても彼らは誤りにおちいることになる

＊7　「de proposito」を「故意に」とか「わざと」と訳すのは神学的に危険な表現？　「そのまま」は少し弱いけれどもむしろ無難。

＊8　「Causa privativa」神が悪のポジティヴな原因となることはあり得ないことで、悪のポジティヴな原因はわれわれ人間の側にある。そのポジティヴな原因のために結果として生ずるもの、それを神がそのままにしておかれる（よりよき善のために）ことを神学的な用語として消極原因（ネガティブ）という。

という意味である。

12　これと同じように、神は、悪魔が多くの人々を失敗させ、欺くままにしておかれることがある。というのも、彼らの罪と無謀な態度からして、そうあってしかるべきものである。彼らは悪魔を信じ、それをよい霊だと思いこんでいるため、悪魔は彼らを、まんまと欺すことができる。それがよい霊でないことはわかりきっているのに、物事を逆に考える霊を吹きこまれて、神もそれを見過ごしておかれれば、欺かれないようにと思ってもどうしようもないのである。それはちょうど、われわれが読んで知っているように、アハブ王の預言者において生じたことで、神は、彼らが虚偽の霊にとらえられてしまうままに悪魔の働きを許し、「だましうちをせよ。行け、しかしてそれをなせ」（王上22・22）と言われた。このようにして巧みに悪魔は、預言者と王とを迷わせることができたため、他のものが預言したこととは全く反対の、本当のことを預言した預言者ミカヤを信じようとはしなかった。

　こうしたことは、神が彼らを盲目のままになさっていたためで、それというのも、彼らが自分の欲求や欲望どおりに神がしてくださるよう、またそのように答えてくださるようにという自分勝手な気持ちをもっていたからなのである。このような態度をとれば、神は必ず、彼らを盲目のまま、欺かれるままにしておきたもうことになるのである。

13　エゼキエルが神の名において預言したのは、ちょうどこのことで、虚栄心や好奇心から、神の道によって何かを知ろうとする者に反して神が言いたもうには、「もしだれかが、預言者を通じてわれに尋ねんがため、彼のところに来るならば、主なるわれ自ら答え、彼に憤りの顔を向けることであろう。もし預言者が、その尋ねられたことにおいて誤るならば、主なるわれが、かれ預言者を欺いたからである」（エゼ14・7―9）と。つまり、かれが欺瞞から救われるように、恩寵を与えてそれに力添えをするようなことをしないと解すべきである。

「主なるわれ、みずから怒りを含んで答えん」ということは、かれから恩寵や恵みを遠ざけられるということで、そうなれば、神から離れるため、どうしても欺かれざるを得ないことになる。すると悪魔が近づいてきて、人間の好みと欲望に、こびて答えるため、いい気になり、その答えや交わりが自分の意志に添うものだけに、ひどく欺かれることになるのである。

14　本章のタイトルの中で話そうと約束したことは、神がたとえ答えてくださっても、時に憤りを覚えておられることを証言するつもりであったのに、そこから、幾分それたように思われるかも知れないが、よくみると、上記のことはすべて、ここでの意図をはっきりさせるのに役立つものである。なぜなら、すべてこのようなことでそうした示現を望むことには欺瞞が多いため、神は、そうしたものを望むことをよろこばれないことがわかるからである。

第22章
恩寵の掟を与えられている今においては、旧約時代のように、超自然の道によって神に問いかけることは、なぜ許されていないかという疑問に対する解答。——聖パウロの書簡に基づく証し。

1　疑問が次々と出てくるため、思うようにわれわれの話を早く進めることができない。しかし、問題を提起するのは、われわれ自身なのであるから、教えの真理が明らかになるように、そうした疑問を解くことがわれわれの義務でもある。それに、そうした疑問は、歩みを阻むけれども、今ここに提出する問題と同じように、われわれの意図する教えをいっそう明らかにするのに役立つという良い点もあるのである。

2　前章において、何か特別な示現（ヴィジョン）や言葉を超自然的な道で受け取ろうと望むことは、どんなに神のお気に召さないかということ、そして他方ではその同じ章において、旧約時代にはそのような神との交わりがあり、かつそれがただ正当であったというだけではなく、神がそれをお命じになった事実を、聖書からの引例によって示してきた。ちょうどイザヤ書にみられるように、彼らがそうしないときには、神はとがめられるのである。すなわち、イスラエルの子らが、神にお尋ねしないでエジプトに下ることを望んだため、神は彼らをとがめたまい、「わたしの口にあなたたちは問わなかった」（イザ30・2）と言われた。すなわち、〝あなたたちは、しかるべきことを、まずわたくし自身の口に問わなかった〟ということである。またヨシュア記をみると、その同じイスラエルの子らがガパオン人に欺かれたとき、聖霊がその過ちを指摘して、「彼らは自ら食をとり、主の口に問わなかった」（ヨシュ9・14）と言われた。すなわち、〝彼らは自分で食をとり、神の口にそれを求めなかった〟ということである。

なお聖書をみると、モーセはいつも神に伺いをたてていたし、ダビデ王その他すべてのイスラエルの王も、戦争や困窮の際、そのようにし、往時の司祭や預言者たちもそうで、神は彼らにお答えになり語ってくださったが、お怒りにならず、彼らのしたことは正しいことであった。それどころか、そうしなかったなら、それは事実悪いこととなったのである。それでは、今の新約の恵みの時には、以前のようであってはならないのだろうか。

3　これに対しては次のように答えるべきである。旧約の律法の時代において、神に尋ねることが許されており、また、預言者や司祭も、神からの啓示や示現を求めることが、それなりによいことであったというのは、当時はまだ信仰がそれほどしっかり根を下ろしておらず、福音の掟がなかったため、神に尋ねる必要があり、神も時に言葉をもって、時には示現や啓示をもって、また時には、イメージやそれに類したもの、またさらに、いろいろのしるしなどをもって語りたまわなくてはならなかったからである。というのも、神がお答えになったり、お話しになったり、啓示をお与えになったりした事柄はすべて、信仰の奥義か、あるいはそれぞれ、それに結びつきをもったことであるからである。信仰は人間からのものではなく、神の口に由来するものであるからには、信仰がまだしっかり根を下ろしていないため、それがよくわかっていないのにもかかわらず、いろいろの事柄や事件を信仰に方向づけるべく神が答えてくださるように、そうしたことについて神の口にお尋ねしなかった彼らをおとがめになったのである。

しかし、今、恵みの時代となって、信仰がキリストに根ざし、かつ福音の掟が現れてからは、あのような形で神にお尋ねすべき何ものもなく、また、神も昔のようにお話しになったり、お答えになったりすることはないのである。なぜなら、唯一のみ言葉（他の言葉というものはあり得ない）である御子をわれわれにお与えになったことによって、この唯一のみ言葉のうちに、すべてを一度に語られ、それ以上に話されることはないからである。

4　これが、すなわち聖パウロがヘブライ人に、以前のようなモーセの律法による神との交わり方から離れて、まずキリストのみに目をそそぐようにすすめようとしたことである。

「昔、神は、預言者によって、何度もいろいろの形でわれわれの父祖たちに語りたもうたのであるが、最後に、今この日になって、おん子によりすべてを一度にわれわれに語りたもうた」（ヘブ1・1―2）と。

使徒パウロは、この書簡の言葉によって、神が口のきけない人のようになり、もはや何も話すべきことをもちたまわないことをわからせようとしている。というのは、以前に預言者たちに部分的に話されたことを、ご自分のすべて、すなわち、御子をお与えになることにより、そのことごとくを語られたからである。

5　したがって、今日になってもなお、神に何かを尋ねたり、あるいは何かの示現や啓示を望むような人は、愚かなことをするだけではなく、神を傷つけることになるだろう。というのも、そうしたことは、すべてキリストに目が注がず、他の何か新奇なことを望むことだからである。神はそうした人に、次のようにお答えになるであろう。「わたしは、わたしの言葉であるわが子によって、すべてのことをあなたに話し、その他何も言うべきことをもたないのに、なおそれ以上のことを答えたり示したりすることができるだろうか？　あなたはその目を彼の上にのみ注げ。

なぜならば、彼においてわたしは、あなたにすべてを語り、かつ啓示したのであるから。あなたは、あなたの請い求める以上のものを彼のうちに見いだすであろう。あなたは、部分的に言葉や啓示を求めているが、彼の上に目を注ぐならば、それを残りなくすべて見いだすであろう。というのは、彼は、わたしの言葉と答えのすべてであり、示現のすべてであり、わたしの啓示のすべてであるからである。

あなたたちに彼を、兄弟とし、友とし、師とし、値とし、かつ報いとして与えることにより、あなたたちにすべてを語り、答え、はっきり示したのである。わたしは、かつてタボル山において、わたしの霊と共に彼の上に降り、〝これが、わたしのよろこびの愛子である。彼に聞け〟（マタ17・5）と言った。

この時以来、以前の形での教えや答えから手をひき、すべてをかれキリストに委ねたのである。あなた方は彼に聞け、わたしは啓示すべき信仰、宣べ伝えるべき事柄をそれ以上もってはいない。以前に語ったわけは、あなた方にキリストを約するためであり、人々が尋ねたのは、すべてのよきものを見いだすべきキリストの希望とその願いとに向けられたものであった（福音史家および使徒の教えのすべてが、今そのことを示しているように）。しかるに今になって、なおあの以前の形でわたしに尋ね、またわたしがそのように話すことや、何ごとかを啓示することを望むならば、それはある意味においてもう一度キリストを与えられるよう求めることであり、より以上の信仰をわたしに望むことになり、キリストにおいて与えられた信仰に欠けたところがあることになろう。

このようなことは、わたしの愛子に甚だしい侮辱を加えるものである。なぜなら、そうしたことは、信仰に欠けるだけでなく、もう一度託身することによって、前と同じ生涯をおくり、同じように死ぬことを、キリストに強いるものとなるからである。今となっては、わたしに請うべきもの、求むべき示現や啓示というものはない。あなたが、しっかりと彼を見つめれば、キリストのうちに、その望むすべてのもの、それ以上のものがすでに全うされ、与えられているのを見いだすであろう。」

6「もし、わたしから、何か慰めの言葉を欲しいと思うならば、わたしに従い、わたしの愛のために服し、苦しみを受けたわが子を見つめよ。そうすれば、かれが、あなたに、どんなに多くの答えを与えるかを知るであろう。もし、何かの秘められたこと、または何かの事柄をわたしがあなたに明らかにすることを望むのなら、彼の上にのみ目を注げ。そうすれば、彼のうちに隠された秘義、知識、神の驚くべきものを見いだすことであろう。」使徒はこれについて、「神のすべての英知と知識の宝は、彼のうちに隠されている」(コロ2・3)といっている。

これらの知識の宝は、あなたの知ろうと欲する数々の事柄よりも、あなたにとって、はるかに高く、甘美かつ有益なものとなろう。それゆえ、あの同じ使徒パウロは誇りをもって、イエズス・キリスト、十字架につけられたそのおん者の外には何ごとも知ろうとせず、と喝破した。もし示現や、神的啓示、形をとった現れを欲するならば、同じく人となりたもうたキリストを見よ。そうすれば、そのうちに、あなたの望み以上のものを見いだすであろう。使徒はまた、「すべての神的なものは、現実の姿をとってそこに充たされている」

（コロ2・9）と言っている。これは、キリストのうちに、神性が全く残りなく形をとって満ち満ちて宿っているということである。

7　したがって、以前の、あのような形で神に伺うべきではなく、また神がそのようにお話しになる必要はない。神は、キリストにおいて信仰のすべてを語られたのであるから、さらに、それ以上啓示されるべき信仰はなく、またこれからも決してあり得ないからである。故にもし、今なお何ごとかを超自然的な道によって受け取りたいと望むならば、前に述べたように、あたかも神が、おん子において、そのすべてを十分に与えたまわなかったかのように、神の足らざるところを指摘するようなものである。というのは、よし信仰を前提とし、それに拠りつつなすとしても、それは信仰の貧しさからくる好奇心に外ならない。ゆえに超自然的な道によって、教えやその他のことを期待するようであってはならない。

キリストが十字架上において息をひきとられたとき言われた「成り終われり」（ヨハ19・30）という言葉の意味は、ただあのような形でことが終わったというだけでなく、旧約の律法による祭式その他すべての儀式がおしまいになったということである。今では、すべてにおいて人たる神キリストの掟と、教会および聖職者の決めによって、人間的に目に見える形でわれわれは導かれなくてはならないのであって、またその道を通じてわれわれの無知と霊的なもろさを救わなくてはならないのであり、この道によって豊かない、いやしを見いだすであろう。ゆえに、この道からそれるものは、好奇心に誘われるというだけではなく、非常な無謀である。超自然の道とは、ただ人間キリストとその司牧者の教えとを信ずるという以外に考えてはならない。

これについて聖パウロは次のように言っている。「よし天よりの使いが福音を宣べ伝えたとしても、われわれがあなた方に宣べたこと以外のことは信じてはならない」(ガラ1・8)と。すなわち、〝われわれがあなたがたに告げたこと以外のことを天の使いが宣べるならば、それは呪われ、破門さるべきものである〟ということである。

8　ゆえに、キリストがわれわれに教えられたことを、常に身につけていなくてはならないのであって、それ以外のものは無に等しく、それに一致しないものは信じてはならないわけで、今日なお、旧約の形によって神と交わろうと思うのは、むなしいことである。その当時であっても、だれでもが神に尋ねてよいというわけではなかった。また、神はこのすべてに答えられたのではなく、祭司や預言者にだけ答えられたのである。一般の人々は、彼らの口から掟や教えを聞くことになっており、したがって、だれかが何ごとかを神から知りたいと望むときには、自分からではなく、預言者または祭司を通じて尋ねたのである。ダビデが自分から何度も神に尋ねたのは、かれが預言者であったからである。しかも彼は、祭司の祭服をつけずにそうしたことをしなかった事実は、サムエル記(サムル上23・9)に書かれている。例えば、祭司アビアタルに向かって、「エフォドを私に着せよ」と言っている。このエフォド（肩衣）というのは、司祭としての最も高い権限を示す祭服で、それを着て神に尋ねたのであった。それ以外の場合には、預言者ナタンやその他の預言者を通じて神に問うた。彼らや祭司たちの口を通すことによって神がお話しになったことを信じたのであって、決して自分の考えだけでひとりぎめしたのではなかった。

9　したがってその当時は、神が話してくださったということも、祭司や預言者の口を通じてそうであると認められないかぎり、完全な信用をおくだけの権威も力も認められなかったのである。というのは、神は、人間の支配や行為が他の人によって定められ、また、人間が通常の理性によって支配され統御されることを非常に好まれるからで、超自然的に人間に告げられることが、人間の口という人間的な管を通すまでは、それに全き信用をおかないように、また、それについて間違いないという確信をもたないようにと、はっきりお望みなのである。ゆえに、神が人々に何かを告げられたり、あるいは啓示を与えられるときには、それをだれに告げるべきかがそれとなくわかるような一種の心の傾きをも同時にお与えになった上でお話しになるのが常で、自分と同じ他の人間からそれを受け取らないかぎり、完全な満足をお与えにならないものである。

ところで、士師記をみると、それと同じことが隊長ギデオンに起きている。神が何度もミディアン人に対する勝利をお告げになったにもかかわらず、彼は、それについて確信が持てず、臆していたのは、神から言われたことを人の口から聞くまでは、神が彼を無気力のままに捨ておいておられたからであった。神はその弱気をごらんになって、「立って戦場に下れ。そこで人が語るのを聞くならば、あなたの手は強められ、おそれず敵の陣営に降ることができよう」(士7・9―11)と言われた。すなわち、〝人々の語るのを、そこで耳にするならば、あなたは、わたしの言ったことに力を得て、恐れず敵軍に向かってゆくことができよう〟ということで、事実、そのとおりであった。ひとりのミディアン人が、夢の中でギデオンが勝利を得るということをみて、それを友だちに話したということを彼は聞き、大いによろこび、勇んで戦いを始めた。このことでわかることは、普通の形で力づけられるまでは、神は、超自然的な道によって確信を与えることをお望みにならないということである。

10　さらに、このことがはっきりと表れたのはモーセの場合である。神は、イスラエルの子らを救うため、モーセに多くの理由をあげてそれを命令し、蛇になった杖や、癩病になった手などのしるしによって、彼を力づけられたのであるが、彼はそこに出むくことに気が臆し、はっきりせず、神がそのために憤りたもうても神が兄のアロンと一緒になって彼を勇気づけてくださるまで、出かけてゆくことにはどうしても確信をもつに至らなかったのである。

神は「わたしは、レヴィ人あなたの兄アロンが雄弁であることを知っている。彼はあなたを迎え出て、あなたを見て心からよろこぶであろう。あなたは彼に語り、彼の口にわたしの言葉を入れよ。わたしは、あなたの口と彼の口にあるであろう……」（出4・14―15）と言われた。その意味は、〃わたしは、あなたの兄アロンが雄弁家であることを知っている。彼はあなたを迎え出で、あなたを見て心からよろこぶであろう。彼と共に語り、彼にわたしの言葉のすべてを語れ、ひとりが他の口より確信を得るために。わたしは、あなたの口と彼の口と共にあるであろう〃ということである。

11　この言葉を聞いてモーセは兄が与えてくれるにちがいない勧めによって力づけられるのだという期待に胸のふくらむのを感じた。というのは、神と自分だけで交わりをもとうとするような冒険をせず、人間の指導や意見なしにはみたされないというのは、謙遜な者のもちまえであるからである。

神がこうしたことをお望みになるのは、真理を論ずるため人々が集まってくるところには、神はその真理を示すため、自然の理性に基づいてそれを説明し確信させるため、神はそこに現存されるからであって、これはちょうど、モーセとアロンの口に留まることによって、両人に対してしようとなさったことと同じである。

そのために福音書においても、神は、「わたしの名において二、三人集まるところには、わたしは、そのうちにある」（マタ18・20）と言われたのである。これは、すなわち、〃わたしの名の、より大いなる名誉と光栄を見るために、二人三人集まるところには、わたしは、彼らのうちにある〃ということである。というのは、彼らの心の中に神の真理を明らかにし、これを確証することによって、という意味で、注意すべきは、「ただひとりいるとき、わたしはそこにある」とは言われなかったことである。少なくとも二人いなくてはならないということで、これは神からのものだ、と自分ひとりで思いこみ、教会や司祭を別にして、それに従ったり、それを肯定したりすることは、神の望まれないことであることを示されたためである。なぜなら、このように一人決めするときには、神は彼の心の中に真理を明らかにしたり確かめたりするため留まりたもうことはないのであって、彼は、その真理に対し弱く、冷たいままに留まることになろう。

12　また、コヘレトの言葉にいわれていることも、このことである。「災いなるかな、孤立するもの、倒れたとき彼を起こすものはない。二人が共に眠るならば、共に温めあう。もしただひとりならば、どうして温かくなることがあろうか？　だれか、もしそのひとりを襲うならば、二人共に立ちて戦うであろう」（コヘ4・10－12）と。その意味は、〝ああ、災いなるかな孤立するもの、倒れるときだれが彼を助け起こしてくれるであろう。もし二人が共にねるなら、互いに暖めあうであろう（すなわち、その間にある神の熱をもってということ）。ひとりだけならば、どうして暖まるであろう。〟というのは、神に関してどんなにか冷たいままでいなくてはならないであろうかということである。もしだれか、力のあるものが、そのひとりに打ち克とうとするならば（これは、すなわち悪魔であって、神のことに関してひとりで何とかしようとするものに打ち克つ力のある悪魔のことである)、二人は力を合わせて彼に対抗するであろう。彼らは真理を識り、真理を保つために結束する弟子と師とである。

神について、いろいろのことを聞いてはいても、ひとりだけであるなら、それに対しなまぬるく無気力に感ずるのが普通である。それは聖パウロが、人間からではなく、神から聞いたという福音を、長い間宣べ伝えた後になっても、その福音について聞くために彼はどうしても聖ペトロや、その他の弟子のところに行かずにはおられなかったというほどのものである。そして、「万が一、むなしく走り、また走ったようなことのないために」(ガラ2・2)と言った。すなわち人から保証を与えられるまでは安心することができなかったのである。

パウロ、これは私には注目すべきことと思われる。なぜなら、あなたにその福音を啓示してくださったおん者は、あなたがその真理を宣べ伝えるにあたって犯し得る誤りから守る保証をも啓示してくださることはできなかったのであろうか?

13　ここで、はっきりわかることは、われわれが述べた秩序による以外には、神はその啓示してくださった事柄について確証を与えられないということである。なぜなら、聖パウロがもっていたような福音についての確証をもち(というのは、彼はすでに宣教を始めていたのであるから)、その啓示が神からのものであるとしても、人間は、その啓示およびそれに関することについて誤り得るのである。なぜなら、神は、ひとつのことを言いたもうても、いつも他のことを示されるわけではなく、また、ある事柄を告げられても、それをなすべき方法について話されないことがしばしばあるからである。というのは、たとえその人と、非常に長い間、極めて親しく交わられたとしても、人間的な工夫や考えによってできることであるなら、神はそれをなさることはなく、また告げられることもないからである。このことを聖パウロはよく知っていた。そのため彼は、前に述べたように、その福音が神に啓示されたものであることを知っていたにもかかわらず、それについて話すために出かけたのであった。

また、このことは、出エジプト記（18・21－22）にもはっきりあらわれている。神は、モーセとあれほど親しい交わりをもたれていたのではあるが、彼に有益な勧めを与えたのは、彼の舅エトロであって決して神ではなかった。すなわち、他の士師を選んでその助けとし、人々が朝から晩まで待っていることのないようにせよ、というのであった。

このすすめを神は認めていたのであるが、それを彼に告げられなかった。というのは、このようなことは、人間の理性的判断の枠に入ることであったからである。神は、その示現や啓示や、言葉などをお与えにならないのが普通であって、むしろそうしたものは、できるだけ理性的判断によってコントロールされることをお望みなのである。但し、信仰に関することは別で、それは、人間的理性や判断に反するものではないが、そうしたものを超えているからである。

14　したがって、神や聖人と、いろいろ親しく交わっていることが確かであるからというだけで、他の道によって知り得るにもかかわらず、何か足りないようなことがあれば、それを神が教えてくださるであろうなどと考えてはならないのである。そうしたことで安心してはならないということは、使徒言行録の話をみてもわかることで、そこで、聖ペトロは教会の頭であり、神から直接教えられておりながら、異教徒の間でなされていたある典礼について誤ったこと、しかも神は、その時沈黙なさっており、聖パウロが彼をとがめたと自身述べている。

「彼らが福音の真理を正しく歩んでいないのを見て、一同の前でわたしは次のように言った。〝あなたはユダヤ人でありながら、異邦人のように生活しているのなら、なぜ異邦人をユダヤ化しようとするのか？〟と」（ガラ2・14）。すなわち、聖パウロが言うのには、〝弟子たちが福音の真理に従って正しく歩んでいないのを見て、私は一同の前でペトロに言った。あなたは、ユダヤ人でありながら異邦人のように生活しているのなら、なぜ異教徒をユダヤ人化するような偽りをあえてするのか〟と。しかし神は、聖ペトロのこの誤りをご自分から注意されることはなかった。あのような虚偽は、理性の枠内のことであり、それによってわかるものであったからである。

15　したがって神は、この世において神と親しい交わりをもち、しばしば光と徳とをお与えになった多くの人々の少なからぬ欠点と罪とを、審判の日に罰せられるであろう。

というのも、神から与えられた交わりや力に頼りすぎて、自分たちのしなければならないことを、おろそかにしたからである。彼らは、キリストが福音書の中で話されているように、その時になって、次のように驚いて言うことであろう。「主よ、主よ、わたしたちは、あなたの名において預言したではありませんか。またあなたの名において悪魔を追い払い、あなたの名によって多くの力あることをしたではありませんか」(マタ7・22)と。これは、すなわち〝主よ、主よ、あなたがわたしたちに告げたもうた預言を、あなたの名において、わたしたちは預言したではありませんか。あなたの名によって、わたしたちは悪魔を追い払ったではありませんか。また、あなたの名において、多くの不思議と奇跡とを行ったではありませんか〟ということである。

すると主は「かつて、一度もあなたたちを知らない、悪を行う者よ、わたしから離れよ」(マタ7・23)とお答えになるであろう。この彼らといわれるものには、預言者バラームがあり、その他それに類したものがある。

神は彼らと語り、彼らに恵みをお与えになったにもかかわらず、彼らは罪人であった。彼らは、この世において神が親しく交わられた選ばれた人であり、神の友であるだけに、なおさら、彼らのもっていた欠点や怠慢を主はおとがめになるであろう。それらの欠点は、神ご自身が注意を促したもう必要のないもので、神は、彼らに自然の掟と理性を与えられたというだけで、すでに忠告していると言えるのである。

16　そこで、今まで述べたことから結論すれば、どんな形であるにせよ、例外的な道によって何かを受け取るようなことがあるならば、直ちに、はっきりと率直に、全部包み隠さず霊的指導者に告げることである。というのは、前にも言ったように、特に示現や、その他超自然的なものを与えられたとき、それがはっきりしたものか、そうでないかはともかく、そうしたものを離れて気にせず、それを望みもせず、至って落ち着いていて、そんなことをいちいち報告したりする必要があるように思われず、時間つぶしと見えることもあるかもしれないが、余分なことと思われても、そのすべてを言うことは非常に大切なことである。

それには、三つの理由がある。

第一には、前にも述べたように、神は多くのことを告げてくださるけれども、その実りや力、光や確証は、上記のようにそれらを神が定められた霊的診断をしてくれる人、すなわちそうしたことを否認または是認することによって解決を与える力のある人に話すまでは、確かなものとしてくださらないからである。こうしたことは、前に聖書の言葉によって証しされ、また、日常の経験によってもわかることで、謙遜な人々にこのようなことがあったとき、彼らは、それを告げるべき人に告げて後、新しい心の満足と力と、光と安心感とを与えられるのをみるのである。ある人々にとっては、そうしたことを指導者に告げるまでは、何か落ち着かず、自分のものとは思われず、その時になって始めて、自分にあらためて与えられたような気がするものである。

17　第二の理由は、通常、人は、あの霊的赤裸と貧しさという暗夜への道によって導かれるため、自分に生ずる事柄についての教えを必要とする。もし、そのような教えを知らないと、たとえそうしたことを望まないとしても、知らず知らずに、霊的な道において心が頑なになり、そうした目にみえてはっきりとらえられることにひかれて、次第に感覚的になってしまうからである。

18　第三の理由は、たとえそうしたものにこだわらず問題にしないとしても、われわれの謙遜と服従と、抑制のために、すべてについてはっきり告げるのがよいからである。というのは、ある人々にとっては、こうしたことは大したことでもないように思われ、それに相談したいと思う人が、それをどのように受け取るかわからないと思うと、言うのがひどくおっくうに感じられる。しかしこれは、謙遜が足りないからで、すなおにそれを言わなくてはならない。また、他の人たちは、自分が聖人に思われるようなことがあるのをいとい、また、それとは別のわけからそうしたことを言うのを非常に恥ずかしがり、自分自身問題にしないため言うまでもないと思うのである。

しかし、それだからこそ、自分を抑えてそれを言うだけの謙遜で単純、柔和な心をもって、すぐに打ちあけるようにするならば、後にはそれがずっとたやすくなるであろう。

19　しかし、以上のことについて注意しておかなくてはならないことがある。それは、そうしたことは捨てて顧みるべきでないということ、また、聴罪司祭であるものは、そうした事柄に話を及ぼさないようにと強調してきたのではあるが、霊的指導者は、そうしたことに関してあまり不快な態度を示したり、そうした人々を避けたりさげすんだりすることは芳しからぬことで、そのために人々は、勇気が挫けて打ちあけようとしなくなって、それを言う扉が閉められてしまうことになると、さまざまの好ましからぬことが生ずることになるということである。というのも、こうしたものは、神がこのような人々を導かれる手段であり形なのであるから、これに対して、快からず思ったり驚いたり、つまずいたりすることはないのである。むしろ十分に優しさと落ち着きとをもって対処し、彼らを励まして、それを言う糸口を与えるべきである。必要とあればそのことを命ずべきでさえある。というのも、時にそうしたことを言うことに難しさを感ずるときには、すべての方法をつくさなくてはならないからである。

そのような人々をよく教えて、そうしたすべてのことから目をそらせ、前進させるためには、いかにそうしたものから、欲望と霊をはぎとらなくてはならないかについての教えを与え、神のみ前においては、天から受け取る何かの示現や交わりなどよりも、愛によるひとつの決意や行いのほうがはるかに価値のあるものであることを悟らせて、彼らを信仰の方に導かなくてはならないのである。事実、示現とか啓示というものは、それがあったからといって救いにどうというわけのものではないのであるし、また、このような体験をもたない多くの人々のほうが、実際そうしたことをしばしば経験した人々よりも、はるかに多くの進歩をとげているからである。

第23章　ただ霊的な道によってのみ得られる知性の知覚について論じ始める。——それはどのようなことかについて。

1　感覚の道を通す知覚については、なお言うべきことがあり、それに比べて今まで述べて来たことは、幾分簡略にとどまったけれども、さらに長く論じようとは思わない。というのは、そうしたものから知性を解放して信仰の暗夜に向かわせようとする意図を果たすためには、すでに長すぎたと思うくらいであるからである。

そこで今、他の四つの知覚について論じ始めようとするわけで、これは、第10章において述べた純粋に霊的なもので、示現（ヴィジョン）と啓示、霊語と霊感とである。これらを純粋に霊的なものと呼ぶのは（形をとったイメージのように）、体の感覚を通して知性との交わりがあるというようなものではなく、外的、また内的に何か形をとる感覚的把握を通さないで、超自然の道によって、知性にはっきり示されるもので、われわれの側から何かの働きかけや行いをするのではなく、受け身のもの、少なくとも能動的なものではない。

2　したがって、広く一般的に言えば、この四つの知覚は、すべて魂の示現、目に見えるものと呼ばれてよい。というのは、理解するとは「見る」ことでもあるからである。したがって、これらの知覚は、すべて知性にとらえられるものというかぎり、霊的示現、霊の目に映るものと言われる。この知覚によって形づくられる知的把握は、知的示現、知性の目に映るものと呼ぶ。感覚的対象すなわち、見ること、嗅ぐこと、味わうこと、触れることのできるものでも、その真偽のほどは知性の問題である。

したがって、外部的な形として目に映るものは、肉眼の視覚に訴えるように、心の目である知性にとっては、すべて可知的なものがその同じ役目を果たす。なぜなら、前に述べたように、理解するというのは、〝見る〟ことだからである。したがって、上記の四つの知覚は、一般に示現（目に見えるもの）と言ってよい。こうしたことは、ひとつの感覚と、その感覚がとらえる対象というのはきまっていて、他のものは受け取られないからである。[*9]

3　すなわち、そうした知覚は、感覚の場合と同じようにして現れるものである。それ自体の独特な言い方をすれば、肉眼と同じように心の目をもってみるということであるから、見るという形で知性が受け取るということから、われわれは、それを示現（目に見え

＊9　くだいて言えば、目には光、耳には音、ということ。

るもの）と呼ぶのである。また、耳が聞いたことのないことを聞くように新しい事柄をとらえ、かつ理解すべく受け取ることを啓示と言う。また、耳に聞きとるものを霊語といい、その他の感覚様式、すなわち、霊的な香りや味や、快さなど、超自然的に味わうことのできるものを霊の感覚と呼ぶ。こうしたすべてのものから、知性は、通常の形の想像やイメージによることなしに超自然的な働きや方法によって、直接霊魂に与えられるものを知解として引き出してくるのである。

4　そこで、ここにおいても（以前に、想像によるその他の形をとる知覚に対してなしたと同じく）知性をこうした知覚から切離して、信仰の霊の暗夜において、神との神的で本体的な一致にまで導かなくてはならない。

というのも、これらのものにひどくこだわることは、一切のことからの孤独と剝奪との道を歩む妨げになるからである。実際、こうした知覚は、内的で純粋に霊的なもの、精神的機能または想像力の働き、少なくとも積極的なこちらからの働きかけなしに純粋かつ微妙に与えられるものであり、悪魔の近づくことのできないものであるだけに、想像力によってつくりだされる形をとったものよりいっそう高尚、かつ有益で確実なものではあるけれども、それが前に述べた道をゆく知性の妨げとなり得るだけでなく、警戒の不足のためにとんだことになることがある。

5　ともあれ、ある形で、この四つの知覚様式をまとめて、ひとつの結論をだすことができる。通常一般の知覚について与えた勧告、すなわち、そうしたものが自分に与えられるべきものであるように思いこんだり、また望んだりしないことである。

いずれにしても、あとでこの勧告を実行するに、いっそう多くの光が与えられるためにも、またこれらの知覚について何か言うためにも、今、そのひとつひとつについて個々に論ずるのがよいであろう。したがって、まず最初のもの、すなわち、霊的あるいは知的示現といわれるものについて述べることとしよう。

第24章 超自然の道による霊的示現の二つの形について。

1　さて、何らかの形で体の感覚を通すようなものではない純粋に霊的な示現（ヴィジョン）について述べることとしよう。知性のうちにとらえられる示現には、二つの形のものがある。一つは、その実質において形態的なもの、他は形態をとらない、すなわち、形態から切離された実質の示現である。形態的な実質をもつものの示現というのは、天にあるもの、地にあるもの、すべて、物質的なものについてあるわけで、霊魂がなお、体というもののうちにありながら、神から来る超自然的な光により、それらを見ることができる。天にあるもの、地にあるものすべて、その場にないものをも見ることができるということは、聖ヨハネが黙示録21章の中で述べていることで、そこでは、天上においてかれが見たエルサレムのすばらしさを、こまやかに語っている。同様に、聖ベネディクトも、霊的な示現の中で、世界のすべてを見たと記している。

この示現のことを、聖トマスは、その著書、『Quodlibet（神学諸問題）』の第一巻において述べ、上記のように、天からの光のうちにおいてであった、と言っている。
2　もう一つの示現、すなわち、無形の実質の示現は、ここでいうような天からの光を介してみられるものではなく、光栄の光（Lumen gloriae）と呼ばれているさらに高次の光によるものである。
天使とか霊魂というような無形の実体の示現は、この世のものではなく、死すべき体をもっては見られるものではない。というのは、神がこうしたものを、その本質そのままに霊魂にお示しになろうとするならば、霊魂は直ちにこの肉の体から出て、この世の生命から離れてしまうことになるであろう。このために、モーセが、神に、その御本質を示してくださいと願ったとき、神は、「生きてとどまるかぎり、人は私を見ないであろう」（出33・20）と言われた。

それゆえ、イスラエルの子らは、自分は神を見るはずだとか、あるいは、すでに神、または天使を見たと思ったとき、死を恐れたのであって、例えば出エジプトの書をみると、ユダヤ人たちは、今言ったようなことを恐れ、「死ぬようなことがないため、主がわれわれに語りたもうことがないように」（出20・19）と言ったと記されている。これはちょうど〝われわれが死ぬことのないため、神があらわに示されることのないように〟ということである。

また、士師記においても、サムソンの父マノアは、彼自身とその妻とに（非常に美しい男子の姿をもって現れ）話をしかけた天使を、じかに見たと思ったため、彼は妻に向かって「われわれは、主をみたから必ず死ぬだろう」（士13・22）と言った。

3　このように、上記の示現は、この世のものではないが、時として瞬時的に現れることがある。その時にはしかし、神がこの地上の生命から精神を全く引き離して、自然的生命、およびそのための条件を救うか、またはそれなしですませるようになされ、体に対する霊魂の通常の役割は、神の恵みによっておぎなわれる。それゆえ、聖パウロが第三の天でこれらの体から切離された実体をみたと思われたとき「体のうちか、体の外か私にはわからなかった。神がそれを知りたもう」（二コリ12・2）と言っている。すなわち、〝それを見るところまで奪い取られていってしまったこと、それがなお、体をもってか、あるいは体の外にあってか自分の知るところではない。神がご存じである〟といっているのである。これによって明らかなことは、神のなされるままに、この地上の生命から逸脱するところまでいったということである。これと同じように、神がモーセに、その実質をお示しになったと思うとき神はモーセに向かって、「あなたを岩穴の中に入れ、右手をもってあなたを覆い守り、神の栄光の過ぎるときに、あなたが死なないようにするであろう」と言われたことが記されている（出33・22）。この神の通過というのは、モーセの生命を右手で守りながら、瞬時的にモーセに自らを示されるということであった。

しかし、このような示現は、聖パウロやモーセや、また神のこころよいささやきに顔を覆った時の、われらの父エリヤの場合と同じように、神の実質そのものに触れるわけで、瞬間であるにしても、極めて稀にしかなく、ほとんど皆無といってよく、また少数の者にしか起こらない。というのは、神は、今あげた三人のような、教会の精神や神の掟をしっかりとつかんでいる者にだけ、そのようなことをなされるのである。

4　しかし、霊的実体の示現は、この世においては、知性によって、そのままじかに、はっきりと見ることはできないが、非常に甘美な触れ合いと結びつきによって、魂の奥底に感じとることができる。これは、霊の感覚というものに属するもので、これについては後に神のみ助けのもとに話すこともできよう。というのは、われわれのペンは、その方向、すなわち、神の本質と霊魂との神的な結びつき、一致という方に向かって進められているからである。このことは、まだ話さないで残っている、神秘的でつかみにくい暗黒の知的把握に関して論ずるとき、述べるつもりである。信仰というこの愛にみたされる暗黒の知解は、ちょうど、栄光の光が天上において神を明らかに見るために役立てられるようにこの世において、すでにある形で神的一致の道となるものだからである。

5　今はとりあえず、霊的に与えられる形をとった実態の示現、すなわち、目に見える形の現れについて述べようとしているのである。あたかも、目が自然の光によって形ある事物を見るのと同じように、霊魂は、前に述べたような超自然的に与えられた光を介し、自然の事物やその他のものを神のみ心にかなうように、理性をもって内的に見つめるのである。異なるのはただその形と方法で、知的かつ霊的なものは、肉眼にみえるものよりは、はるかにはっきりと、こまかにあらわれる。なぜなら、神が、このような恵みを与えようとお望みになるときには、前に述べたような超自然の光をお与えになるからで、その光の中で人は、天上のものであれ、地上のものであれ、神の思召しのものを、それが今、目の前にあろうとなかろうと、そのようなことにかかわりなく、たやすくはっきりと、それらを見るからである。

時には、急に戸がパッと開いて、いなずまのような光が閃き、闇夜に突然ものが明るくはっきり浮かびあがったかと思うと、また闇の中に消え去るように感じられ、そのものの形やイメージは想像の中に残される。こうしたことは、霊魂の中でさらに完全に現れる。というのは、あの光の中で、霊によってみた事柄は、心に深く刻印されて残り、それに注意を向けるたびに、いつでも自分の中に、前と同じようにそれを見るからである。それはあたかも、鏡のようなもので、それをのぞくたびに、いつもそこにある姿が見られるようなものである。一度見たイメージは、時のたつと共に、いく分遠ざかってはいくけれども、全部なくなってしまうということはない。

6　このような示現によって心の中に生ずるものは、静かさと明るさ、輝くよろこび、優しさ、清らかさと愛、謙遜と神に向かう心が高められることであって、時によって多少の差があり、またあるものにおいては、これ、他のものにおいては、それ、というふうに、恩召しによってそれを受け取る人ごとに異なるものである。

7　ところが悪魔もまた、ある自然の光によって、霊魂のうちにこれらの示現をつくりだすことができ、心理的暗示をかりて、そこにあるもの、またはないものをとりだしてみせる。これが、あの聖マタイの福音の中で、悪魔がキリストに「この世の国々とその栄華とを示した」（マタ4・8）ということであるが、これについてある学者は、心理的暗示によったと説明している。なぜなら、肉眼をもって、この世のすべての国々とその栄華とを見せるなどということは不可能だからである。しかし、悪魔がつくりだすこれらの示現と、神に由来する示現との間には非常な相違がある。というのは、悪魔からの示現が霊魂の中に引き起こす結果は、よい示現がつくり出す結果とは異なり、神との交わりに対する精神の乾燥を生みだし、自分を高くかうような気持ちを与え、そのような示現を与えられたことを、何か大したことのように思いこんでしまうもので、神の愛の謙虚なゆかしさを生みだすものではないからである。また、これらの示現のイメージは、あの優しく明るい霊魂のうちに刻印されたイメージと異なり、永続することなく、まもなく消されてしまう。もちろん、それを重んじている場合には、それに対する自分なりの評価があるため、そのような示現を自然に思い起こさせることになるけれども、その思い出はひどく味気ないもので、よいイメージのように、それを思い出すたびに生ずる愛や謙遜というような実りをもたらさない。

8　しかし、これらの示現が、神ならぬ被造物に由来するものであるかぎり、そのようなものは神との間に何のつりあいも結びつきもないため、理性にとって、神との一致のための至近の手がかりになるものではない。したがって、そのための至近の道である信仰を通じて進むためには、前に述べたその他の示現の場合と同じように、それらに対してきっぱりと拒否の態度をとらなくてはならない。ゆえに、霊魂のうちに刻まれて残るこのような示現のイメージを、記憶の中に集めておいたり、宝のように大切にしてみたり、またそうしたものを心の支えにするようなことがあってはならない。そのようなことをすれば、心に残るイメージや、だれかれのことなどにとらわれて邪魔され、何もかも切り捨て、神に向かってゆくことができなくなるからである。

そうしたイメージがいつも心に現れるようなことがあっても、そうしたことに関心がなくなれば大して妨げになるということもないであろう。もちろん、こうしたイメージの思い出が、幾分なりとも神の愛や観想への励ましとなることは事実であるけれども、そうしたすべてのものからはぎ落とされた赤裸々な暗黒の信仰のほうが、それがどこから、どういうふうに来るのかわからないままに、はるかに心の励ましとなり、またそれを高めてくれるものである。

このようにして、非常に清らかな神の愛に焦がれて、しかも、それがどこから来るのか、どこに根を下ろしているのかもわからないままに前進してゆくことになる。

あの、すべてのものを洗い落とし、何ものも見えなくなる赤裸、すなわち魂の赤貧――それらは皆同じものと言うことができる――によって、信仰が魂の中に深く入りこみ、そこに根を下ろすようになると、それと同時に神の愛も、ますます注ぎこまれ根を下ろすようになる。すなわち、外から、または中から受け取り得るすべてのことに対して自分の目を閉じ、全く無になるように望めば望むほど信仰が深まり、それに従って、信仰とひとつのものとして成長する愛徳も望徳も、より多く注ぎこまれることになる。

9　しかし、時にこの愛は、当人自身が気づくこともなく、また感ずることもない。というのは、それは心のぬくもりのような感じの中にあるのではなく、魂の中にしっかり座を占めているもので、以前よりはいっそう勇気と大胆さにみち、それが時には、感覚にまであふれ、優しく快いものに感ぜられることがある。そのような示現がつくりだし、また生みだす愛のよろこびに達するためには、そうしたすべてのものから離れ、目を閉じるために力と、自らを抑える愛をもっていなくてはならず、またすべてのものを超えた解すべからざる神という、この世では見ることも感ずることもできないものに、その礎をおいていなくてはならない。すなわち、何もかも捨てることによって神に向かってゆかなくてはならないのである。もしそうでなければ、たとえ賢く謙遜で強く、悪魔がいつものように、その人を欺くこともまた自負心をもたせるようなこともできないと仮定しても、その人の進歩を阻むことはあり得るのである。というのも、神との一致に必要な霊的赤裸、魂の赤貧、信仰における無に徹しきれないように妨げをおくからである。

10　これらの示現については、第19章と第20章において、示現および感覚による超自然的知覚に関して説いた教えが同じようにあてはまることでもあるから、ここでまた、同じことを述べ、時間を浪費しないようにしよう。

第25章　啓示について。それは何であるか、また、その区別について。

1　われわれの立てた順序に従い、今は、霊的知覚の第二の形のものについて論ずることとする。これは、前に啓示と呼んだもので、預言の霊に属するものである。

これについて、まず知っておくべきことは、啓示とは、ある隠された真理が外にとり出されること、何かの秘義、または神秘が現されることに外ならないということである。例えば、人間に何かを悟らせるようなこと、すなわち、事柄の真理を悟ることができるように明らかにしたり、または、神がなさろうか、またはさせようとお思いになっていることをお示しになるような場合のことである。

2　以上によって、啓示には二つのものがあるということができる。すなわち、そのひとつは、知性の目に真理が映しだされることで、これはまさしく、知的認識とか知解とか呼ばれるものである。他のひとつは、隠されていたものが示されるということで、これが本来の意味での啓示、前者以上に啓示というべきものである。前者は厳密には啓示ということができない。なぜなら、この世のこと、または霊的なことについて、はっきりとあらわに、覆いをとって知性に示したもうということであるからである。これをも、なお啓示という名のもとに話そうとしたのはそれが本来の啓示と密接な関連性をもち、また異なった名をいくつも使いたくなかったからである。

3　以上のことから、啓示を二種類の知覚として区別することができる。そのひとつは、知的認識と呼ばれ、他のひとつは、神の隠された奥義、または秘義が示されることである。これらを二章にわたってまとめ、まず、第一の知的認識から始めて、できるだけ簡潔に述べることとしよう。

第26章
知性による、真理のあるがままの認識について。その二つの形があることと、それに対して、われわれの態度はいかにあるべきかということ。

1　知性に示される真理の赤裸々な認識について正しく話すためには、神が私の手をとり、またペンを動かしてくださらなくてはならない。というのは、親愛なる読者たちよ、心に映るそのあるがままの真理は、筆舌につくしがたいからである。けれども、私はそれらについて、わざと話さないのではなく、神的一致に向かって、霊魂を教え導くということが目的なのであるから、この目的に十分なだけ、ここで簡潔に述べなくてはならない。

2　示現（ヴィジョン）のこの種のもの、さらに言えば、真理のありのままの認識は、第24章において説いたものとは非常に異なる。というのは、それは、知性をもって形態的なものを見るようなものではないからである。それは神の真理、あるいは、現に今あること、かつてあったこと、将来そうなることを知性をもってみることにあり、それが預言の霊に酷似していることは、後章で述べることになろう。

3　さて、この種の認識には二つの形のものがある。というのは、前に述べたように一つは創造主について、他は被造物に関するものである。そのいずれも非常に甘美なものであるが、その快さは、神に由来するものによってつくりだされるものであるため、何ものにもたとえようがなく、それを表す言葉も文句をも見いだすことはできない。というのも、それは、神ご自身についての認識であり、神ご自身の甘美さであるからで、ダビデはそれを次のように言っている。

「おん身に似たものはない」（詩39・6）と。なぜなら、これらの認識は、直接神に触れるもので、神の何かの属性、例えば、神の全能とか、ある時は神の強さとか、またある時は、その慈悲と優しさを非常に強く感ずるからである。それを感ずるごとに深く心に刻みこまれるのであるが、それは純粋な神の観想であるから、それについて何かを語ることは全く不可能であることが、その人にはよくわかっているのである。ただそこにおいて感じられたあふれるようなよろこびと実りが、それを受け取った人に、何か一般的な言葉を言わせるだけで、それも、味わったもの、感じたものを、そのような言葉で他の人々にわからせることができるようにというのではない。

4　ダビデは、これと似たことを経験しながら、普通の一般的な次のような言葉で言っているだけである。

「主の裁きは真実であってそれ自身正しく、他のものによって正当化されなければならないものではない。それは、金や宝石よりもさらに望ましいもの、蜂蜜よりも甘いものである」(詩18・10−11)と。それは、〝神の裁き、すなわち神のうちに感じられる徳とか屈性はそれ自体真実そのものであって、まさしく、黄金や宝石よりも望ましいもの、蜂蜜よりもはるかに甘いもの〟ということである。

モーセについても同様で、彼の前を神が通りすぎられたとき、神についての非常に高い認識を与えられたのであるが、やはり普通の言葉をもってそれを言い表すことができただけであったと記されている。すなわち、通りすぎられた神のあの深い理解を与えられたとき、モーセは直ちに地にひれ伏して、「すべてのものの主なる神よ、憐れみ深く、優しく、多くのみじめさをいつくしみたもう、忍耐深く真実なるおん者よ、おん身は千年《ちとせ》までその憐れみを失いたもうことはない」(出34・6−7)と言った。すなわち〝すべてのものの主なる神よ、憐れみ深く、優しく、忍耐深く、多くのみじめさをいつくしみたもう真実なるおん者よ、おん身は千年まで、その約束されし憐れみを保たれる〟ということである。このことからわかることは、たったひとつの認識のうちに読みとったものを説明することができず、あふれ出るようなあれだけの言葉に言い表したのである。

時にそのような認識についてこのような言葉が言われることがあるけれども、当人は、自分の感じたことについて何も言い表していないことをよく知っている。なぜなら、それを言い表すにふさわしい言葉のないことを知っているからである。聖パウロも同じく、この神についての高い認識をもちながら、それについて何も言おうとはせず、それについて人間に話すことは許されていないというだけであった。

5　神についてのこれらの認識は至高原理に関するものであるだけに個々の事柄のことではない。したがって、神よりも低い事柄についての真理が何かの形でそこに結びついて示されるのでなければ、個々にそれを言い表すことはできない。しかしこの枠づけのできない認識の場合はそうしたことが決してできないし、このような認識は、神との一致に到達しないかぎりもつことができない。なぜなら、その認識自身が神との一致そのものだからである。その認識をもつということは、神性とのある接触があるということで、そこで感じられ、味わわれるのは神自身である。といっても、それは天国の光栄の状態にあるように明白なものではないのではあるが、魂の奥底にしみわたる高い認識による接触とそのこころよさとは、非常に高尚なもので、悪魔が入りこんだり、またそれと類したことが生ずる隙がない。というのは、これと比較されるようなもの、これに似たこころよさやよろこびを注ぐことのできるものはないからである。あの認識は、神の本質と永遠の生命を知るもので、悪魔はこれほど高いものを偽造することはできないからである。

6　もちろん悪魔は猿まねをして、何か立派な、大いなる感覚的満足を与えるものを示し、それが神から来たもののように思いこませるようにすることはできようが、それは神からのもののように魂の奥底まで染み入り、これを新たにして、すぐに愛熱の火に燃えたたせるようなものにはならない。

なぜなら、神が霊魂の奥底につくりだしてくださるこれらの認識や接触は、一生かかっても捨て去ることのできない不完全さをすべて、ただの一度で霊魂から洗い去ってしまうばかりでなく、さらに神の力と富とをもってみたしてくれるからである。

7　このような接触は非常にこころよいものであり、奥底からのよろこびを味わわせてくれるもので、生涯忍んだその苦しみがいかに数限りなくあったとしても、たった一度のその接触で、すべてが支払われたと感ずるほどである。そこで神のために多くの苦しみを忍ぼうという勇気と力とに充たされ、あまり苦しんでいない自分をみることがかえって特別な苦しみとさえなる。

8　このような高い認識は万事を超えているため、何らかのたとえや想像ではそこに達することができない。それは霊魂の能力とは別に、霊魂のうちにある神ご自身の働きなのであるから。

それで、時にわれわれの側からそれについてあまり考えていなかったり、また望まなかったりするときに、神はそうした神的接触をお与えになり、何か神について思い出させてくださるのが常である。

それも時に何かをふと思い出したというだけで、しかもそれが時に極めてわずかな事柄であっても、突然その接触が生じるもので、それがあまりにも鋭く感じられるため、霊魂だけでなく体までもふるわせることがある。

また他の場合には、きわめて静かに、何のふるえもなく、しかし強いよろこびの感情と心の爽やかさを伴うものである。

9 また他の場合には時々聖書、またある時には他のことについて言ったり、また人が言うのを聞いたりする何かの言葉に関連して起こることがある。しかしいつも同じような力や印象を与えるわけではなく、非常に多くの場合、これらは極めて弱いものである。しかし、どんなに微弱なものであっても、そのような神の思い出と、その接触は、そのたったひとつでも、被造物や神の働きについての他の多くの考察や認識よりも価値あるものである。

これらの認識は望むと望まぬとにかかわらずいやおうなく与えられるものである。そこでは神がお望みのときにお望みのままにその業をなしたもうのを、謙遜になされるまま受け取るだけである。

10 これらのものにおいては、他の知覚の場合のように、否定的態度をとるようにと言うのではない。なぜならこれらは、上に述べたように、人々をそこに導こうとする神的一致の一部をなすものであるからである。

そのためには、他のすべての知覚から離れ、裸になるようにとわれわれは教えてきた。というのは神がそれを与えてくださる媒介となるものは謙遜であり、神の愛のためにはおよそ報いというものを考えないで堪え忍ぶことで、この恵みは、自分に執着しているようなものに与えられるのではなく、本当に自我を捨てた愛をもって神に対している者に、神の特別な愛によって与えられるものだからである。神の御子が聖ヨハネを通じて言い表そうと思われたことはすなわちこのことである。「私を愛する人は私の父に愛され、私もまたその人を愛し、私自身をその人に現す」(ヨハ14・21)と。まことに神を愛するものには神がご自身を現されるということ、この中にわれわれの話している神の理解と、触れ合いとがあるのである。

11　次に内的真理の認識と示現の第二の形というのは、今話したこの形とは非常に異なる。それは神より低い事柄に関するもので、その事柄自体についての真理および、人々の間に起こるできごとの認識とを含んでいる。この認識というのは、何かの真理が示されると、だれも何も言わなくとも、その心の奥深く入りこむもので、人々が他のことを言ったところで、自身それに同意しようとしてもどうにもならない力をもっているものである。というのは、心のうちに現にもっているもののうちにそれをみて、異質なものであることをはっきり読みとるからである。これは預言の霊、および聖パウロが精神を識別する賜と呼んでいるものに属するものである。とはいいながら、前に述べたようにそれらを非常に確実かつ真実なものであるとわかっても、また心のうちでは、どうしてもそれに同意せざるを得ないとしても、それだからと言って、霊的指導者が言ったり命ずることを信じなかったり、またそれに理性的な同意を示さないなどのようなことがあってはならない。――よしそれが自分の感ずるものとひどく矛盾するものであっても――それは、信仰のうちに神との一致に向かわせるためで、そこでは理性よりも、信仰によって歩まなくてはならないのであるから。

12　そのいずれについても、聖書の中にははっきりした証しがある。そうした事柄についてもち得る霊的認識について賢者は次のように言っている。

「神はおよそありとあらゆるものの正しい知識を私に与えた。この地上世界のつくり、元にあるもろもろの力、時の始めと終わり、その間のさまざまな変わりゆき、時の終わりとことの移りゆき、時の区切りと年の流れと、星の位置づけ、生けるものの本性と獣の怒り、風の力と人々の思い、さまざまの植物とその根にある力、ありとあらゆる隠されたもの、予想を越えたもののすべてを私は学びとった。よろずのもののつくり手がかく私にその知恵を与えたもうたからである」（知7・17―22）と。

賢者がここで言っている認識は上から注がれたものであり、もろもろの事物にゆきわたるものであるが、この文から十分に証されることは、これらの認識のすべては神が思召しのときに超自然の道によって注ぎ入れられるものであるということである。それというのも、上記のようなことについて、ソロモンに与えられたような一般的認識能力というものが与えられるからではなく、賢者の言っているこれらのうちの何かの真理が折にふれて示されるということがあるからである。

神が多くの人々に、多くのことについての素質をお与えになるということは真実であるけれども、ソロモンの素質のように幅の広いものではない。

例えば聖パウロが述べているように神がそれぞれお与えになる賜は種々さまざまであって、英知、知識、信仰、預言、心の洞察やその認識、言語の理解力、言葉の説明（一コリ12・8―10）などがあげられる。これらの認識は、上から注ぎいれられる能力で、自然的または超自然的に、神の思召しのままに一方的に与えられるものである。

自然的なものと言えば、例えば、バラアンをはじめ、その他の偶像崇拝の預言者、多くの巫女に預言の霊が与えられたようなもので、超自然的には聖なる預言者や使徒たち、その他の聖人に与えられたようなものである。
13　しかし、完全な人々、あるいは完徳において進歩している人々というのは、今ここで話しているような素質、または、ただで与えられる恩寵《めぐみ》のほかに、現に今ここにあるものまたはないものについても、はっきりとした光と認識とをもっているのがきわめて普通のことで、彼らは、その照らされ浄められた精神をもってそれらのことを知るのである。
このことから、次の箴言の言葉の意味を解することができる。「水面を見つめる顔がそこに映るように、賢いものには人の心はあらわに映る」(箴27・19)。賢明なる人というのは、すでに聖人の英知をもっている人のことで、この英知を聖書は「賢明」と呼んでいる。それと同じような形で、彼らは時々他の事柄についても知ることがあるが、いつもその望みのままにというのではなく、また知ることができるのは、その素質をもっているものだけであるが、それもすべてのことにおいていつもというのではない。なぜならそれを与えようという神の思召しによるからである。

14 しかし知るべきことは、この浄められた心をもっている人は、多少の差はあるとしても、他人の心、または心の奥底にあること、その人の傾きとか才能をきわめて容易にすぐ知ることができるということである。

すなわち外に表れる印、たとえそれが極めて小さいものであっても、例えば言葉とか、動作とかその他のものによってわかるのである。というのは霊であるがために悪魔もこうしたことをなし得るように、霊的な人もまた使徒パウロの言うようにそのようなことができるのである。「霊的な者はすべてを見定める」(一コリ2・15)とか、また他のところでは、「霊はすべてを、神の深さをも見とおす」(一コリ2・10)とか言われている。自然的には、考えとか、心の内奥にあるものを読みとることができないとしても、超自然的な光または外に表れるものによってそれを能《よ》くする。外にあらわれるものによって得る認識については、しばしば間違うことがあり得るけれども、成功することのほうがさらに多い。

しかしそのいずれにも信頼をおいてはならない。というのは後に言うように、ここに悪魔が実にたくみに入りこんでくるからで、そのためにそうしたものは常に退けなくてはならない。

15　人間的な事柄やできごとについても霊的な人々は、たとえその場に居合わせなくとも、それを知ることができるということについては列王の書（王下5・26）にその証しと例とがある。われわれの父であるエリシャのしもべゲハジがシリア人のナアマンから受け取った金銭をかくそうとしたとき、エリシャは、「ナアマンが車を返しておまえに会ったとき、私の心はそこになかったとでも言うのか」といった。これは霊的に起こることで、あたかも目の前において起こったことのように霊をもって見るからである。またそれと同じようなことについての証しが同じ列王の書の中にみられる。すなわちシリア王がその諸侯とひそかに話しあったすべてのことをエリシャが知り、それをイスラエルの王に告げたため、その計画は全く水泡に帰したとある。シリア王はその秘密がすべて知れわたってしまったことをみて、その人民に向かい、「汝らのうちにイスラエルの王に鞍変えをした裏切者があったのなら、それがだれであったかをどうしてわたくしに告げなかったのか」と言った。その時しもべの一人が、「わが主よ、決してそうではありません。ただイスラエルにいた預言者エリシャが、あなたのひそかに言った言葉をすっかりイスラエルの王に告げたからです」（王下6・11－12）と言った。

16　こうした事柄や事実を知るということも、他の場合と同じように、人が自分の方から何も働きかけることなく、受け身のまま起こるものである。というのは当人は、注意が散ってぼんやりしているのに、聞いたり読んだりすることについての生き生きとした理解がその心の中に与えられ、耳にひびく言葉よりもはるかに明らかに聞きとられるものである。時としてその言葉がラテン語であったりして、わからなくても、そのわからない言葉の意味が示されたりするのである。

17　この種類の認識や理解において悪魔がなし得る、そして現にしている欺瞞については言うべきことが多くある。というのは、こうした形で入りこむ悪魔の瞞着は非常なもので、また巧みにかくされているからである。悪魔は、暗示によって多くの知的認識を示し、しかもそれ以外のものはあり得ないかのように、きわめて巧みにそれをいれこむ。もし謙遜ではなく、用心深くなかったりすると、無数の偽りを信じこんでしまう。なぜならそうした暗示はしばしば非常な力を霊魂に及ぼすもので、ことに感覚の弱さにくいこんで、その考えをあまりに強い確信をもって根を下ろさせてしまうときには、それから離れるために非常な努力と祈りとが必要となる。というのは時に悪魔は、はっきりと、しかし偽って、他の人の罪や歪んだ良心、よこしまな魂を示すからで、それも、ただその人を傷つけるため、しかも神に祈ってやるのだというような熱心を装って、そうしたものを明るみにだし、さらに罪を犯させるためなのである。

もちろん、神も、時には、心がけのよい人にその隣人の苦しみを示し、神に祈り、またそれを救うようにさせられることはある。例えば、エレミヤに預言者バルクの弱さを示されたのは、それについてお教えになるためであった（エレ45・3）。しかし悪魔はそうしたことをさらにしばしば行うもので、それもその人の名誉を傷つけ、罪と失望とに陥《おとしい》れるためばかりであって、このことについてわれわれは多くの経験をもっている。同様に、ほかのことについても実に巧みにそうした思いをつくりだし、信じこませるのである。

18　すべてこうしたものは神からの場合もあり、そうでないこともあるわけだが、ともかく、そうしたものに頼っているなら、神への歩みのためにそれが役立つということはほとんどあり得ない。それどころか、そうしたものを避けるように警戒しなかったならば、心を乱すだけでなく、さらにそれを深く傷つけ非常な過ちをおかすことになるだろう。なぜなら、今までに述べてきた超自然的知覚において生じ得る危険や支障が、ここではいっそう大きく表れるからである。これについての教えは今までに充分述べてきたことでもあるので、ここではそれ以上に長く論ずることをやめて、ただ一言、「不知」によって神に向かって歩むことを望み、そうしたものを絶えず避けるべく注意を払うようにとだけつけ添えておく。そして常に聴罪司祭にそのことについて語り、その言われたことに従うということ。司祭は神との一致の道をゆかせるためにそうしたことは全然問題にしないように見過ごさせることである。

というのは、神から霊魂に受動的に与えられるこうした知覚からは、神のお望みの結果だけが、われわれの側からの努力とかかわりなく、霊魂のうちに残されるからである。したがって、ここで真実の知解にしても、欺瞞の知解にしても、それがひき起こす結果について述べる必要はないように思う。なぜならそうした結果はこの小論の中に全部扱うことはできず、あげればきりのないことで読者を疲れさせるだけのことになるだろうから。

そのような知解があまりにも多く、あまりにも種々さまざまであるように、その結果も多くさまざまで、よいものはよい実を、悪いものは悪い実をといった具合である。ただすべてを拒否せよと言えば、誤らないために十分に言いつくしたことになろう。

第27章

啓示、すなわち隠された秘義が外に示される第二の形について。それが神との一致に役立つ場合と、妨げになる場合。悪魔はいかにここで多くの偽りをなすかということ。

1　啓示の第二の形というのは、隠された秘義または神秘が外に明らかにされることであるとわれわれは言った。これには二つの形がある。

第一は、神ご自身に関するもので、この啓示には、神の至聖三位一体の奥義が含まれている。

第二は、神のみ業についてのことで、そこにはカトリックの信仰箇条と、それに関連して正しく引き出される結論とが含まれている。これらの中には預言者による啓示、神の約束や厳しい警告、その他信仰に関することで、すでに起こったことや未来に生ずべきことなどが含まれている。

この第二の形のものに、神が通常示される他の多くの事柄を含めることができる。例えば世界全体について、個々の王国について、地方のこと、国々のこと、家庭や個々の人間についてのことなどである。

これらについて、聖書の中に多くの例がある。主としてすべて預言者の場合で、そこにはあらゆる形の啓示を見いだすことができる。それは簡明平易な事柄であるから、その例証のためにここで時を費したくない。ただひとこと言っておきたいことは、これらの啓示は言葉という手段によってのみ生ずるものではないということである。というのは、神は種々さまざまの形や方法を用いられるからで、時に言葉だけ、また時には印だけのことがあり、形やイメージやそれに類したものだけによってなされることもあり、また時にはそれらのうちのいくつかを同時に用いられることがある。このことは預言者においても見られることであるが、特に黙示録の全般にわたってみることができる。そこには前に述べたすべての形の啓示だけでなく、今ここに言っている形のものも見いだされる。

2　この第二の形に含まれる啓示は、神がそのお望みの者に対して、現代でもまだなされるものである。というのは、神は、ある人々にその寿命や、将来出会う困難、あるいはしかじかの人やこれこれの王国において起こるべき事柄、などを啓示されるのが常だからである。

なお、われわれの信仰の奥義についても、その真理を明らかにしたり、説明されることがある。しかし、これはすでに啓示されたものであるだけに、これを啓示と呼ぶのはふさわしくないわけでむしろ啓示されたものの明白化、または説明というべきである。

3　この種の啓示に関しては、悪魔は大いにその手をさし入れることができる。というのは、この種の啓示は、だいたい言葉やイメージ、その他これに類したものによるから、啓示が霊のみで行われる場合よりははるかに容易に、悪魔はきわめて巧みに似て非なるものをつくりだすことができる。ゆえに、ここで述べる第一および第二の形のもので、われわれの信仰に関し、何か目新しいこと、または変わったことが啓示されるならば、われわれはそれを決して受け入れてはならない。それを言うのが天使であるという確証があったとしてもである。聖パウロがそう言っているからである。「われわれにしても天からの使いにしても、われわれがあなたたちに宣べ伝えたこと以外の福音をのべるものに呪いあれ」(ガラ1・8)と。

4　したがって、信仰のもといをなすものについて啓示されるべき箇条は、すでに教会によってことごとく示されているのであるから、それ以上に新たにわれわれに啓示されるべきことはそのまま受け取ってはならないばかりでなく、そこに含まれているさまざまの事柄も認めないように戒めるべきである。

たとえ、すでに啓示されていたことが、あらためてまた示されても、信仰の純粋さを保つためにそれが私に啓示されたから信ずるというのではなく、教会にすでに啓示されていることであるからというのでなくてはならない。そうしたものに対しては理性の目を閉ざし、聖パウロの言っているように聞くより生ずる信仰と、教会の教えのみに素直に頼るべきである（ロマ10・17）。もし欺かれないようにと思うならば、新しく啓示されたものが、たとえいかに尤もらしく思われても、それを信用したり、それに考えを合わせたりしてはならない。悪魔は、欺瞞や虚偽をさし入れるため、まず真実または真実らしいものをもってその餌食とし、心をとらえ、次に直ちに欺きに陥《おとしい》れるからである。ちょうど、皮を縫い合わせる粗糸のようなもので、まず第一にかたい粗糸が入りそれから直ちにやわらかい糸が入れられる。もし粗糸が先に立たなかったら、あとの糸は入らないようなものである。

5　このことでは大いに注意しなければならない。たとえそれが真理であって、今言ったような欺瞞の危険がないにしても、信仰については、何かはっきりしたことを知ろうと思わないことが非常に大切なのである。それというのも、信仰の恵みと力とを純粋かつ完全に保ち、またこの知性の暗夜において、神との一致の光に達せんがためである。何か新しい啓示があったときには過去の預言にしっかりとその目を注ぐことが大切で、タボル山で神の子の光栄を見奉った使徒聖ペトロでさえ、その書簡の中で次のように言っている。「われわれはより確かな預言をもっているが故に、それに注意をそそぐがよい」（二ペト1・19）と。

その言うところは、〝われわれがあの山においてキリストの示現（ヴィジョン）を見たことは真実であるけれども、われわれに啓示された預言の言葉は、より確実堅固なもので、それに信頼すべきである〟ということである。

6　以上のことから、信仰箇条についてすでに啓示された事柄に対してさえ目を閉ずべきものであるならば、信仰と異質な他の啓示を受け取ったり、信じこんだりしないということはどんなに大切なことであろう。通常悪魔がその手をさし入れるそれらの啓示は、いかにも真実らしくまた確かにみえるので、それらを捨てようと努めないものが、それによって欺かれないでいるということは私には不可能としか思えない。なぜなら悪魔は、それを信じこませるためにいかにも尤もらしい見せかけを巧みにつくりだし、それを感覚と想像の中に落ち着かせてしまうため、当人は疑いもなくそうなると思ってしまうのである。

このように悪魔は、そういうことのうちに霊魂をとらえ押さえてしまうので、もし、霊魂が謙遜なものでないならば、そこから引き出し、それとは逆のことを信じさせようとしても、それはほとんど不可能なことになる。

だから、澄んでいて慎重で素直で、また謙遜な霊魂は、これらの啓示やその他の示現に対しては、それがなにか、とても危うい誘惑でもあるかのように、非常な力と用心をもって抗《さか》らわねばならない。というのは、それらを望む必要がないからというのではなく、むしろ、愛の一致にまで至りつくためには、それらを望んではならないからである。

ソロモンが「自分に与えられた力を越えたことを望み、かつ探し求める必要がどこにあるであろうか」（コヘ7・1）といったのも、このことである。それはちょうど、「われわれが完全になるために、超自然の道によって、超自然的なことを知る必要はどこにもない。それは自分の力を超えていることである」と言うのと同じである。

7　以上のことに対して、生じ得る異論については、第Ⅱ部の第19、及び第20章において答えておいたので、そのところを参照していただくことにして、ここではただ、清く、かつ誤りなく信仰の暗夜の中を一致へ歩むためには、そうした一切のものを避けなくてはならないとだけ言っておく。

第28章
超自然的に心のうちに起こり得る言葉について。——それがどんな形のものであるかということ。

1　心ある読者は、この書において私が意図していること、その目的を常に思いおこしていただかなくてはならない。それは、すべての自然的および超自然的な知覚を通じて、欺かれたり、妨げられたりすることなしに純粋な信仰のうちに神との一致に霊魂を導いてゆくということである。そのことがわかっていれば、ここでさまざまな知覚やその教えにおいて理論的な要求にこたえるほど多くのことも述べず、またこまかな分類もするわけではないが、しかし、これを簡略にすましているのではないことがよく了解していただけると思う。というのは、これらの外部および内部におこるすべての事柄に賢明に処しつつ前進するために十分の戒めと光と証しとを与えたと私は思っている。

このために、他の場所でしたように、預言の知覚について、非常に簡単に結論してしまったわけである。個々の知覚については、通常それぞれ種々の形の相違があり、言うべきことは非常に多く、それらを知りつくすことは到底不可能で、私としては、そのいちばん本能的なことだけを述べ、霊魂のうちに起こり得るそのような事柄、およびそれに類した事柄すべてに対して必要な戒めについて話すだけにとどめておいたわけである。

2　第三の知覚形態についても、今までと同様な扱い方をするつもりである。第三の知覚様式というのは、五官を通さないで、霊のうちに生ずる超自然的な言葉のことである。それには多くの形のものがあるけれども、ともかく次の三つに要約することができると思う。

すなわち継続的、明示的、[*10]実質的な言葉である。継続的な言葉というのは、潜心しているときに自分で、頭を働かし、論理づける言葉のことである。

明示的というのは、自分からつくりだすのではなく、第三者から霊が受け取る、あるはっきりとした明確な言葉のことで、霊が潜心しているとき、ときにはそうでないときにもある。

実質的な言葉というのはやはり、明示的な言葉として霊に語りかけられるのであるが、時に潜心のとき、またある時には潜心していないときに生ずる。

これらは霊の奥底に生ずるもので、それが意味する実質的な力を与えるものである。以上のものすべてについてこれから順を追って述べることとする。

＊10 「Palabras formales」を「明示的言葉」と訳した。「Formal」は通常、「形相的」などと訳されているが、ここでは、はっきりと、明確に、実際に、客観的にあるものというほどの意である。つまり、だれかが、はっきりした言葉で、霊に語りかけるというような意味で用いられているのである。

第29章

潜心している霊魂のうちに、時につくりだされる言葉の第一の形について。——その原因および、そうした言葉のうちにあり得る利益と弊害とについて。

1　この継続的な言葉というのは、心が非常に深くある思いの中に沈んでそれにのみこまれているときに生ずるものである。そこで考えている事柄自体について、当人自身ひとつのことから他のことへと考えをはせ、非常に容易かつ明白に言葉をつくりだし、考えの筋を追い、自身知らないことについて思惟を働かせてゆくため、それをしているのが自分ではなく、他のだれかが心の中で考え、答え、また教えたりしているように思われる。事実、そう思うことにはまことに尤もな理由がある。というのは、本人自身、自分で頭を働かせ、自問自答しているのは、あたかもひとりの人が他の人に向かいあっているかのようであるからである。それに実際ある意味ではそうなのである。というのは、あたかも道具のようになってそうしているのは当人自身の霊なのであるが、それらの概念や言葉や、正しい論理を生みだしつくりだすべく力を与えているのは、しばしば聖霊であるからである。

それはちょうど第三者に対するように彼は自分自身に語る。なぜなら、知性はその時考えている事柄の真理に吸いよせられ、それに結びついているように、神の霊もまた、およそ真理においてはすべて常にそうであるように、その真理において知性と結びついているからである。すなわち、知性はこのような形でその真理を通じて、神の霊と交わりをもち、考えていた事柄に関するその他の真理を頭の中で次々とつくりだし、その門を開いて教師である聖霊の光に浴させることになるからである。これが聖霊の教えておられる一つの形である。

2　このように師なる聖霊によって照らされ教えられた知性は、そのような真理を理解し、同時に他方面から与えられる種々の真理について、自ら言葉をおりなしてゆく。その時はちょうど「声はヤコブのものであるが、手はエサウの手である」(創27・22)ということができる。しかし、その言葉を聞いた人は、その言葉が以上のようなものであるとは信ずることができず、それが第三者から来たものだと思うであろう。というのは、知性は、他の人から聞いた考えや、真理について、自分自身、第三者になりすまして、そうした言葉をたやすく作りだすことができるものであることを、悟らないからである。

3　言葉が知性に受け取られること、および、それが照らされること自体に偽りがあるわけではないが、それについて、知性がつくりだす言葉や理論においては欺瞞があり得るし、事実しばしばそうである。時に、知性に与えられる光が非常にとらえがたく霊的なものので、知性はそれについてはっきりと枠づけることができず、今言うように、知性のつくりあげるものが、誤った形のものであったり、似て非なるもの、欠陥のあるものということがあり得る。始めは真理の糸をくり始めたとしても、まもなくそこに低い知性の働きや粗雑さが入りこんでくるため、その力に応じてそれが容易に変わったものとなって、みなちょうど第三者が話すような具合になるのである。

4　私はこの継続的な言葉をもっている人を知ったことがあるが、その言葉のうち、あるものは、ご聖体の秘跡について十分真実で本体的なものであったが、そのうちのあるものは確かに異端的なものであった。

この頃の私の驚きは、ほんのわずかな思慮しかもっていない者が、いく分心を落ち着けているときに何かの言葉を耳にすると、当人はすぐにそれを神からのものだということにし、〝神が私にお話しになった〟とか〝神が答えてくださった〟とか結論してしまうことである。しかも実際には前に言ったように、そうしたことは自問自答にすぎないのである。

5　それも、彼らがそういう事柄についてもっている欲望と、そうしたものの好みとが、自分で答えていながら、神がお答えになったとか、お告げになったとか思いこませるのである。したがってこうしたことを自ら厳しく制御することもなく、また指導者も、そうした頭の働きをきっぱりやめるようにさせなければ、途方もないことにならざるを得ない。なぜなら、それをひどく大したことと思いこみ、また神が語られたのだと考え、謙遜と心の抑制よりも、かえって饒舌と、心の清さを失う結果になるだけで、それは無より少しばかりましか、それとも無か、あるいは無以下のものにすぎない。それというのも、謙遜や愛徳、抑制や、聖なる単純さや沈黙を生じないようなものはいったい何であると言うのだろうか？　したがって、このようなものが、神との一致に至りつくために、甚だ妨げになると私は言うのであって、それも、そうしたものに気をとられていると、信仰の淵から離れていってしまうことになるからである。知性は信仰の暗黒のうちにとどまらなくてはならず、多くの考えによるのではなく愛によって、信仰の暗黒を歩まなくてはならないからである。

6　だが、神の霊が、それらの真理を悟らせるように照らしてくださるのなら、何も悪いことはあり得ないはずであり、とすれば、そうしたものから知性をなぜ引き離さなくてはならないのであろうかと人は言うだろう。それに答えて言おう。

聖霊は潜心する知性を照らされるのであり、その光は潜心の形に応ずるもので、信仰における以上に深い潜心を見いだすことはできない。したがって聖霊が、信仰における以上に何か別の形で照らしてくださることはあり得ない、と。

というのも、信仰において純粋かつ洗練されていればいるほど、神から注がれる愛をもつからである。そして愛をもつことが多ければ多いほど、いっそう神は光をお与えになり、聖霊の賜を与えてくださる。なぜなら愛はそうしたものが与えられるための原因であり、かつ道となるものであるからである。

このように真理が照らしだされることによって、ある光が与えられることは事実であるけれども、信仰における光は、はっきりととらえられないものとはいえ、そうした光とは甚だ異なるものである。ちょうど、純金は、卑金属とちがうように、また量にしていうならば、大海と一滴の水のようなちがいがある。というのは、真理が照らしだされるという場合には、一つ二つ、あるいは三つ、といくつかのことについての知恵が与えられるのに対し、信仰においては、神の英知のすべてが、すなわち、神のおん子が与えられるからである。

7　さらに、人が私に、「いずれもよいものなら、ひとつが他の妨げになるということはないであろう」と言うなら、私は次のように答えよう。そうしたことを問題にすること自体が大きな妨げになる、と。なぜなら、そうしたことは、はっきりものをみようと気にすることであり、あまり重要でないことにこだわることであるから、信仰の深みを受け取る邪魔になるにはそれで十分である。

この信仰の深みにおいて神は、超自然的にひそかにわれわれを教えられるのであり、測りしれぬ徳と賜をもつに至るまで高められるのである。

その継続的な言葉を与えられることから、何か益を引き出そうというのなら、知性の目を故意にそこに止まらせてはならない。なぜならそうしたことは自分自身からそれることになるからである。これについて雅歌の中で、神の英知は次のように語りかける。「あなたの目をわたしよりそらせよ、その目はわたしを飛びたたせる」（雅6・4）と。すなわち〝あなたから遠くに飛び去り、より高いところにとどまる〟というのである。超自然的に与えられることのうちに知性の目を留めず、ただ単純に愛をもって神に向かうべきであるということ、というのは、あのような宝は愛によってこそ与えられるもので、しかもこうした態度によって他の場合よりいっそう豊かに与えられることになるからである。

もし超自然的に受け身の形で与えられるこうした事柄の中に、通常の知性またはその他の能力を積極的に働かせようとするなら、そのような知性の働きかけやその粗雑さは、到底その高みまでゆきつかないため、いやおうなしにそのような事柄を自分の枠の中にひきこみ、その結果それを変質させてしまわずにはいないからで、そのために必ず誤りをすることになり、自分なりの考えをつくりだし、そうした事柄も、もう超自然的な面影を失い、ただ通俗的なひどく歪んだものになりさがってしまうのである。

8　ある人々の理性は、非常に生き生きとして鋭くて、何かの考察に心をひそめると、ごくたやすく、自然に考えを次から次へと追いながら、前に言ったような言葉やまことにきびきびした論理をつくりあげるので、それは神からのものであると考えてしまう。しかし実際にはそうではなくて、感覚的なものの働きからいく分でも自由になった知性ならば、超自然的な助けが何もなくても、そうしたこと、あるいはそれ以上のことができるのである。こういうことはよくあることで、多くの人々は、それが深い祈りであるとか、神との交わりであるとか考えて欺かれ、そのためにそうしたことを書いたり人に書かせたりするのである。しかし、そうしたことは何の価値もなく、徳になる何らの実質的なものもあるわけではなく、ただそれをむなしい誇りにするぐらいが関の山である。

9　このような人々は、そうしたことを問題とせず、謙遜な愛のうちにはっきりとその心を定め、真実を行い、神のおん子のご生涯と節欲にならって、苦しむことの中にすべての霊的宝に至りつく道があることを知らなくてはならない。ただむやみに頭の中で考えることにあるのではない。

10　この種類の内なる継続的な言葉の中にも、悪魔がしきりに手をさし入れてくるもので、ことにそういうことに何かの傾きや好みをもっている人においてはそうである。なぜなら、そういう人が潜心し始めると悪魔は、知性に対し、暗示による考えや言葉をつくりだし、およそ筋をはずれたことをやたらに提供してくるもので、いかにも尤もらしい事柄によって実に巧みに欺き、陥《おとし》れるものであるからである。これはそれとなくまたは、はっきりと悪魔との結びつきを約した人々に対し悪魔がなすことで、例えば異端者のような場合、ことに異端の主役になるものに非常にこまかい偽りと誤りの考えや論理をその知性に示すのである。
11 以上のことからわかることは、継続的な言葉が生じてくる原因になるものには三つのものがあるということ、すなわち知性を動かし、かつ照らしてくださる聖霊と、知性自身に本来そなわっている光、そして、暗示によって話しかけることがある悪魔とである。このときにはこの原因、また他のときにはあの原因というように、それを見分けるための印や兆候を述べるとなると、それを網羅《もうら》することは少し難しい。もし原則的なものをあげるのならば、次のようなものである。
その言葉や考えと共に、謙虚と神に対する畏敬の心をもって、愛を感じ、かつ愛するというのならば、そこには聖霊が働かれている印である。聖霊は何かの恵みをお与えになるとき、いつもそのように愛に包んで与えてくださるからである。

知性の生き生きとした働きや、その光からだけでてくるときには、そのような強い心の働きを伴わないで(尤もそのような真理の認識と光の中に自然に愛する気持ちは生じてくるけれども)知性だけがひとり角力《ずもう》をしているため、黙想がすむと、意志の葉脈に水がきれたような感じが残る。といっても、こうした場合、悪魔が新しい誘惑をかけてこなければ、虚栄や悪に傾くというのではない。

しかしそのような言葉が、よい霊に由来する場合には、そういうことにはならず、普通あとで、神に対する愛、善に向かう心が残るものである。もちろん、時にはその交わりが、よき霊に由来していても心の水が切れたままのようなこともあるけれども、それは何かためになる理由のために神はそのようになしたもうのである。

また他の場合には、あの徳といわれる心の強い働きや動きをあまり感じないことがあっても、そこで受け取ったものはよいものであることがある。

このようにそこに生ずる結果というものはいろいろ異なってくるため、時にこの場合とあの場合というように差異を見分けることが難しいと私は言うのである。とはいえ、上に述べたことはすべてに共通のことで、ただその現れ方が時に多く、時に少ないというだけである。

なお、これらが悪魔からのものであることに気づき、それを見分けることは、時として難しい。というのは悪魔からのものは、通常神の愛に向かう心をひからびさせ、虚栄心や自己満足に傾けさせるものではあるが、また時としては、偽りの謙遜と、自愛心に根ざした強い愛情をいれるため、よほど霊的でないと、それを見分けることができないからである。これは悪魔が巧みに身を匿《かく》そうとすることで、これぞと思う愛着を人の心の中にいれ、時にそれが与える感情のあまりに巧みに涙を流させるものである。いつも悪魔は人がこのような心の中の交わりを高く評価し、非常に大切にするように心の動きを仕向けてゆこうとする。それも、人がそうしたものに気をとられて徳にもならぬものにこだわらせ、もっていた徳さえも失う機会にするためである。

12　これらの場合、いずれにしても、それに欺かれたり、それが妨げになったりしないように注意深くなくてはならないわけで、そうしたものを問題とせず、強い意志をもって神に向かうようにすることだけが大切で、聖人たちの英知である掟と、その聖なるすすめとを完全に守るように努め、教会が示してくれる信仰の奥義や真理を、素直な心をもって知ることで十分満足すべきなのである。

意志を燃えたたせるにはそれだけで十分であって、それ以外の深いことや奇異なことに入りこんでいったら、危険でないのが不思議なくらいである。そのため聖パウロは「知るべき以上に知ろうとしてはならない」（ロマ12・3）といっている。

以上で継続的な言葉については十分述べたことになろう。

第30章
自然の枠を超えた道によって、霊魂に明瞭に（形相的に）語られる言葉について。——これらのものが与える弊害、および、そうしたものによって欺かれないための必要な警告。

1 内なる言葉の第二の種類にあたるものは、明示的言葉のことで、これは潜心しているといないとにかかわらず、何かの感覚に頼ることなしに、自然の枠を超えた道によって時に霊に与えられるものである。それを〝明示的〟というのは、第三者が明瞭にわれわれの心に告げるからで、われわれの精神は何の働きかけもしないからである。

したがってこれは、さきほど話したものとは非常に異なっている。というのは、そこでは、他の場合のように、われわれの精神の側からの働きかけがないというだけではなく、今言うように、時に心を深くひそめてもいないのに、およそ話していることとはかけ離れたことがでてくるもので、こうしたことは、前の継続的な言葉においてはないことで、この場合にはいつも現に考えていることに関連しているのである。

2　これらの明示的言葉というのは、非常によくまとまっていることもあり、時にそれほどでないこともある。

なぜなら多くの場合、ある時は答えのように、またある時は他の形で心に話しかけられ、何かがそこに言い表される概念として与えられるからである。時にそれはひとつの言葉であり、他のときは二つまたはそれ以上の言葉となる。

またある時は、前に述べた場合のように継続的な言葉として現れ、何かを教えたり、それについて話したりしてしばらく継続するのが常で、しかもこちらからは何の働きかけもなく、あたかもある人が他の人と話しているかのように、すべてがなされるものである。これと同じことが、ダニエルに起こったことがあり、彼は天使が彼の中で話していたと言っている。天使自身が、〝彼を教えるために来た〟(ダニ9・22)といっているように、彼の心の中で、天使が明瞭に、つぎつぎと論証し教えたのである。

3　これらの言葉が、明示的言葉以上に何も特別なことがないならば、その影響力は大したものではない。というのは、通常そうしたものは教えるためのもの、または、何ごとかについて光を与えるというためだけのものであるから、それらがもっている目的以上の効果をあげる必要はないからである。それに、そうしたものが神からのものであるならば、いつでもそうした働きかけをもつものである。というのは、そのような言葉は命ぜられたり教えられたりすることにすぐに従う心の用意をつくりだすもので、それも時にはそうしたことに対する嫌気や困難がなくなるわけではなく、かえって、増すことさえもあるものである。神がそうなしたもうのは、われわれをよりよく教えるため、謙遜と霊魂の益とのためである。

このような嫌悪感が残るのは、通常より大いなること、またはその人にとって、特別すぐれたことを命じたもうときで、他方謙遜な卑しいことにはすぐにたやすく動くようにするものである。

出エジプトの書をみると、神がモーセに命じてファラオのもとに行き、その民を自由にするように言われたとき、彼は非常に嫌悪感を覚えたため、三度までもそれをお命じになり、それにしるしまでも示したまわなくてはならなかった。それでもなお、神がその誉れを分かつ伴侶としてアロンを与えられるまでその効果はなかった。

4　これらの言葉や交わりが悪魔からのものであるときには、逆のことが起こる。悪魔はより価値のあることには、すぐその方に向かうようにさせ、いやしいことには嫌悪を感じさせる。神はより大きなことにわれわれが心を傾けるのを見るのを非常に嫌われ、もし神がそれを命じ、そのような立場におおきになるとしても、そこへ急いで飛んで行ったり、命令することをよろこんだりするのをお望みにならないほどである。

通常、神が与えてくださる、この明示的言葉に応ずる迅速な態度というのは、あの継続的な言葉にあるものとは異なっている。

継続的な言葉は、それほどに心を動かさないし、迅速な態度を与えるものでもない。というのは、明示的言葉は、さらに明瞭であって、知性の働く余地が少ないからである。といっても、時として、ある種の継続的な言葉が、神の霊と人間的なものとの大いなる交わりによって、何かより大きな結果をもたらすということはあり得るけれども、その形は非常に異なっている。この明示的言葉においては人は、自分がそれを言っているかどうかを疑うというようなことはあり得ない。なぜなら、そうでないことをはっきり知っているからで、特にその言われたことに注意していなかったときにはいっそうそのことが言える。またよくそれに注意していたとしても、それが他から来るものであるということを非常にはっきりと間違いなく感じとる。

5　すべてこれらの明示的言葉については、他の継続的な言葉と同じように問題にしてはならない。なぜならそのようなことは神との一致のための正しく、かつ直接の道である信仰とはおよそ異なるものによって精神をみたすだけでなく、きわめてたやすく、悪魔に欺かれ得ることになるからである。というのも、言われた言葉のどれがよい霊からきたものので、またどれが悪い霊からきたものか、時として見分けることはほとんどできないからである。それは多くの結果をおよぼすものではないから、結果によって見分けることはまずできない。なぜなら、よい霊からの明示的言葉が霊的な人に与えるよりもっと大きな影響力を悪魔はそれによって不完全な人々に及ぼすからである。

したがって、それがよき霊からくるにしても、悪い霊からのものにしても、とにかくその言われたことをしようとしたり、それを問題にしてはならない。そんなときには円熟した聴罪司祭または弁別力の鋭い賢い人に打ちあけて、教えを受け、いかにあるべきかを知り、またその勧めを聞き、自身は否定的な態度をもって向かうべきである。もしそれほどの道に達した人がみつからないならば、だれにも漏らさないほうがよい。というのは、立派に導いてくれるよりも破壊する人に容易に出会うものだからである。

いずれにしても、人々の霊魂はだれが導いてもよいというようなものではなく、このような重大なことにおいて間違うか正しく的を射るかは、由々しいことであるからである。

6　大いに戒むべきことは、他の人々の意見や勧めを待たないで、自分に告げられた言葉について、自分の考えを表明したり、何かをしたり、それを受け入れたりしないことである。なぜなら、こうしたことには、目につかないほどの細かい奇妙な欺瞞が伴うものであるからである。このようなことを憎まないものは、そうした多くのことについて欺かれざるを得ないであろうと私には思われる。

7　これらの欺瞞や、危険や、戒めについては、時にこの第Ⅱ部の第17、第18、第19及び第20章において述べたことであるから、それを参照していただくことにして、ここではこれ以上長く述べない。ただ一言言っておきたいことは、最も大切な教えはそうしたものを問題にしないということである。

第31章
霊のうちに生ずる実質的な言葉について。——明示的言葉との相違、それらのうちにある益、および、そうしたものに対してもつべき思慮と、こだわらない態度について。

1　内的言葉の第三の種類は、実質的言葉といわれるものであると言った。この言葉は、霊魂に非常にはっきりとした形で刻印されるかぎり、明示的言葉といえるわけであるけれども、その違いは、実質的言葉が霊魂に生き生きとした実質的結果をもたらすものに対し、ただ単に明示的言葉といわれるものはそれほどではない。

したがって、実質的な言葉といわれるものはすべて明示的なものであるが、しかし逆にすべて明示的言葉が実質的なものであるわけではなく、今言ったように、それが意味するところのものを、実質的に霊魂に刻印する言葉のみである。例えば、主がある人に、「善良であれ」と言われれば、直ちにしんから善良な者になるようなものである。あるいは

「私を愛せよ」と言われたとすると、その人は直ちに自分の中にまがいもない神の愛をもち、かつ、それを感ずるようになる。

また、おそれおののいている者に「恐れるな」と言われたとすれば、その人は直ちに大いなる力と平安を感ずる。というのは賢者が言っているように、「神の言葉は力にみちている」（コヘ8・4）からである。したがって神の言われたことは、実質的に現実化するのである。ダビデが、「その声に、力ある声をそえたもうをみよ」（詩67・34）と言ったのもこのことを言い表したかったのである。また神がアブラハムに「わが前を歩み、しかして完きものであれ」（創17・1）と言われたとき、彼は直ちに完全な者となり、常に神を敬いつつ歩んだのであった。

福音にあるキリストの言葉の力がそれであって、ただ言われたというだけで、病人が癒され、死者がよみがえったというようなことである。このようにして神は、実質的な言葉をある人々に与えてくださるのである。この言葉は霊魂にとって、まことに重要かつ貴重なもので、霊魂にとって、生命であり、力であり、計りしれない宝なのである。なぜなら、これらのたった一つの言葉だけでも、生涯を通じてなされたすべての善にまさる宝を与えるからである。

2　この言葉について、何をなすべきであり、何を望むべきであり、何を望むべきでないか、何を捨てるべきで、何を恐れるべきかを決めるのは、われわれの側にあるのではない。

そこに言われることを実行するのは、われわれの側のことではない。なぜなら、そうした実質的な言葉を神が告げられるのは、われわれがそれをするというよりも、われわれのうちで神がなされるためだからである。これが前に言った、明示的言葉とか、継続的な言葉といわれるものとは異なる点である。

また、それを望むとか望まないとかいうことも、われわれの分ではないというのは、神がそれをなさるために、われわれが望まなくてはならないというものではなく、また逆に、われわれが望まなければ、そうした結果が生じないというようなものでもないからである。ただ自らを捨てて、謙遜にそれに任せればよいのである。

捨てようとしてもならないというのは、それらの言葉の結果が、霊魂の中に実質的に残り、神の宝をもってみたされるからで、われわれはそれに対して受身の形であるため、すべてにおいてわれわれの側からの働きかけは少なくあるべきものだからである。

欺かれたのではないかという恐れをもつべきでもないというのは、知性も、悪魔も、この中に介入することは不可能で、また悪魔の言葉の影響が永続的に残るまでには、実質的な結果が受け身の形をとるわけではないからである。尤も、こちらからすすんで結びつきをつくり、悪魔に身を委ねることになれば、悪魔は霊魂の主然《あるじぜん》としてそこに住みこみ、善ではなく邪悪な結果を実質的につくりだしてしまう場合は別である。そのような人は、すでに自分からすすんで邪悪のうちに結びついてしまったために、よこしまな言葉からの結果をたやすく刻みこんでゆくことができるにちがいない。経験によってみれば、悪魔は、よい人々に対しても、さまざまのことにおいて暗示により、したたかな力をおよぼし、大きな結果を生みだすものである。

もし、それが悪い人々であるならば、悪魔はそれらの結果を全うすることができるにちがいない。しかし、よい人々においては、それと似たような結果を及ぼすことはできない。なぜなら悪魔の言葉は、神の言葉とは比べようもないからである。悪魔の言葉は、神の言葉と並べてみればすべて無に等しく、その結果も神の言葉の結果と比較すれば無いのと同じだからである。神はエレミヤをとおして、「藁は麦と何のかかわりがあるか、わたしの言葉は火のごとく、また岩をも砕く槌のようではないか」(エレ23・28―29)と言われたのである。このように実質的な言葉は、神との一致のためにひじょうに有益なもので、それが内的なものであればあるほど、ますます実質的になり、ためになるものとなる。神がこのように話してくださる人々は幸いである。

「主よ、語りたまえ、おん身のしもべは耳を傾けています」(サム上3・10)と。

第32章

超自然的に生ずる内的な感動から、知性が受け取る知覚について。
——それらの原因、ならびに、そうしたものが神との一致への道の妨げをしないようにするためにとるべき態度について。

1　次に、第四、すなわち最後の種類の知覚について述べることとする。これはしばしば、超自然的に霊的な人の霊魂に生ずる霊的感情から知性のうちに流れこむことのあり得るものとして話してきたわけで、知性によってはっきりととらえられる知覚のうちに数えてみた。

2　このはっきり表れる霊的感情というものには、二つの形のものがある。第一は、意志の動きのうちにある感情であり、第二は霊魂の実質のうちにある感情である。

そのいずれにもいろいろの形のものがある。意志にあるものが、神に由来するときには非常に高いものであるが、霊魂の実質よりあふれ出るものは最も高いもので、大いなる益をもたらす宝である。これについては本人も、その指導にあたる者も、その発生の原因を知ることができず、またどういうわけで、神がこのように大きな恵みを与えられるのかもわからない。

なぜなら本人のする業や、そのもっている考えにしても、たとえ、それらがよき心のととのえになるとはいえ、そのために与えられるというものではないからである。これらのものは神が思召しの人に、思召しのままにお与えになるものである。なぜなら、多くのことを果たした人であっても、その人にこれが、与えられるというわけではなく、はるかにわずかのことしかしていない人に、非常に豊かに与えられることがあるからである。したがって、霊的なことに実際に意をつくし力をつくすということは（それがよりよいことにはちがいないけれども）、そのような感情がとりだされる接触を神が与えてくださるために必要であるというのではない。実際多くの場合、そんなことからおよそ心が離れてしまっているからである。これらの接触のうち、あるものは、明らかな形をとり、早くすぎ去ってゆく。他のものは、はっきりしないけれども、長く続くことがある。

3　このような心の動きは、それが心の動きというかぎりでは、知性ではなく意志に属するものである。

したがって、次の第Ⅲ部において、自己の愛着における意志の浄化と暗夜について論ずるまで、そのことについては、わざとここでは扱わないことにする。

しかし、しばしばという以上に大部分の場合、この心の動きから、知覚や、概念や理解が知性にあふれてくるものであるから、この理由のためにだけ、ここでそれらについて言及しておくのがよいであろう。いずれにしても、知っておくべきことは、このような心の動きは、それが、意志からのものにしても、あるいは霊魂の実質のうちに生ずるものにしても、ある時には突如として感情がわきおこる神の接触であったり、また、ある時には永続的または継続的に、前に述べたごとく、多くの場合、概念の把握や理解が知性にあふれてくる、神についての最も高い神の感覚となり、知性にとって最もこころよいもので、そこから湧き出る感情と同様に、何とも名づけようのないものである。これらの知解はある時にはこれ、他の時にはあれという形で、時には非常に高く、かつはっきりしたものであり、他のときにはそれほど高いものでも、またはっきりしたものでもない。それは、そうした知解がでてくる心の動きをつくりだす、神との接触と、その接触がもつ性質に応じて異なるものであるからである。

4　信仰におけるこのような知解によって知性を神との一致に導き、注意深く守るためには、これ以上言う必要はない。というのは、前に言った心の動きというものは、霊魂のうちに受動的に生ずるもので、それを受け取るために、自分の側から力を及ぼすというようなことはないように、そうしたものの知解も、哲学者が「受動的」と呼ぶ知性のうちに受け取られるものであるからである。そこでそのようなものについて誤ったり、その効果を妨げてしまわないためには、知性も、自分から働きかけることなく、その力をそこにはさみ入れないで、ただ受け取るという姿勢でなくてはならない。なぜなら継続的な言葉について述べたように、知性を働かすことによって、あの微妙な知解をたやすく乱し、こわしてしまうことになるからである。これらの知解は、こころよい超自然の知的対象であって、そこには自然的なものは行き着き得ないし、ただ受け取るというだけで、それをこちらから働きかけることによってとらえることはできないからである。

このようなものであるから、知性が自分で、本来縁のないものをつくりあげたり悪魔がさまざまの誤ったものを伴って入りこんでくることのないように、それを獲得しようとしたり、受け取りたいというような望みをもってはいけない。

なぜなら悪魔は前にのべた心の動きによって、あるいはこうした知解に自分を委せるもののうちにさし入れることのできるものによって、さまざまの誤りをひきこむことは実に容易だからである。謙遜に、そうしたことに対してはただ、受け身に、心を離していれば、神はその謙虚と、離脱をごらんになって、思召しの時にそれらの知解を与えてくださるのである。このようにすれば、神との一致のために、これらの知解がもたらすまことに大きな益を自ら妨げることはない。なぜならこれらすべてのものは、霊魂のうちに受動的になされる神との一致による触れあいであるからである。

5　以上のことで、この問題については十分であろう。なぜなら知性に関して生ずるすべてのことは、それに対する注意事項や教えを既述のところに見いだすであろうから。みたところ異なったものであり、またどうしても把えられないもののようにみえても、以上のうちの何かに還元できないような、またそのために教えを引き出すことができないというような知解というものは何もないと言えよう。

第Ⅲ部　精神の能動的暗夜——記憶と意志

記憶と意志の能動的暗夜の浄化について
——完き希望と愛とにおいて、上記の二つの機能を通じ、神と一致するため、そうした機能の知覚に対して、いかに処すべきかという教え。

第1章
概要

1　精神の第一の機能である知性が、純粋な信仰によって神と一致することができるように、第一の対神徳である信仰におけるすべての知覚に関して今まで教えてきたわけであるから、今残っているものとしては、精神の他の二つの機能である記憶と意志について、同様の説明をしなくてはならない。すなわち、われわれが、完全な希望と愛とにおいて、神との一致に達するため、この二つの機能による知覚もまた清めなくてはならないからである。そのことを、この第Ⅲ部において、簡略に述べるつもりである。

というのは、他の二つの機能のすべての対象を、それなりに受け取る知性については、もう結論を与えたのであるから（そこでは他の二つのものについて話すために、非常に長い道を辿ってきた）、これらの機能については、それほど詳しく述べる必要はないからである。

なぜなら、霊的な道をゆく人が、自分に与えられた教えに従い、信仰において知性をよく教えこむならば、他の二つの対神徳によって、それに応じた機能をも、その道のついでによく教えこまないということはあり得ないからである。事実それらは、相互依存の関係にあるのである。

2　しかし、今までとってきた論理を完結するため、またいっそうよく理解されるために、それ自体のはっきりした素材に関して述べる必要があり、ここでは、その各々の機能、すなわち、まず第一に本来記憶に属する知覚について語ることとしよう。ここで、われわれの意図をみたすに充分なその記憶の区別をするわけであるが、その区別というのは、対象の相違からくるもので、それ本来の自然のもの、想像によるもの、霊的なもの、と三つに分けられる。これがそのまま、また記憶の三つの形のイメージとして現れるわけで、自然的なものと超自然的なもの、超自然的なものには、想像によるものと霊的なものとがある。

主の恵みに頼って、これらのことについて今ここで話そうとするわけであるが、外的対象に関する自然の知解から始め、そのあとすぐに意志の愛着について論じ、それで、この霊のつくりだす暗夜（能動的暗夜）の第Ⅲ部を終わるつもりである。

第2章

記憶による通常の知覚について。——この機能によって神と一致するためには、その知覚に全くこだわらないようにしなくてはならない。

1 読者は、本書の各所において、われわれの意図に留意しなくてはならない。というのは、もし、そうしないならば、読んでいることについて、さまざまの疑問が起こってくるはずであるから。例えば、すでに話した知性について、今述べようとしている記憶について、またさらに、後に話すつもりでいる意志について、など。なぜなら、われわれが、そうした機能の働きをなくさせようとするのをみて、霊的修練の道においてわれわれは、建設的であるよりむしろ破壊的であるように思われるかもしれないからである。もし、ここで、初歩の人たちにだけ教えようとしているとするならば確かにそうであろう。その人たちにとっては、頭を働かせ、知覚に訴えることが必要だからである。

2　しかし、ここでは、神との一致に至るべく観想に進歩するための教えを与えようとしているのであるから、機能の感覚的な作用や、それに頼るようなことはしりぞけ、沈黙させ、神ご自身が霊魂のうちに神的一致をなしたもうようにしなくてはならない。したがって、その中に超自然的なものが注ぎこまれ、照らされるためには、そのような機能の働きにこだわらず、そうしたものは無きに等しくし、その本来の要求や動きに堰《せき》をつくらなくてはならないのである。なぜなら、そうしたものの能力は、むしろ見失われてしまわなければ、そのように高いところまで達することはできず、かえってその邪魔になるからである。

3　まことに神がそうであることよりも、そうでないことによって、神を知らねばならないというのが真なのであるから、神に至りつくためには、どうしても、それが自然的なものにせよ、超自然的なものにせよ、とらえられるものはすべて最後の最後まで、しりぞけてゆかなくてはならない。

そこで今、そのことを記憶について行おうとするわけで、その本来の限界点から引き出して自らを超えさせ、すべて明らかに読みとれる観念や、目にとらえることのできるものの上にまで高めて、理解を絶した神の最高の希望にまでもってゆこうとするわけである。

4　そこで、自然的な知解から始めるわけであるが、記憶の自然的知解というのは、聞く、見る、かぐ、味わう、触れるという体の五官の対象によって記憶が形づくることのできるもののことで、他のそれに類した形のものすべてを含む。

これらすべての記憶のうちに残るもの、その形づくるものから全く離れ、むなしくなるため、いろいろ想像を働かせることのないように努め、何の跡も、思い出も残さないようにしなくてはならない。あたかも過去に何もなかったかのように、何もかも忘れ果て、すっかり空《から》になってしまわなくてはならない。

神と一致したいならば、そうした形から、記憶を全く捨て去ってしまわなくてはならない。なぜなら、前に知性の暗夜において述べたように、神は、何かの形をとったり、何かはっきりとした概念としてとらえられるものではないのであるから、神ならぬすべての形のものから離れてしまわなければ、神との一致は不可能だからである。

キリストの言葉にもあるように、だれも二人の主《あるじ》に仕えることはできないのであって、神と、何かの形や明確な概念とを同時に結びつけることは不可能である。神は、記憶によってとらえられるような形やイメージをもっておられないのであるから、記憶が神と一致する場合には（毎日の経験においてみられるように）何の形もイメージもなく、想像も絶えて、記憶は全く忘却のうちに一言も思い出すことのない至福の状態におかれる。というのは、その神的一致は、イメージをなくし、形や概念のすべてを一掃し、記憶を超自然へと高めるからである。

5　このことでは、ときどき驚くべきことが生ずる。神があの一致の触れ合いを記憶のうちに与えたもうと、記憶がその座を占めている脳の中が、突如強く転倒したかのように感じられ、貧血を起こしたようで、判断や感覚が失われたかと思われるくらいである。しかしこれは、接触の多少によって強弱の差がある。その時には、この一致のために記憶は、すべての観念から離れて浄化され、それらを忘れてしまうのであるが、時に、自分自身をすっかり忘れてしまうため、何かを思い出そうとすると非常な力と努力を要するほどである。

6　この記憶の忘却と想像の停止とは、その神との一致のため、時の過ぎるのを覚えずその間に何が起こったかを知ることもなしに長い時を過ごすほどである。想像が停っているため、人が何か苦痛を与えるようなことをしても何も感じない。なぜなら、想像がなければ感情は生ぜず、考えることもないため、考えによって感情が生ずることもないからである。

神がこの一致の触れ合いを与えたもうためには、すべて心にとまるものから、記憶を切り離していなくてはならない。

ただ注意すべきは、こうした記憶の停止は完全な状態に達した全き人においては生じないということである。というのは、そうしたことは、一致の始めにあることだからである。

7　人は言うであろう。そのようなことはいいように思われるかもしれないが、そのことから生ずることといえば、諸機能の自然の働きや動きを破壊することになり、人は何もかも忘れて動物のようになり、あるいは、さらに悪くなって、頭を働かせることもなくなり、大切なことや、通常することも思い出せなくなってしまうではないか。神は自然を破壊されるのではなく、全うされるはずであるのに、ここに必然的な結果として現れてくるのは破壊である。なぜなら、事柄を思い出すための手段となる観念やイメージを奪われてしまっているため、なすべき道徳的なこと、理性的なことも忘れ、当たり前のことさえも忘れてしまうからである。

8　これに対しては次のように答えよう。記憶は、神と一致すればするほど、個々の観念はますます高く昇華し、全き一致に至るときには、すっかりなくなってしまうのである。したがって、この一致が行われる当初においては、どうしても万事について全く忘れてしまうわけである。というのも、イメージや観念がなくなってしまうため、外部的な事柄については、おびただしい過ちを犯すのである。例えば、食べること、飲むこと、何をしたか、何を見たか、それとも見なかったか、人が何を言ったか、言わなかったかなど、神のうちに記憶が呑みこまれてしまうため、何も思い出せないのである。

しかし、あの最善のこととして、一致が固定状態にまでなると、記憶は、道徳的なことや通常の事柄において、あのような忘れっぽさを保っていることはない。それどころか、しかるべく必要なことにおいては、いっそう大いなる完全さをもつようになる。といっても、そうしたことを、記憶のイメージや観念によってなすのではない。

というのは、神との一致が不動になると、記憶および、その他すべての機能の、それ本来の働きは弱まり、自然的なところから超自然的な神のところへと移ってゆくからである。このように、記憶が神のうちにおいてその姿を変えてしまうと、事物のイメージや観念は、その跡を残さなくなってしまうのである。

そのようになると、この状態における記憶やその他の諸機能の働きはすべて神的なものとなる。というのは、これらの機能自身が変化してしまうことにより、神はその全き主として、それらを所有したもうため、神自らその霊と意志とによって、神的に動かし、かつ命じたもうようになるからである。それからというものは、その働きは別のものとしてではなく、霊魂のなすことは、神のもの、神的な働きとなる。そこでは聖パウロが言うように、「神と一致するものは、神とひとつの霊となる」(一コリ6・17)のである。

9　神と一致した人の働きは、神の霊のものであり、神的なものである。したがって、このような人のすることは、すべて時宜に適した、理性に合ったことばかりで、それにふさわしくないようなことは何もしない。なぜなら神の霊は、その知るべきことを知らせ、知るべからざることを知らないようにし、時にイメージをともなったり、そうしたイメージなしに思い出すべきことを思い出させ、忘れるべきことを忘れさせ、愛すべきことを愛させ、神のうちにないことは愛させないようになされるからである。このように、そうした霊魂の些細な心の動きもすべて神的なものとなる。神的なものに変容されてしまっているため、その心の動きや働きが、神的であることに何の不思議もない。

10　こうした働きについて、二、三の例をあげようと思うが、その一つは次のとおりである。ある人が、この状態にある人に、神に祈ってくれるよう願ったとする。この人は、頼まれた人について思い出すにしても、何か頭の中に描いてみるわけではなく、もしその人のために祈らなくてはならなければ、――すなわち、神がその人を通じて祈りを受け取ることを、お望みになるならば――神はその人に祈る望みを与えて、その意志を動かしてくださるであろう。反対に、神がこの祈りをお望みにならないなら、たとえその人が祈ろうと努力しても祈ることはできないし、その望みも起こらないであろう。それに時にはまだ知りもせず、聞いたこともない人のために祈る気持ちを、神がお与えになることもある。というのは、前にも述べたように、そのような人を動かすのは神だけであり、したがって、ただ、神のみ旨とその定めにあることだけに、その意志は動かされ、他のほうには向いてゆかないため、このような人の業や祈りというものは、常に実りのあるものとなる。光栄にみちておられた聖母のお働きというのは、そうしたものであった。聖母は、始めからそのような高い状態にあげられておられたため、この霊魂の中には何の地上的なものも影を落とすことなく、このために動かされることもなく、ただ常に聖霊の働きによるのみであった。

11　他の例をあげよう。ある時に、必要な仕事に手をつけなくてはならない場合。何かそのために頭に浮かんでくるというのでは全くなく、どうしてかわからないが、いつ、どのようにしてそれを誤りなく果たすべきかがおのずと定められているかのように思い出すのである。

12　また、聖霊は、このようなことだけではなく、今起こってくることや、将来起こる多くのことについても、また、その場に居合わせない事柄についても、光を与えられるのである。ある場合には、知的なイメージによることもあるが、多くの場合、とらえられるようなものは何もなく、本人たちは、どうしてそうしたことを知ったのかわからない。それらは、神の知恵に由来するもので、こうした人は、自分の能力を働かせることによって知るとか学ぶとかいうようなことをしないようになっているからである。（これは山のところで言ったように）すべてのことを広く知るようになるからであって、このことを賢者は次のように言っている。「万物のつくり手である英知が私にすべてを教えたもうた」（知7・21）と。

13　しかし、たぶん人は言うことであろう。

これほど高い状態にゆきつくまでに観念やイメージから記憶を全く洗い落としてしまうことは不可能なことであると。なぜなら、そこには人の力を超えた二つの困難がある。すなわち、人間本来の力によって、それ本来のものをなくすというようなことはできない相談であり、またさらに困難なことは、超自然的なものに接触し、それと一致するということで、実を言えば、自然の能力をもってしては、それは不可能なことであると。

これに対して答えて言おう。こうした状態に霊魂をおきたもうのは神であることは確かであるが、われわれは、できるだけそのために自らをととのえなくてはならないわけで、自然に自分でできることはもちろん、特に神が与えたもう助けによってそうしなくてはならない。このようにして、われわれが自らを捨て、もろもろのイメージをむなしくしてゆくにしたがって、神は、神との一致をもつようその霊魂を引きこまれる。

このことは、その折りになったら霊の受動的暗夜において述べるように、神は、そうしたことを、その霊魂のうちに受動的に行われるのである。このようにして神のお望みのときに、われわれの魂の構えに応じてついには、全き神的一致の状態を与えたもうようになるのである。

14　霊魂がこのような状態になったとき、知性や記憶や意志に関して神の働きによって生ずる神的な実りについては、この暗夜、すなわち能動的浄化（われわれの側からの努力がおもだった浄化）のところでは述べないつもりである。というのは、この暗夜の浄化だけでは、神との一致が全うされないからである。それにしても、神と霊魂の結びつきが全うされる受動的浄化（神の側からの一方的働きによる浄化）のところで、それについて述べるつもりである。

したがって、ここでは、記憶ができるだけ自らの努力によって、この暗夜による浄化のうちに入りこむために必要な形についてだけ述べておきたい。通常、そのために霊的な道をあゆむ人が心すべき戒めとは次のごときものである。

まず、聞いたり、見たり、嗅いだり、味わったり、触れたりするすべてのことを記憶に留めないようにすることで、必要とあらば、他の人がそうしたことを思い出そうとして払う努力を、逆に忘れることに用いるべきである。まるで、そうしたものはこの世になかったかのように、記憶の中に何の印象もイメージも残さないで、高いことにしても低いことにしても、記憶を何かの考えに結びつけるようなことなく、記憶が、ひとつの邪魔ものであるかのように、そのまま忘れ去り、洗い落として全く自由にすることである。なぜなら、地上的なことは超自然的なことに用いられようとするとき、助けになるより、妨げになるからである。

15 もし、ここでも、前に知性についてふれたような疑問や反論、すなわち、そのようなことは無為な時間の浪費であって、せっかく記憶によって受け取ることのできる霊的宝を奪われてしまうことになるというのであれば、そのようなものに対しては、前のところで十分に答えており、また後に受動的暗夜のところでも答えることとなろう。したがって、ここでは、それに足を踏みとどめないことにする。

ただ注意しておきたいことは、しばらくの間、考えやイメージをなくしてしまうことによる利益に気づかないとしても、そのために疲れてはならないということである。なぜなら、そのような人を、しかるべきときに神は助けてくださらないことはないからである。また、これほど大きな宝のためには、忍耐と希望とをもって堪え忍んでゆかなくてはならないのである。

16　常住坐臥《じょうじゅうざが》、常に神に動かされているというような霊魂、すなわち、何のイメージからも離れて、その機能がすべて神的に動かされているというほどに、絶えず神と一致した霊魂というのはほとんどないであろうが、それでも極めてありふれたこととして、その働きにおいて神に動かされている人々がいる。彼らは自ら動いているのではなく、聖パウロの言うように、神の子、すなわち、神のうちに変容し神と一致しているものは、「神の霊に動かされるもの」（ロマ8・14）で、その働きがすべて神的なものとなるのである。この霊魂は神と一致しているのであるから、その働きが神的であるということに不思議はないのである。

第3章

記憶から生ずる知解や、推理を暗くしないために受ける三つの弊害について。――その第一。

1　神にゆくため、またはその他のことのために、記憶から生ずる知解や推理を用いようと望むものは、三つの弊害と支障とを蒙《こうむ》る。そのうちの二つは、よきものを「害するポジティブ」なもので、残るひとつとは、よきものを「失わせるネガティブ」なものである。第一は世俗的なもの、第二は悪魔からのもの、第三は、知解や推理が神との一致を妨げたり、かつ乱したりするものである。

2　第一に世俗的なものというのは、知解や頭の働きがつくりだすさまざまな弊害のことで、例えば誤謬や不完全、欲望、判断、時間の浪費、その他、多くの不純を霊魂のうちにつくりだすものなどである。

そうした知解や頭の働きに席を譲るなら、多くの誤謬に陥ることは明らかなことで、真実が誤りに見え、確実なことが疑わしく見え、またはその反対のことが生ずる。なぜなら、われわれは、一つの真理にしても、それを根底から知るということは不可能だからである。したがって、すべての知解や頭の働きにおいて、記憶を暗くしてしまうなら、そうしたことから全く解放されるであろう。

3　聞いたり、見たり、触れたり、嗅いだり、味わったりするその中に、記憶を留めるならば、その度に不完全が伴う。そこでは何かの執着が生ずる。そして、苦痛とか、恐れ、憎しみ、あるいは、むなしい希望や、はかないよろこび、虚栄心などがでてくるものである。これらはみな、少なくとも欠点といわれるもので、たいてい、かなりな小罪である。こうした知解や頭の働きは、神に関することであっても、霊魂の中に、多くの不純さを目につかないほど細かく染み込ませるものである。

さらに、そこから当然欲望がでてくるもので、そのことは、上記の知解や推理から、おのずとそれがでてくるということからも明らかなことで、そうした知解や推理をもちたいと思うこと、それだけで欲望と言えるのである。また、あれこれと心に思うことが少なからずでてくるのも当然で、他人の善悪について何かと記憶を働かさざるを得ないことになり、時に、悪いことがよく見えたり、善いことが悪く見えたりするものである。すべてのことについて記憶の目を閉じ、暗くしなかったならば、これらすべての弊害からまぬがれることのできる者はだれもいないであろうと私は信じている。

4　もし、このようなものが入りこんできたときには、そのすべてに打ち克つことができるのではないかとだれかが言うなら、私は答えよう。もし、そうした知解に気をとめるなら、すべてそのようなものに打ち克つということは不可能であると。

というのは、そうした知解には、無数の不完全なものや横着なものがはいりこんでおり、そのあるものは目につかないほど非常にこまかく、樹脂が、触れた手に粘りつくように、知らぬ間に霊魂にくっつくものだからである。ゆえに、そうしたものを一挙に始末してしまう最も優れた方法というのは、すべてにおいて記憶を否定してしまうことである。

しかしなお、このようにしては、神がその人に恵みをお与えになるための、まことに有益な、神についてのすぐれた考えと思いとを失うことになる、と人は言うかもしれない。これに対する答えは、神の恵みを受け取るために、いちばんためになるものは心の純潔ということで、それは被造物や、この世のものに対する愛着や、そうしたものにことさらに心をとらえられることのないようにすることである。これらのものに対する愛着は、精神機能の働きの本来の不完全さのために、ひどく心に粘り着くものであると言えよう。

したがって、神が語られるためのより優れた方法とは、そうした精神機能を沈黙させ、鎮めることを学ぶにある。なぜなら、上に述べたように、この状態になるためには、精神本来の働きが消え失せなくてはならないのであって、預言者が言っているように、霊魂の機能が孤独になり、神がその心に話しかけられるときに、そのようなことが生ずるからである（ホセ2・14）。

5　さらになお、次のように反論されるかもしれない。記憶によって神のことを考えもせず、思いもめぐらさないとすれば、心は何もとらえどころがなく、いつのまにか散心と心のゆるみが生ずるであろうと。これに対して答えていえば、記憶がこの世のことからも、あの世のことからも離れて心をひそめているならば、何か悪いこと、散心、気まま、不徳な事柄など（これらはみな、記憶に浮かびあがることによって、いつも生ずるものである）が入ってくるにも入ってきようがないと。もし、高いことについての考えや思いに門を閉ざし、低いことに対して門を開くならばそのようなことにもなろうが、ここでは、そのようなことが起こり得るすべてに対して門を閉じ、記憶を静めてその口を塞ぎ、心の耳だけを神に向かわせながら、預言者とともに、「主よ、語りたまえ、おん身のしもべは耳を傾ける」（サム上3・10）と言う。これと同じく雅歌において、花婿は、その花嫁が「わが妹は、閉ざされた園、封じられた泉」（雅4・12）のようなものであるべきだという。すなわち、その園に入りこみ得るすべてのものに対して閉ざされているということである。

6　したがって、懸念も憂いもなく、自らを閉じるがよい。戸の閉じられたままの部屋に、体をもってその弟子たちのいるところに入られたおん者は、彼らに平安を与えられたのであるが、このようなことがあり得ることを弟子たちは知りもせず、考えも及ばなかったのである。そのようにわれわれが、どうしてかわかりもせず、またそうなるよう働きかけもしないのに、われわれの霊魂の中に、かのおん者は入りたもうのであって、記憶も理性も意志も、すべてその機能に触れるものから、その門を閉じると、預言者の言うように、まるで大河のように平安がわれわれを訪れ、われわれを充たし、すでに自分は失われたか、あるいは失われようとしているという恐れを与えていたすべての心騒ぎや暗闇や疑惑の雲がとりさられてしまうのである（イザ48・18）。たゆまず祈るように。魂のむなしさと全き赤裸のうちに希望するならば、神の恵みは、時を逸せず、与えられるであろう。

第4章
記憶の本来の働きを通じて、悪魔が霊魂に及ぼす第二の弊害について。

1　何かのことを忘れないでいるために、霊魂に及ぼされる第二の弊害というのは悪魔からくるもので、悪魔はこれによって、霊魂に大きな力を及ぼすことになる。というのは、何かのイメージや知解や推理をもって、あれこれと次々に心を煩わせることによって、傲慢や貪欲や、怒りや嫉妬などで心を汚し、さらに正しからぬ憎しみ、むなしい愛を吹きこみ、さまざまの形で欺くことができるからである。また、悪魔は、これらのことを、誤りが本当のように思われ、本当のことが誤りにみえるように、妄想に刻みつけてしまうからである。要するに悪魔が、霊魂に対してなす大部分の欺瞞《ぎまん》や悪は、むだな思い出をあれこれとめぐらすことによって入りこんでくるのである。

したがって、これらのすべてのことに対し、記憶の目を閉じ、すっかり忘れきってしまうなら、悪魔からくるこれらの弊害に対し、完全に門を閉ざすことになり、これらすべてのことから心を解き放つことができるわけで、これは大きな宝である。

というのも、悪魔は、精神機能の働き、ことに他のすべての機能の働きのよりどころになっている知解をとらえなければ、霊魂に対して何もできないものである。したがって、記憶がすっかりなくされているなら、悪魔は何もできないわけである。というのも、そこに何も見いだすものがないため、何もなければ何もできないわけである。

2　霊的な道をゆく人々が、あまり記憶を用いすぎるため、それによって悪魔がどんなに多くの弊害を及ぼすかということを、よくわかってくれるように望む。神について考えるにせよ、あるいは、この世のことにせよ、そのために何と多くの悲しさや、悩みや、悦びをとりだすことになることか。また、その心に何と多くの不純の根をさしいれ、非常に高い潜心から心を散らせることであろうか。高い潜心とは、精神の働きによって、至善のものではない目にとまるすべてのものから心を切り離して、すっかりそのまま、測り知れぬ善のうちに心を定めることにある。

もちろん、そのように記憶をむなしくしたからといって、必ずしも、神のうちに自らを定めることにはならないかもしれないけれども、多くの悩みや苦しみ、悲しみから逃れ、不完全や罪から引き離されるというだけでも、大きな宝である。

第5章

本来記憶に伴う、はっきりした知解のために霊魂に生ずる第三の弊害について。

1　本来記憶に伴う知覚のために、霊魂に生ずる第三の弊害は、倫理的な善を妨げ、霊的善を奪い取る善の喪失にある。

まず第一に、これらの知覚が、どのような形で倫理的善を妨げることになるかを述べるためには、倫理的善というのは、欲望に轡《くつわ》をはめ、軌道を逸した欲求を抑えることにあることを知るべきである。ここから、つづいて霊魂に生ずるものは、静かさと平和、落ち着きと徳であって、これが倫理的善というのである。

この制御や抑制は、いろいろの愛着を生ずるものを忘れ、そうしたものを自分から離してしまわなければ、本当に獲得することができない。それに、記憶によって何かをとらえているのでなければ、心のうちに何の騒ぎも生ずることはない。なぜなら、そうしたことを忘れてしまうならば、平安を乱すものも、欲望を動かすものもない。人の言うように、見ることのないものを心が望むことはないからである。

2　経験が知っているように、われわれは何かを考えるごとに、その知覚に応じて多少とも動かされ、変化を受けるものである。知覚が重苦しいものであれば、悲しみが生じ、快いものであれば、欲望やよろこびが生ずるなど。したがって、その知覚の変化によって、いずれにせよ、あとで心の乱れが生ずるはずである。ある時には悲しみ、ある時には憎しみ、ある時には愛したり、というように。これらのことを忘れるよう努めないならば、(心の静けさから生みだされる)いつも変わらぬ一貫した態度を保つことができない。ゆえに、それらの知解が、倫理徳の宝を甚だしく妨げるものであることは明らかである。

3　そのようなことで埋められた記憶が、霊的な宝をも妨げることは、上に述べたことから明らかにわかることである。なぜなら、そのように変質した霊魂は、倫理的善の基礎をもたないため、その状態に止まるかぎり、霊的宝を受け取る力がないのであって、霊的宝は落ち着いた平和な魂のうちにのみ刻みこまれるものなのである。

その上、人間というものは、ひとつのことにしか注意を向けられないのに、いろいろのことにとらわれているなら、測るべきではないおん者である神のために、自由であることはできない。なぜなら、神に達するためには、理解によるよりも、理解することなしに歩まなくてはならないからである。すなわち、変わるもの、理解されるものは、変わらないもの、理解できないものに、その席を譲らなくてはならない。

第6章

記憶をめぐって、通常もつことのできる思いや考えのすべてを忘れ、むなしくすることによって、霊魂が受ける益について。

1　いろいろの思い出のために、霊魂が蒙《こうむ》る上述の弊害ということから、それを裏返せば、そうしたものを忘れ去ることによって逆に生ずる益について話すこともできる。学者のいうように、ある事柄に役立つ教えは、その反対のものにも役立つからである。

第一には、心の平安と落ち着きとを、心ゆくまで味わうことができることである。というのは、思い出から生ずるいろいろの考えのため心が乱されたり、動かされたりしないため、その結果として、より大切な、良心と心の純潔をもつことができるからである。

これは、人間の知恵と神の英知、および徳をもつための大切な心構えである。

2　第二の利益は、悪魔からくる数多くの示唆や誘惑や働きかけからまぬがれられることであって、悪魔は、思いや考えを通じて、そうしたものを心の中にさしいれ、ダビデが、「彼らは悪事を考え、語っていた」（詩72・8）というように、多くの不純と罪とに陥《おとしい》れるものである。したがって、そのきっかけとなるような思いを捨ててしまえば、悪魔は霊魂に挑む通常の手段を失うことになる。

3　第三の益は、こうしたすべてのものを忘れ去り、心をひそめることによって、霊魂は、聖霊によって動かされ、かつ教えられるための心構えを保つことになるということである。なぜなら、賢者のいうように、聖霊は、「理性からはずれた考えからは、遠ざかるおん者である」からである（知1・5）。記憶をからにすることによって、ただ煩悩からまぬがれるだけのことだといっても、それだけで大きな徳であり宝である。なぜなら、それとは反対の事柄によって生ずる苦しみ、悩みというものは、煩悩を静めるために何の役にも立たず、それどころか通常ただ霊魂を傷つけるだけのことだからである。それでダビデは「まことに、すべての人はむなしく自ら心を乱す」（詩38・7）と言った。自ら心を乱すことは、何の役にも立たないことであるから、それは、いつもむなしいことであるのは明らかである。ゆえに、すべてが失敗に終わり、破壊され、反対の結果になるとしても、自ら心を乱すことはむなしいことで、それはいやすよりも、むしろ害を与えるものである。いつも静かな落ち着きをもって、すべてを耐えしのぶことは、多くの善を得るために役立つだけではなく、同じ逆境にあっても、それらについて、よりよい判断を下し、適切な救いの手をさしのべるものである。

4　したがって、こうしたことの弊害と益とをよく知っていたソロモンは「人間にとって、よろこぶことと、生涯善をなす以上に優れたものはないことを知った」（シラ3・12）と言う。

このことから知るべきことは、どんな場合にも、たとえ逆境にあっても自身心を乱すよりも、まずよろこばなくてはならないということである。すなわち、どんな富よりも大いなる宝である心の落ち着きと平安とを、逆境のときも順境のときも、常に一貫して失わないことである。

もし、ただ、あれこれと考えたり思ったりすることなく、またそれらを忘れ去るだけではなく、聞いたり見たり交わりをもったりすることから、できるだけ身をひいているならば、人はこの平安を失うことはないであろう。というのも、われわれの本性はきわめて弱く、もろいものであるため、たとえ十分鍛えられているとしても、何も思い出さなければ平安で落ち着いていることのできる心を乱したり、また、気持ちを動かしたりするものがあれば、それらを思い出すことが、つまずきにならないですむということはほとんどあり得ないことであるからである。

そこでエレミアは、次のように言っている。

「記憶力を呼びおこすときわが魂は、痛みのために力を失う」（哀3・20）と。

第7章

第二の記憶の形として、超自然的な想像と知解。

1　自然の知覚の第一の形に入るもので、自然の想像によるものについても、やはり話してきたけれども、記憶のうちに保たれる他の超自然的なイメージや知解、例えば、超自然の道を通じた啓示や言葉や感情というようなものについて、今ここで区別しておくのはよいであろう。これらのものが霊魂を通りすぎると、そのイメージや形や考えとなって記憶や想像の中に、通常きわめていきいきと烙印されるものである。したがって、こうしたものが記憶の妨げになったり、純粋かつ完全な希望のうちに神と一致する妨げとならないため、一言しておく必要がある。

2　したがって、この宝を獲得するためには、超自然の道によって霊魂を通りすぎた、はっきりと目に映るものに関して、その形やイメージや知解を、いつまでも保っていてはならないと私は言うのである。なぜなら、われわれは常に次の原則から出発しなくてはならないからである。すなわち、自然的なものにせよ、超自然的なものにせよ、はっきりとものをとらえればとらえるほど、すべてのものが呑みこまれてしまう信仰の深みに入る力と、心の素地を、ますます失ってゆくことになるということである。前に述べたように記憶の中に入ってくることのできる超自然的なイメージや知解は、神ではなく、神にゆきつくためには、神に非《あら》ざるすべてのものをむなしくしてゆかなくてはならないからである。したがって記憶もまた、望徳のうちに神と一致するためには、これらのイメージや知解のすべてから離れていなくてはならない。すべて所有するということは望徳に反するもので、望徳とは、聖パウロの言うように、〝未《いま》だ所有しないものについて〟言われることであるからである（ヘブ11・1）。

そこで、記憶を捨てれば捨てるほど、ますます望徳を豊かにもつことになり、望徳をもてばもつほど、それだけ神との一致をもつことになるのである。

なぜなら、神に関しては、望めば望むほど、より多く獲得することになるからである。自分をもたなくなればなるほど望徳は増し、自分を全く所有しなくなるとき、神的一致における神の所有は全きものとなる。

しかし、何かを思い出しては味わうこころよさや甘味さを失うことを欲しない人々が多く、彼らは最高のものの所有や、全き甘美に達することがない。なぜなら、「所有しているものを、ことごとく捨てさらないものは、その弟子となることができない」（ルカ14・33）からである。

第8章

超自然的な事柄[*1]について、繰り返し考えることが霊魂に及ぼす弊害について。――それが、いかほどであるかということ。

1　超自然の道によって生ずる事柄が刻みこむイメージや考えにとらわれて、それに思いをめぐらすために起こってくる弊害には五つある。

2　第一は、かれこれ混同して欺かれること。

第二は、自負心や虚栄心に陥りがちであること。

＊1　「cosas sobrenaturales」を「超自然的事象」と訳すのは、意味をせばめすぎ、ここでの著者の真意にそれると思われる。ここではほとんど「anormal 異常なこと」から、「extraordinario 例外的な事柄」といってもよいほどで、純粋に神または神の恵みの世界をさしているわけではない。訳語の適切なものが見つからないので「超自然的な事柄」と訳したが、「自然を超えた」というほどの意味である。

第三は、このような知覚によって、悪魔は、われわれを欺くのに恰好《かっこう》の場をもつということ。

第四は、望徳によって神と一致するための妨げとなること。

第五は、その大部分において、神をいやしく判断すること。
3 第一の場合、前に述べたようなイメージや知解にとらわれ、それに思いをめぐらせているならば、しばしば、それについて誤った判断を下すことは明らかである。なぜなら、想像によって、自然に生じてくる事柄をあますところなく知りつくすことは決してできないことで、それについて完全かつ確実な判断をもつことはできないからである。
まして、われわれの力を超えた、まれにしか起こらない超自然的な事柄においては言うまでもない。

したがって、しばしば、神からのものと思っても、それが単に妄想にすぎないものであったり、またさらには、神からのものを悪魔からのものと考えたり、悪魔からのものを神からのものと考えるようなことになる。

また非常にしばしば、自分や他人の善悪についての判断や、考え方、あるいは頭に浮かんでくるものが深く心に刻まれ、確実かつ真実なものと思いこむことがあるけれども、その実は大変な誤りにすぎないことがある。

また、他の真実なものを本物でないと思い込むことがある。ただし、私は後者を、より安全だと思う。なぜなら、通常それは、謙遜からでてくるものであるから。

4 また、たとえ真偽のほどにおいて間違わなかったとしても、少ないものを多いもの、多いものを少ないものと思いこむように、量と質において誤りをおかすことがある。質についていえば、想像によってこれと思うことが、その実は、そうではなかったりするわけで、イザヤが言っているように、闇を光、光を闇と思い、苦いものを甘いもの、甘いものを苦いものと思い込む。

また、一つのことでは当るとしても、他のことで間違わなければ、不思議なことでさえある。あれかこれかをはっきりさせるために判断しようと思わないまでも、幾分でも、それを問題にするというだけで、少なくとも受け身の形で何らかの害、次に述べようとするあの四つのいずれかの害を蒙《こうむ》るのに十分である。

5 したがって霊的な道をゆく者は、自分の判断において誤りにおちいらないため、そのもっているもの、感じているものが何であるか、あるいは、これこれの示現（ヴィジョン）や知解や、感情がどんなものであるかを知るために、判断しようとせず、またそれを知る望みももたず、ただ霊的指導者に話すだけで、指導者は、こうした心に映るものから記憶をむなしくすることを教えるべきである。なぜなら、それがどんなものであるにしても、それら自身は神の愛に向かう助けとはならず、すべてのことから離れ、それらを捨てさせる活ける信仰と望徳の最小の行為にさえ及ばないものだからである。

第9章

自負心や虚栄心に陥る第二の弊害について。

1　霊的な道をゆく者にとって、上記の超自然的知覚もまた、幾分でもそれを問題視し、気にするならば、何かの自負、または虚栄心に陥る大きな機会となる。

このようなものを何ももっていない人は、自負するものをもっていないわけであるから、そうした悪徳からまぬがれていることができるのにひきかえ、そうしたものをもっている人は、自分が超自然的なものを与えられているのをみて、何か自分が価値あるもののように思い込む機会を手にしていることになる。このような人々は、もちろん、そのようなことを神に帰し、それにふさわしくない自分をみて感謝を捧げることができるはずであるが、その心の中には、何かひそかな自己満足と自尊心とが残るもので、知らず知らずのうちに、そこからおびただしい霊的傲慢が生じてくるものである。

2　この霊的傲慢は次のことからよくわかるものである。例えば、自分の精神をほめてくれない人や、自分のもっているものを高く評価してくれない人に対して感ずる不快、および、その人と疎遠になること、あるいは他の人々が自分と同じもの、またはそれ以上に優れたものをもっていることを考えたり、人がそれを自分に告げたりするとき、心に痛みを覚えるようなのがそうである。

こうしたことはすべて、人目に隠れた自負心や傲慢からくるものであるが、おそらく頭までそれに溺れているために、自分では気づかないでいさえする。そのような人々は、自分のみじめさについて、何らかの認識があるだけで十分であると思い、それと同時に、自分のもっている精神と霊的宝を、他人のそれよりも気に入って、ひそかな自負と自己満足にみたされている。あのファリサイ人のように、自分が他の人のようではないことを神に謝し、しかじかの徳をもっていることに自己満足と自負とを覚える（ルカ8・11―12）。ただ、あのファリサイ人のように、はっきりそれを口に出して言わないだけで、その心の中には、いつもそうした考えをもっている。

そして、ある人々は、悪魔よりもひどい傲慢な人間になる。彼らは、自分の内に何かをとらえ、敬虔《けいけん》にして甘美な感情を神から受け取るのをみて、自分は神に非常に近いと考えて自ら満足し、それらのものをもたない他の人々は、ずっと低い人であると思うため、かのファリサイ人のように、そのような人々を軽視することになる。

3　神の目をおおわせるような、この極悪な弊害をさけるためには、二つのことを考えなくてはならない。

第一には徳というものは、神について感じとらえることがいかに高いものであっても、自分がそう感じとるもののうちには、決してあるものではないということである。その反対に、徳は自分のうちに何も感じないという大いなる謙遜と自己卑下、またすべてのこと、ことに心のうちに描かれたり、また感じられたりするものを問題にせず、そのように人も考えてくれることをよろこび、他人の前で自分が何かの価値をもっているなどとは考えもしないということである。

4　第二に注意すべきことは、天的な示現（ヴィジョン）や啓示や感情、その他自分で考えだすようなことはすべて、謙遜の最小の行為ほどの価値もないということである。謙遜というのは、自らのことを重んぜず、求めず、己以外については何も悪く考えず、自分の善ではなく、ただ他人のよきことだけを思う愛のあらわれをもつ。

したがって、そうした超自然的な知覚について、目をおごらせず、心を自由に保つため、それらを忘れるようにしなければならない。

第10章　想像による思い出のために悪魔が引き起こす第三の弊害について。

1　以上のことから、これらの超自然的知覚を通じ、悪魔がどれほど多くの害を及ぼすか容易に察せられることと思う。悪魔はただ、多くの考えや、偽りのイメージを、いかにも本当のもの、よいもののように、暗示によって心と感覚のうちに、まことに効果的かつ確実性をもたせて刻みこむだけではなく（到底、そうとしか思われないまでに、光の天使に姿をかえて人々に光のごとく思わせる）、神に由来する真理についても、霊的、感覚的な欲望や感情を動かすことによって、いろいろな形でそれを歪めようとする。

というのも、もしわれわれが、このような感覚をよろこぶようになると、悪魔にとって、その欲望と感情を刺激し、霊的なむさぼり、その他の弊害におとしいれることは容易なことだからである。

2　なおいっそうの成功をおさめるため悪魔は、神に関することについても感覚のうちに甘い感情を注ぎこむもので、そのために心はとろけて、そのとりこになり、次第に盲目になって、愛よりもむしろ、その快い味わいに心を奪われ（少なくとも、愛にそれほど重きをおかなくなる）、また、信仰や望徳や神のうちにある赤裸と虚心よりも、そうした知覚の方を重んずるようになるため、悪魔はきわめてたやすく、徐々にわれわれを欺き、その欺瞞《ぎまん》を信じこませてしまう。

なぜなら、盲目の霊魂には偽りが偽りとはみえず、悪が悪とは思われなくなるからである。その人には闇が光に見え、光が闇と思われるからであって、そのため、通常なことでも道徳的なことでも、また霊的なことに関してもピントはずれになり、ぶどう酒が酢に変わってしまうのである。こうしたすべてのことは、最初にあの超自然的なことについてのたのしみをしりぞけなかったことからくるわけで、そうしたたのしみが、始めはわずかでしかなく、それほど悪いものでないため大して気にしないで放っておくと、やがて、芥子種子のように大きな木になってしまうのである。それはちょうど人も言うように、初めの小さな過ちが、後に大きなほころびをつくるのである。

3　したがって、悪魔からのこのような大きな災いを受けるのをさけるためには、そうしたことをたのしまないようにすることが極めて大切である。なぜなら、このようなたのしみに目がくらんで倒れることは確実だからである。たのしみや快さや甘美というものは、別に悪魔からの誘いがなくても、それ自身、心を盲目にするものである。そのことをわからせるために、ダビデは次のように言っている。「おそらくは、自分のたのしみのために

私は盲目となり、自分の光のために、かえって私は夜をもつことになろう」（詩138・11）
と。

第11章
超自然的に、はっきり記憶にとらえることが、神との一致の妨げとなる第四の弊害について。

1　この第四の弊害については、別に多言を要しない。なぜなら、本書の第Ⅲ部のいたるところで、すでに説明したからであって、そこで、望徳によって神と一致するためには何ものも記憶にとどめておいてはならないと言ったのである。それというのも、望徳が全く神のものであるためには、記憶の中に神ならぬ何ものも留めておいてはならないからである。これも前に述べたように、記憶でとらえることのできる形とか姿、イメージとか、その他の知解は、それが天上のものであれ、地上のものであれ、また自然的なものにせよ、超自然のものにせよ、決して神ではなく、神に似たところすらないのであって、ダビデはそれを教えてこう言っている。「主よ、もろもろの神の中に、あなたに似たものはない」（詩85・8）。

これによって明らかなことは、もし記憶が、それらの中の何かをつかもうとするならば、神にゆく妨げをおくことになるということである。一方において足がからまれ、他方において所有することが多いため希望する力は減ずることになる。

したがって、完全な望徳によって、記憶による神との一致を妨げないためには、超自然的なものについての、はっきりしたイメージや知解から赤裸になり、すっかり忘れ去ってしまわなくてはならない。

第12章

超自然的想像によってとらえられる形に従う、神についての判断は、それが低く、かつ不完全なものであるために生ずる第五の弊害について。

1　第五の弊害は霊魂にとって決して小さなものではない。これは、超自然的に与えられる事柄について、前に言ったような形やイメージを記憶や想像のうちに保っておこうとするところに起こるのであって、ことに神との一致のための媒介としてそれらを取り上げようとする場合、なおさらそうである。

というのは、そうした場合、神の本質とその崇高さについて、およそそれが理解を絶したものであるにもかかわらず、それにふさわしからぬ低い考え方をすることは、まことに容易にあり得ることだからである。たとえ理性的に判断して、神がそうした知覚に似たものであるというような考えを、はっきりもつことはなくとも、そうした知覚を大事にするために（もし、そうするなら）信仰が教えるような何ものにもたとえようがない理解を絶した高い神の感覚をもつことも重んずることもなくなる。

その上、被造物といわれるものはすべて、神から縁遠いものであるだけではなく、霊魂は心の中で自然に、あの知覚し得る事柄を重んずるようになり、それらを神と比べるようになり、それにふさわしい高い判断も考えももつことができなくなる。なぜなら、被造物は、天上的なものにしても地上的なものにしても、霊魂の機能の中に入り得る自然的および超自然的な、はっきりした知解やイメージは、すべてこの世においてある高さをもつものであるとしても、神の本質とは比較しようもないもので、神学者が言っているように、神は被造物のように種とか類といった限られた存在の枠の中に入るものではないからである。人はこの世においては、種とか類とかの概念に入るものしか、はっきり、判然と知ることができない。そこで聖ヨハネは、「だれも、かつて神を見たものはない」(ヨハ1・18)と言った。それにイザヤは、「神がいかなるものであるかは、人の心にのぼったことはない」(イザ64・4)、と言った。また神はモーセに、「生きながら神を見ることはできない」(出33・20)、と言われた。

したがって、記憶や、その他の霊魂の諸機能を、それらが認識できることでもって乱す人は、神を尊ぶことも、あるべきように感ずることもできなくなるのである。

2　一つの卑近なたとえをあげることとしよう。

目を王の下僕におき、それに重きをおけばおくほど、その人は王に関心がうすくなり、それだけ王への敬意が乏しくなるのは明らかである。こうした形での評価は、はっきり知性のうちにないとしても、行いの中に表れるもので、下僕の方を重んずれば重んずるほど、それだけ王の価値を減ずることになる。その時には下僕を主なる王の前において何か価値あるものとみるため、王を高く考えないことになる。

このように、上に述べたようなつくられたものを問題にするときには、神に対しても、これと同じようなことになる。

しかしこのたとえはきわめて遠い。なぜなら、前に述べたように、神は被造物とは全く本質を異にするおん者で、そうしたものとは無限に隔たるものであるからである。ゆえにこれらのものはすべて視野からなくしてしまわなくてはならないのであり、信仰と望徳によって神に目をそそいでいるために、どんな形のものにも目を留めてはならない。

3　ゆえに、ただそうした想像によってとらえられるものを問題にするだけではなく、そうしたものの何かに神が似たものであると思い、そうしたものによって神との一致に達し得るものと考える人は非常な間違いをおかしているのであって、精神の機能が神と一致する道となる信仰の光を理性のうちから常に失ってゆくことになる。また、そういう人は、記憶が神と一致する高い望徳のうちに成長することもない。そうした一致が得られるためには、すべて想像的なものから離脱していなくてはならないのであるから。

第13章

想像によってとらえられるものを遠ざけることによって得られる益について。および、ある反論に対する答え、ならびに、想像によってとらえられるもので、自然的なものと超自然的なものとの間にある差異の説明。

1　想像を想像のイメージから洗い落としてしまうことによって生ずる益は、自然の形のものについて述べたのと同じく、想像によってつくりだすイメージを自分のうちにとっておこうとするとき生ずる五つの弊害から逆にそれを裏返して考えることができる。しかし、なおその外に、精神にとって非常な平安と落ち着きをもたらす他の益がある。想像やイメージから離れているときに自然に落ち着きが心を包むのは別としても、それがよいものか悪いものか、これにおいてはこのように、あれにおいてはあのようにというような心配や、また、霊的指導者を探して、それがよいものか悪いものか、あるいは、この種のものかあの種のものかを調べてもらおうとして時間と労力を浪費するようなことからも解放されるからである。そうしたものは何も問題にすべきことではないのであるから、知ろうとする必要もない。

このようなことをわかろうとして浪費する時間や努力を、さらにためになる修練に注ぐことができよう。というのは、神と共にある意志の修練、すなわち霊的、感覚的な赤裸と清貧を求めることで、それは内的にも外的にも慰めや知覚の支えをなくしてしまうことにあるのである。これは、そうした形の見えるものから自分を引き離すことを望み、かつそのように努めることによって立派になされる。なぜなら、イメージも形も姿もない神に近づくという大きな益はイメージや形や姿あるものから遠ざかれば遠ざかるほどいっそう大きくなるからである。

2　しかし、人は次のように言うであろう。なぜ多くの霊的な人々が、神との交わりや神からくる感情を用うるように努めよとすすめ、また、神がまず、われわれに何かを与えてくださらなければ、われわれは神に何もお捧げすることができないのであるから、神がそうした何かをお与えくださるように、神から受け取ることを望むように、と言うのであろうか。現に聖パウロは、「霊を消してはならない」（一テサ5・19）と言っているではないか。また、雅歌では、花婿がその浄配《じょうはい》に向かって「その腕に印すように、あなたの心に私を刻みたまえ」（雅8・6）と言っている。それは、すでにある種の知覚である。

しかるに上記の教えによると、そうしたものを得ようと努力することがいけないという だけではなく、神から与えられたものであっても、それを退け、それから遠ざからなけれ ばならないというのである。神がお与えになるからには、よきことのためにそれをお与え になるのであり、それがよい結果をもたらすことは明らかである。それに、われわれは悪 いことに真珠を投げ与えてはならない。神からのものを受け取らないというのは、そうし たものなしで自分自身だけで十分であると思いあがる一種の傲慢ではないだろうかと。

3　この反論に十分答えるためには、本書第Ⅱ部の第16章と第17章において述べたこと に留意しなくてはならない。そこで、こうした疑問の大部について答えが与えられている からである。というのは、超自然的知覚がよいもので、それが霊魂のうちにあふれさせる 善は、それが感覚に触れるその時に、全く受け身の形でそそがれるものであり、霊魂の機 能としては何も働きかけることがないと述べたことである。

したがって、意識的にそれを受け取る必要がない。なぜなら、前にもすでに述べたよう に、霊がその機能を働かせようとするなら、そうした自分の働きから益を得るどころか、 その低次の本性的な働きのために、そうした知覚を通じてそこにつくられた神の超自然的 なものを妨げてしまうことになるからである。

あの想像的知覚の霊が受動的に与えられるのと同じく、そのようなものにも、内的、ま たは外的働きかけなしに受身の態度をもって対さなくてはならない。

このようにすれば、われわれが自分自身の低い受け取り方によって、そうしたものを失うことにならず、したがって、神についての感情を保つことになる。

それはまた、霊を消さないことで、神が示された以外の他の形を望むなら、霊を消すことになるからである。こうした知覚において神がなさるように、神の側から霊を与えようとなさっているのに、われわれがそのとき知性をもって働きかけたり、そうした知覚のうちに何かを求めて自分の側から働きかけるようなことをすれば、霊を消すことになってしまうであろう。

これは明らかなことで、われわれが自分で力ずくのことをしたりすれば、その働きは自然的なもの以上のものではなく、それ以上のことはできないからである。

神が心を動かしたまい、それを超自然的なもののうちに定めたまわないかぎり、霊魂は超自然的なものの方に動くこともなければ動くこともできないからである。したがってこのようにわれわれが、自分の力の及ぶかぎり働きかけたいと思うならば、われわれはそうした自分からの積極的な動きのために神が与えてくださる霊を妨げずにはいない。というのも、その時、われわれは自分自身の働きに力をいれるからで、そうした働きは神がお与えになるものとは別の、程度の低いものであるからである。神の業は、われわれの側からすれば受身になる超自然的なもので、霊魂の働きは、われわれの側から能動的に動く自然的なもので、これが霊を消すことになるわけである。

4　われわれの霊魂の働きが、神の働きよりもきわめて低いものであることは明らかである。なぜなら霊魂の機能は、あるイメージや形、姿あるものに依らないかぎり、自ら考えることも働くこともできないからで、そうしたものは実体や霊の殻、または付随的なものをなすもので、実体や霊は、そうした付随的なものの下に隠れているからである。
そうした実体や霊は、霊魂の機能がその働きを止めないかぎり、真実の認識と愛のうちに霊魂の機能と一つに結びつくものではない。というのも、このような機能の働きのそもその理由と目的とは、そうした形のうちにあたたかく包まれている実体を霊魂のうちに受け取る以外の何ものでもないからである。このように見ると、積極的な働きかけと受動的な働きとの間にある相違および後者の長所というのは、ちょうど、なしつつあることと、なしとげてしまったこととの間、あるいは、達しようと追及しているのと、すでに達成されたこととの間にある違いのようなものである。

以上のことから結論されることは、神ご自身からそのような知覚の霊を与えられるその超自然的知覚に対してわれわれが積極的に働きかけようと望むなら、それはもう仕上がったものを、もう一度やり直すようなもので、その仕上がったものをよろこびをもって受け取ることもなく、自分勝手な働きのためそれを妨げこそすれ、何もすることはできないであろう。というのも、前に述べたように、神がそうした霊魂の働きに頼らずに与えたもう霊にまで、人は自分の力で達することはできないからである。

したがって、われわれがそうした知覚を大切にすると、前に述べたような、神から与えられる想像による知覚が与えてくれる霊を、直接消してしまうことになるのである。そのためにそうした知覚に対しては、受身の消極的な態度をとりつつ退けてゆかなくてはならない。そうすれば、われわれの能力以上、知ることができる以上のところに神はわれわれを動かしていってくださるからである。そこで預言者は、「わたしは、見張りの上に立ち、城の上に足を踏みしめて、わたしに告げられるものを見よう」（ハバ2・1）と言っている。すなわち、それは次のような意味である。〝わが能力のすべてを監視し、自分の働きを一歩も進めはしないであろう。そうすれば、自分に告げられることを見つめることができるはず、すなわち超自然的に与えられるものを理解し、味わうことができよう〟と。

5　これは雅歌の中で花嫁に愛を求める花婿についても言われることである。愛は愛する者たちを本質的に相似たものにする本来の働きをもっている。そのために「彼女の心の上に彼を刻め」（雅8・6）と言うのである。その心のえびらの中の愛の矢のすべてが当たるということで、愛の矢とは、その行為と動機のことである。そこに的となって立っている彼にすべての矢が当たり、すべては彼のためとなり、このようにして愛の行為と動きにより全く彼の映し像《え》となるまでに相似たものとなる。また、腕の印とするようにというのは、腕には愛の働きがあるからで、愛する者は腕によって支えられ慰められるからである。

6　したがって、想像によるものにせよ、その他のいかなる種類のものにせよ、示現（ヴィジョン）にせよ、言葉にせよ、感情や啓示のようなもの、すべて上から来る知覚において、文字や殻、すなわち意味を示したり、わからせたりするようなものを問題とせず、霊魂のうちに内的に引き起こされる神の愛をもつように留意しなくてはならない。心の動きを問題にするとしても、その快い味とか形とかいうものではなく、そこに生ずる愛の感動でなくてはならない。

われわれの霊を愛の動きにいれるため、ただそうした結果のためにのみ霊魂のうちに愛を生じさせたイメージや知覚のことを、時として思い出すこともできよう。なぜなら、それを思い出すたびに、最初に与えられたときのような結果は現れないとしても、愛が新しくよみがえり、神に向かって心を高めることになるからである。そうしたことは特に、ある種の姿やイメージ、超自然的感情の場合生ずることで、これらは時に非常に長く、そのうちのあるものは決して心から消え去ることがないまでに深く刻みこまれたりするものである。このように心に刻みこまれたものは、そうしたものに注意を向けるたびに、ほとんどいつでもといってよいほど、多少とも愛や快さや光などの神的な実りをもたらすものである。それも、こうしたことのために心に刻まれたものだからである。このようなものは、宝の鉱脈を内に持つようなもので、それを与えられる者にとっては神の大きな恵みである。

7　これほどの結果をもたらす、そうしたイメージは、霊魂のうちに生き生きと宿されているもので、想像のうちに貯えられている他のイメージや目に見える形のあるものとは異なる。そうしたものを思い起こしたいと思うときは、イメージによる想像力に頼る必要はなく、あたかも鏡の中に映る姿のように自分自身のうちにそれを保っている。ある人が、そのようなイメージを自分の中にはっきりとできあがったものとしてもっているのなら、今言ったような愛を生みだすために思い出してもよい。そのようなイメージに心を奪われてしまわなければ信仰における愛の一致の妨げにはならず、すぐにそのイメージを離れるなら愛を増すことにもなり、そのようにして霊魂を助けることになるからである。

8　だが、こうしたイメージが、いつ霊魂の中に刻印されるか、また、いつ感覚的映像として現れるのかを見分けるのは難しい。なぜなら、感覚的な映像としてあらわれるイメージも非常にしばしばあるもので、ある人々は、想像やそうした感覚的映像の中にそれらの示現をもっており、ある一定の形で非常にしばしば現れることがある。というのは、そうした人々は非常にものをとらえやすい機能をもっており、少し考えるだけで、あの例のイメージが形をとって描かれ現れる。それも、ある時は悪魔が、ある時は神がそれをいれたもうわけであるが、霊魂にはそのまま形相的に刻印されることがない。

それがどこからくるかという由来は結果によって知ることができる。というのは、自然のものまたは悪魔からのものは、たとえ、いくらそれを思い出しても、霊魂は決してよい結果や霊的な新鮮さをもたらすことなく、ただ味気なくながめているだけである。しかしよきイメージは、初めて霊魂に生じた時と同じく、それらを思い起こすたびごとに何かのよい結果をもたらす。だが、霊魂にそのまま刻印されるものは、それに注意を向けるごとにほとんどいつでも何らかの結果をもたらすものである。

9　後者を経験したことのある人は、前者と後者を容易に見分けるであろう。なぜなら経験をもつ者には、その両者の大きな差異が明らかだからである。ただ言っておくことは、霊魂にそのまま、しかも永続的に刻印されるものは、よりまれであるということである。しかしいずれにしても、前者であれ後者であれ、その何ものも把えようとはせず、希望に生きる信仰によって神のみを求めることが最もよいことである。

また、もしそれがよいものであるなら、それを捨て去ることは傲慢ではないかと異論を唱える人に対して私の言うことは、前にも述べたように、最もよい形でそれらから益を取り出し、最も安全に導かれるということは、謙虚な賢さであると。

第14章
記憶にとらえられる限りの霊的知解について。

1　霊的知解は、記憶がとらえるものの第三の形のものとしてあげたのであるが、この知解は他の知解とは異なって形ある映像をもたないため、イメージというような体の感覚に属するものではなく、霊的なことを想い起こす場合に生ずるもののことである。というのは、これらの知解のあるものは霊魂のうちに入ってからそれを思い起こそうとすれば思い起こすことのできるものだからである。

これは、あのような知覚が、体の感覚に残すイメージや映像によるものではない。前にも述べたように、それは感覚的な形をとるものであるため、霊的なものを受け入れる力をもっていないからである。ただ霊魂の中に刻まれて残ったもの、またはそれから生じたものによって、それが知的、または霊的に思い起こされるのであって、その刻まれて残ったものというのは、一つのまとまった考えとか霊的な意味を含んだイメージとかいうもので、それによって思い起こすわけである。そのために私は、そうした知覚が感覚的な映像をつくりだすものではないけれども記憶のうちに組みいれるわけである。

2　これらの知解とはどんなものであるか、また、神と一致するために、こうした知解に対してどういう態度をとるべきかについては、第Ⅱ部の第26章において、知覚に関し十分説明したことである。それを参照してほしい。そこでは知解に二種あることを述べ、一つはつくられざるものについて、他の一つは、つくられたものについて述べた。

一致に至るために、これらの知解に対して記憶はいかなる態度を持すべきかということについては、前章においてはっきりと現れてくる知覚について述べたのと同じく（被造物に関する知覚もこれに属する）、それがよい結果をもたらすものならば、それらを思い起こしてよいということである。それらを自分のうちに保っているためというのではなく、神の愛と理解とを、ますます生き生きとしたものにするためである。しかし、それらのことを思い起こすことが、よい結果をもたらさないのならば、決してそれらが記憶を通りすぎることを望んではならない。

しかし、つくられざるものについては、私は、それをできるかぎり思い起こすようすめる。というのは、それは大いなる実りをもたらすものであるからである。すでに、前章で述べたように、これは神との一致の接触であり心の動きであって、われわれが霊魂をその方に向かわせようとしているものである。これらのことを記憶が思い起こすのは霊魂に刻印されている何かのイメージや形や姿あるものではない。なぜなら創造主との一致からくるこのような接触と心の動きは、そうした形をとるものではないからである。ただ光や愛や、よろこびや、霊的な新鮮さなどをつくりだすためで、それらを思い起こすたびにそのうちの何かが新しくよみがえってくる。

第15章 こうした感覚に対して、霊的な道をゆく人々が対処すべき一般的な方法について。

1　記憶の問題に結論を与えるため、この機能によって神との一致に達するため通常用いるべき方法を、霊的な読者にここで示しておくことは適当なことであろう。今まで述べたことでよく理解されたとしても、ここでもう一度要約して述べるなら、いっそう容易にとらえることができよう。

われわれがここで注意していることは、希望によって神と一致するということである。希望するものというのは、まだ所有されていないもののことで、他のものを所有していなければいないほど、望むべきものを望む力と幅とが大きくなり、その結果望徳が増すことになる。反対に、所有するものが多いならば、希望にかける力と幅とが小さくなり、したがって望徳も減ることになる。このように、われわれが神ならぬものの思い出に残るようなものから記憶を洗い落としてゆけばゆくほど、それだけ記憶を神に留めることになり、その記憶のすべてを神に向けるために、いっそう記憶を無にするようになるであろう。そこで、純粋にして全き神に対する希望に生きるためにしなくてはならないことは、イメージや考えや目に映るものが記憶の中に起こってくるごとに、それらの中に留まることなく、直ちに愛のこもった感情をもって記憶に残るすべてのものをむなしくして神に帰り、ただ自分のなすべき義務を理解し、実行するために必要かつ充分である以上のことを考えもせず目を向けることもしないことである。またそれに何の好みも執着ももたず、あとにその結果が残らないようにする。このように自分のなすべきことや知るべきことを考えたり思い出したりすることをやめるというのではない、そこには所有の愛着がないため害にもならないのである。これについては、第I部第13章にあるカルメル山の詩句が役立つことであろう。

2　ところで、ここで注意すべきことは、われわれの教えは、かの鼻持ちならぬ人たちの説と同じものではなく、そのようなことを望みはしない。彼らは、悪魔の傲慢と嫉妬にとらえられて、神や諸聖人の聖画の、聖にして、なくてはならぬ使用と尊い崇拝とを、信者の目の前から奪い取ってしまったのである。われわれの教えは、ともかく彼らのものと非常に異なっている。というのは、われわれは彼らのようにイメージをもたなかったり、それが尊敬されないようにと言っているのではなく、イメージと神との相違を取り出そうとしているのである。つまり霊的なものにゆくに十分である以上に画像にとらえられて、生きたものにゆく妨げになることのないよう、そうした描かれたものを通りすぎなければならないと言っているのである。

なぜなら、目的のために手段はよいものでありかつ必要なものであるように、画像もわれわれが神や諸聖人を思い起こすのによいものがあり必要なものがあるけれども、手段として以上にそれにとらわれ、そこに止まるなら、他の何かの夾雑物《きょうざつぶつ》と同じように妨げになり足もとにからまってくる。特に私が強調するのは、超自然的なイメージや示現（ヴィジョン）のことで、それにはおびただしい欺瞞《ぎまん》と危険とがある。

カトリック教会が、われわれに実際示してくれる画像についての記憶や崇敬や、またそれを大切に思うことについては決して欺瞞や危険はない。なぜなら、それらの画像においては、それらが表している以外のことは尊まれていないからである。またそれらの画像を思い出すことは、それらが表しているものに対する愛なしにはあり得ないことであるから霊魂に益となるものである。したがって、愛のためでなければ、そこに表されているものにもとらわれないというなら、それを思い起こすことは霊魂に益をもたらさずにはいないであろう。

そして（それに神が恵みをくださるなら）、われわれをして、すべての被造物、それに関するすべてを忘れさせ、描かれたものから活ける神にまで飛翔させるであろう。

第16章　意志の暗夜について論じ始める。意志の執着のさまざま。

1　信仰に基《もとい》をおくために理性を浄化し、望徳によって記憶を洗い落とすようにということを今まで話してきたけれども、もし、第三の対神徳、愛に関して意志を浄めないならば、結局われわれは何もしなかったことになろう。愛を通して始めて信仰においてなされた業《わざ》が活けるものとなり、大きな価値をもつのであって、愛がなければ何の意味もない。これは聖ヤコブの言っているとおり「愛の行いがなければ信仰は死んでいる」からである（ヤコ2・20）。

そこで今、意志という機能を積極的に洗い清める暗夜について論ずるにあたり、神の愛というこの徳のうちにその機能を定め、育てるために、申命記の第6章に書かれていることと以上に適切な言葉を他に思い出すことができない。そこでモーセは、「心を尽くし、霊を尽くし、力を尽くして汝の主なる神を愛すべし」（申6・5）と言っている。この言葉の中に、霊的な道を歩む人がなすべきすべてのこと、愛による意志の一致のうちに神にまで達するため私がこの人たちに教えなくてはならないと思うすべてのことが含まれている。というのは、その中で人は、自分のすべての機能や欲求や行いや愛着を神に向け、あるだけの能力をあげて、ただこのことだけに集中するよう命ぜられているからである。これは、ダビデの言葉をかりれば、「わが力をおん身のために蓄えん」(詩5・10)ということである。

2　霊魂の強さというのは、その機能と欲情と欲求とのうちにあり、それらは意志によってコントロールされているのである。したがって意志が、これらの機能、自然の心の動き、欲求を神に向かわせ、神ならぬすべてのものを引き離すとき、神のために力を蓄えるのであり、力を尽くして神を愛することになるわけである。このようなことができるため、神のために力を蓄えておくことを不可能にする乱れた欲望や愛着や動きのもととなるすべてのよこしまな執着から意志を洗い清めることについて、ここで論ずるわけである。

このような執着や欲情には四つある。すなわち、よろこびと期待と、悲しみと恐れである。これらの欲情が神に向かって定められた理性の働きのうちにおかれ、ただ神の光栄以外、何もよろこぶことなく、神以外に何の期待ももたず、それに関係しないことは悲しむことなく、神しか恐れることがなくなれば、当然霊魂の力と働きを神に向かわせて蓄えることになる。なぜなら、神以外のものをたのしむほど、それだけ神におけるよろこびをもつ力が弱くなるからである。また、神ならぬものを期待すればするほど、神に待つことが減ずるわけで、他の場合もこれと同様である。

3　いつものように、これについての教えをいっそう完全に話すため、これらの意志の四つの欲求と、四つの欲情について個々に扱ってみよう。というのは、神との一致に達する業のすべては、意志を愛着や欲望から洗い清めて、人間的ないやしい意志を神の意志と一つにすることにあるからである。

4　意志が神における強さを減じ、被造物によりかかればよりかかるほど、この四つの欲情は霊魂に君臨してこれを攻撃するようになる。なぜなら、その時霊魂は、あまりにも早くよろこぶ値打ちのないものをむやみによろこび、ためにもならないものを望み、恐らくはよろこぶべきことを悲しみ、何の恐れることもないことを恐れるからである。

5　これらの執着が度を越すと、そこからあらゆる不徳や不完全が生じ、反対にそれが正しく秩序づけられていると、あらゆる徳が生まれてくる。

そこで注意すべきことは、それらのうちの一つが、理性に従って正しくととのえられると、他のものも、同じくととのえられるということである。というのは、霊魂のこの四つの欲情は、しっかり結びついているため、そのうちの一つが実際に向かっていくところには、他の三つもまた、そのあとから隠れてついていくからである。

例えば、意志があることをよろこぶとすると、それと同じように望み、かつそのことについての苦しみや恐れも、そこに隠れた形で含まれることになる。反対に、意志からそのよろこびを奪い取るなら、それと同じように恐れも苦しみも、痛みも意志から消え去り、望むこともなくなるわけである。というのは、この四つの欲情をもった意志は、あのエゼキエルが見た、集まって一つの体になった四つの動物の形をもって象徴されるもので、その動物は四つの顔をもち、それぞれの獣の翼は他のものの翼と結びつけられ、おのおのの顔の向く方に前進し、後を振り向かないで前進したとある（エゼ1・8―9）。このように、そうした愛着の翼の各々は、他の愛着の翼に結びつけられているため、そのいずれかが実際に自分の顔をあげる、すなわち働きかけると、他の愛着も当然それにひかれて共に動きだすのである。そこに言われているように、一つが低められれば、他のすべてが低くなり、一つが高められると他のすべてが高められてくる。何かを望めば、それについてよろこびも恐れも苦しみも伴ってくる。それが帰ってくれば他のものも帰ってくるわけで、その他のものについても同じである。

6　おお霊的な道をいく人たちよ、そこで注意すべきは、そうした欲情がいずこにあるにせよ、霊魂のすべてもまたそこに赴き、意志もその他の機能もすべてその欲情のとりこになって生きることになるということである。そして他の三つの欲情も、その一つの欲情の中に息づくことになり、枷《かせ》をもって霊魂を苦しめ、こころよい観想と神との一致の自由と平安を得るべく飛び立っていくことを許さない。

それでボエチウスは、「もし明るい光をもって真理を解したいと思うならば、よろこびも、望みも、恐れも、苦しみも捨て去るように」(『哲学の慰め』第1部7)と言っている。なぜなら、これらの欲情が支配しているかぎり、自然的にも超自然的にも受けることのできる英知のために必要な心の静けさと落ち着きをもつことができないからである。

第17章　意志の第一の愛着について。よろこびとは何か、および意志がよろこぶことのできる対象について。

1　欲情と、意志の第一の愛着となるものは、よろこびである。このことに関係があると思われることだけを述べるつもりであるが、よろこびというのは、ふさわしいと思うあることを大切にする心の満足にほかならない。なぜなら意志は、価値あるものと思い、満足を与えるものでなければ決してよろこびはしないからである。

これは、積極的なよろこびの場合で、そのよろこぶものについて明白に理解しているときのことである。そのことをよろこぶかよろこばないかは自由である。他に受身のよろこびというものがあり、そうしたよろこびが何についてであるかをはっきり知ることなく（時には、それを知っていることもあろうが）、意志のよろこびをもつことができるものである。そこでは、よろこびをもつかもたないかという自由はない。このことについてはまた、後に論ずることとする。

今ここでは、明白な事柄についての自ら積極的にもつよろこびについて話すことにする。

2　このよろこびは、六種類のものまたは対象からでてくる。すなわち、地上的なもの、自然的なもの、感覚的なもの、倫理的なもの、超自然的なもの、および霊的なものである。これらのことについて順序を追って述べていくつもりであるが、それは、意志を理性の支配の下におき、こうしたものに妨げられて、よろこぶ力を神に集中できないようなことにならないためである。

これらのことすべてにおいて、常に頼りとすべき杖のような意味での基礎を前もっておいておかなくてはならない。なぜなら、それはこの教えに引き入れられ、導かれ、すべてよきものにおけるよろこびを神に向けていくための光だからである。その基礎というのは、神の光栄に関することのみを意志のよろこびとすべきであるということ、そして、神に捧げ得る最も大きな光栄は、福音的完徳に従って神に仕え奉ることであるということ、これ以外のものは人間にとって無価値であり無益であるということである。

第18章

この世の宝に関するよろこびについて。——これらのものについてのよろこびを、どのようにして神に向かわせるかについて。

1　上記の宝の第一のものは、この世的なものである。この世の宝というのは、富、地位、職、その他立身出世ということ、子どもとか、親族、結婚など、意志のよろこびとなるものである。

しかし、富や肩書、地位、職、その他そうしたこの世において身を立てるようなものをよろこぶことが、いかにむなしいものであるかは明らかである。

もし、富むことによっていっそう神に仕えることができるというならば富をよろこぶべきである。ところが、賢者のいうように、富はまず神に背く原因となる。「子よ、もし富むならば、罪をまぬがれないであろう」（シラ11・10）と。この世の宝は、それ自体として、必ず罪をおかさせるものというのではないことは尤もであるが、しかし、通常人間の心は、愛着のための弱さからそれらに心を奪われ神に背くのであって（これが罪なのである。なぜなら罪とは神に背くことだからである）、そのために賢者は、「罪をまぬがれないであろう」と言ったのである。それで主は、福音書の中で、それらを茨と呼ばれている（マタ13・22、ルカ8・14）。これは、意志的にそうしたものにかかずらうなら何かの罪の傷を負うことを示されるためであった。また福音書の中で「富める者が天国に入ることの、まことに困難なること」（ルカ18・24、マタ19・23）という嘆息の意味は、富をよろこぶ心ということで、富をよろこぶことは多くの危険に身をさらすことになるため、人間は富をよろこんではならないことをよくわからせるためである。この危険から身を離すために、ダビデは「よし富において豊かであっても、そこに心をおいてはならない」（詩61・11）と言ったのである。

これほど明らかなことについて、ここでこれ以上証明を引き出そうとは思わない。

2　そのために聖書を引用すればきりがなく、コヘレトの言葉の中でソロモンが、この世の宝についてあげている数々の悪も枚挙にいとまがないからである。多くの富を有し、それがどんなものであるかをよく知っていたソロモンは、「陽の下にあるよろずのものは空の空、心の悩み、魂のむなしい悶えである」（コヘ1・14）と言った。また、「富を愛するものは、そこから実を収めることはなく」（同上5・9）、「富を蓄えるのは、それをもつものの災いのため」（同上5・12）で、福音書によれば、多年にわたる十分な貯えを得てよろこんでいるものに天からの声がして、「愚かなものよ、今晩、おまえの魂は審《さば》きのために呼びかえされようとしている。すると、その備えたものは何の役に立つのか」（ルカ12・20）と告げられた。また最後にダビデは、それと同じことを教えて「われわれは、隣人が富んでいるとしても羨んではならない。それは、あの世のために何の役にも立たないからである」（詩48・17－18）と言っている。すなわち、われわれはむしろそうした隣人に哀れを覚えるべきだと教えているのである。

3　したがって人間は、富をもって神に仕えるというのでないかぎり、自分が富をもっていても、兄弟が富んでいるにしても、それをよろこぶべきではない。というのは、富をよろこぶというのなら、それは、それらの宝が神に仕えるために使用される場合のことで、他の形では、何の得にもならないことである。

これと同じことが、肩書きとか役目とか、その他のものについても言える。それらすべてにおいて、いっそうよく神に仕え、永遠の生命に至る道をさらに安全に進んでいくためのものでないなら、そのようなものをよろこぶことはむなしい。それに、それが本当に神に仕えることになるのかどうか、はっきり知ることはできないのであるから、そのようなものについて、手放しでよろこぶなどということは愚かなことである。なぜなら、そうしたよろこび方は、理性にかなわないことだからである。主の言われたように、「よし全世界を獲得するとしても、その魂を失い得るのであるから」（マタ16・26）、したがって、できるかぎり神に仕える以外によろこぶべきことは何もない。

4 子どもについても、神に仕えるということのほかによろこぶべきことはない。子だくさんとか、それらが皆富裕であるとか、天賦の賜や美しさとか、好運に恵まれているとか、そのようなことは、よろこぶべき事柄ではない。ダビデの子アブサロムは神に仕えなかったため、その美貌《びぼう》も富も血筋も一向に役に立たなかった(サム下14・25)。そのようなものをよろこんだのは、まさしくむなしいことであった。

したがって、子どもが欲しいと思うこともむなしいことで、ある人々は、その望みのために生活を落ち着かないものにし、騒がしくしている。というのも、子どもが果たしてよい人間になって神に仕えるかどうか、また親たちが期待する満足が悲しみに変わるか、安らぎと慰めがかえって苦しみと悲しみに、名誉が不名誉に変わりはしないか、また、多くの場合そうであるように、子どものために神にいっそう背くことになりはしないか、だれも知ることはできないからである。こういう人々についてキリストは、「彼らは海陸をめぐって子どもを増し、己に倍せる滅びの子とした」と言わせている(マタ23・15)。

5 ゆえに、万事がそろって順風に帆を張るように進んだとしても、よろこぶより恐れるべきである。なぜなら、そこに神を忘れる動機と危険とが増すからである。このために万事において慎重であったソロモンは、コヘレトの言葉の中で「私はよろこびを誤りとし、よろこびに対しては、〝なぜ、おまえはむなしく欺かれているのか〟といった」(コヘ2・

2）と記している。
これは、次のような意味である。万事がみな私にほほえみかけているとき、これをよろこぶことは誤りであり、欺かれることであると考えた。なぜなら、そこから何か永遠の宝がでてくるかどうかを確かに知っているわけでもないのに、いかにも明るくほほえましくみえることに有頂天になるのは、疑いもなく大きな過ちをおかしていることであり、愚かなことであるからである。賢者は言う。「愚かなものの心は、よろこびのあるところにあり、賢きものの心は悲しみのあるところにある」（コヘ7・5）と。よろこびは理性を盲目にし、物事をよく見つめて熟慮させることがないのにひきかえ、悲しみは目を開かしめ、そのことが有益か有害かを見分けさせるからである。

同じく賢者は、「笑いよりも心の痛みのほうがよい」（同上7・3）と言っている。また同じく、「会食の家よりも、喪中の家にいくほうがよい。なぜなら、そこではすべての人間のゆきつく終わりが示されているからである」（同上7・3）とも言っている。
6　妻や夫のことでよろこぶのも、やはりむなしいことである。なぜなら結婚によっていっそう神に仕えるかどうかは、はっきりわかるわけではないからである。むしろ、聖パウロの言うように、結婚のために、人は互いにその心を相手に委ねあい、神に全部を捧げつくさないことになるのを省みて、自らを慎むべきである。
聖パウロは「もし妻より自由になった身ならば、妻を探し求めるな。ただし、妻をもつものは、もたざるがごとく、心の大いなる自由を保つように」（一コリ7・27）と言っている。このことは、われわれがこの世の宝について言ったことと結びつけて、聖パウロは次の言葉をもってわれわれを教えている。「兄弟たちよ、私の言うことはこれである。時は短い。――したがって、妻のある人も、ないかのように、泣く人も泣かないかのように、よろこぶ人はよろこんでいないかのように、もつものも、もたないかのように、この世のものを用うる人は用いないかのようにしなさい」（同上7・29―30）と。

以上のことすべてが、われわれに教えていることとは、神に仕えること以外のよろこびをもつのは、むなしく、かつ無益なことで、神によらないよろこびは、霊魂のためにはなり得ないということにほかならない。

第19章　この世のものをたのしむことによって生ずる害について。

1　地上的なものに心を奪われるために霊魂を襲う弊害を述べようとすれば、インクも紙も十分ではなく、時間も足りないと言えよう。なぜなら、小さなことが大きな悪となり、大きな宝を破壊しうるからであって、ちょうど火の粉のように、それが消されなければ、世界を焼きつくす大きな火になるのにも似ているからである。

すべてこれらの害は、そうしたたのしみの中にある神からの離反というおもなよきものを失う、いわゆる喪失的弊害のうちにその根と源とをもつものである。すべてのよき宝が神に心を奪われることから出てくるのと同様、この世のものに対する執着のために、神から離れるときには、そのような地上的なものと結びつくたのしみや、愛着に応じて、すべて弊害とわざわいとが霊魂に加えられるからである。というのも、それは神から離れることであるからである。だれでも、多少とも神から離れるならば、大小の差こそあれ、広く、あるいは深く、また大抵は広くて深い弊害をこうむるものであることがわかるであろう。

2　この喪失的《ネガティブ》弊害から、さらにほかの喪失的および積極的《ポジティブ》弊害が生じてくると、われわれは言うのであるが、この弊害には四つの段階があり、それぞれ程度を異にする。その第四の段階に達するとき、この場合に言われうるあらゆる悪と弊害に至りつくことになる。この四つの段階についてモーセは申命記の中で巧みに示している。「愛されたものは満たされて飽き、後《うし》ろにしりぞいた。満たされて、肥え、ふくれあがり、その創造主なる神を捨て、己れの救いである神から離れた」（申32・15）と。

3　満腹する前に愛されていた霊魂が、満腹して飽くというのは、この地上的なもののたのしみに自らを浸すということである。これから、第一の段階の弊害が生ずるわけで、それは、すなわち「あと戻りする」ということである。これは神について心が鈍くなり、神の宝を見えなくするもので、ちょうど太陽の光を遮って空を暗くする霧のようなものである。というのは、霊的な道を歩む人が、何かにそのたのしみをおき、その手綱を欲望に委ねるようなヘマをするため、神に対して、自らを暗くし、正しい判断をする知性の純粋さが曇ってくるのである。これについては聖霊が知恵の書の中で、「むなしいものや稚戯《ちぎ》に類したことに気をつかい、それにとらえられるならば、よきものはかげり、定めなき欲望は悪意のない感覚や判断を乱し、ゆがめるものとする」（知4・12）と教えている。この言葉をもって聖霊が示しているのは、理性の中によこしまな心がはらまれていなくとも、地上的なものに対する欲望とたのしみというだけで、第一段階の害を霊魂のうちに生みだすのに十分であるということである。この第一段階というのは、心が鈍ることで、真理を理解し、物事をあるがままに見る目がくらんでくることである。

4　この世の事柄に欲望やたのしみの席を与えるならば、どんなに聖性や正しい判断をもっているにしても、こうした害を蒙《こうむ》るのを避けることはできないであろう。そのため神はモーセを通じて戒めになり「贈り物を受けてはならない。なぜなら贈り物は、賢明なものまで盲目にするからである」（出23・8）と言われた。これは特に士師たるべきものに言われたことで、彼らははっきりとした賢明な判断を下さなければならず、もし贈り物に対する強い欲望やたのしみがあっては、そうした判断をもつことができないからである。そのため神はモーセに向かい、貪欲を強く嫌悪するものを士師にするよう命じられた。このような人は、感情の強い嗜好《しこう》のために判断を鈍らせるようなことがないからである（同18・21―22）。ただ望まないというだけでなく、〝強く嫌悪する〟と言われている。なぜなら愛着から完全に自らを守るためには、互いに相反する嫌悪によってそれに対抗しなくてはならないからである。

預言者サムエルが、常に正しい立派な士師であったのは（列王の書の中で言われているように）だれからも贈り物を受け取らなかったからである（サム上12・3）。

5　第二段階にあたる喪失的弊害は、第一段階から生ずるもので、これは上記の引用句からして明らかである。すなわち、「満たされて飽きたり、肥えふくれあがり」（申32・15）とある。

「第二の段階というのは、この世の事柄のために、意志がいっそう思う存分肥満することである。それは、この世の宝をよろこびたのしむことを、それほど気にもせず、悲しみもせず、重大なこととも思わないということにある。

これは始めに、たのしみに手綱を緩めたことから生ずる。というのは、今述べたように、たのしみに身を委せることにより、霊魂は肥満し、たのしみと欲望との脂肪が、ますます地上的なものの中に意志を肥満させ、ふくれあがらせることになるからである。

これが大きな弊害を伴ってくることになる。というのはこの第三の段階では、神に関することや聖なる業から引き離され、これをよろこびとすることがなくなるからで、神ならぬ他の事柄をよろこび、夥《おびただ》しい不完全や好ましからぬことや、たのしみやむなしいよろこびに自らをゆだねることになるからである。

6　この第二段階がいきつくところまでいくと、今まで絶えまなく行っていた修練をやめさせ、その人の心も、欲求も、すべて世俗的なものに向かわせるようになる。この第二段階にある人々は、まだ第一段階に留まっている人々と異なり、真理や、物事の正しい筋道を知るための判断と理性とを暗くするだけではなく、それらを学んだり、実行したりすることについて、怠惰に陥り、なまぬるく、緊張に欠けている。これをイザヤは次のように言う。「すべての者は贈り物をよろこび、報いを追い求め、みなし児《ご》を正しく扱わず、寡婦《かふ》の訴えは彼らに物の数とされない」（イザ1・23）と。

このようなことは、ことに職務上の義務に関する場合、罪なくしてはすまされない。なぜならこの段階にある人々は、第一段階にある人々と異なり、よこしまな心がひそまずにはいないからである。しかも彼らは地上的なものへの執着にすっかりその意志を押し広げていくため、正義や徳からますます離れていくことになるのである。

それだけに、この第二段階にある人々の特色というのは霊的な事柄に関してすこぶる微温的で、いいかげんな仕方ですますことにあり、そうしたことを、愛ということからよりも、むしろ虚礼からか、あるいは仕方なしに、あるいは習慣的にしているだけである。

7　喪失的弊害の第三段階というのは、神を全く捨て去ることであって、世間のものや、宝には欠けるところがないように、神の掟を果たそうと努めず、貪欲のため大罪に陥るままに身を任せることである。

この第三の段階は前の引用句に続く言葉のうちに示されている。「創造主なる神を捨てた」（申32・15）と。

この段階にはこの世のことや、金銭や商売にすっかり没頭し、神の掟に基づく義務をまるで顧みないというような人々のすべてが含まれる。彼らは自分の救いに関するようなことについてはすっかり忘れ、感覚が鈍ってしまっているのに対し、この世のことに関しては、すっかり勢いづいて、頭がよく働く。キリストは彼らを福音書の中で、「この世の子ら」と呼ばれたほどで、彼らについては、光の子らが、自分のことにおけるよりも、「より賢く」振る舞い、また敏速であると言われた（ルカ16・8）。彼らは神のことについては無に等しく、この世のことについては万事を心得ている。

彼らはまさしく、欲望そのもので、その欲望とたのしみを、この地上的なものの中に広げ流しこみ、彼らを真に充たすことのできる唯一の泉、神から離れれば離れるほど、その欲望と渇きとはひどくなるのである。このことについて、神はエレミヤにより「彼らは活ける水の源である私を捨て、水なきこわれた井戸を掘った」（エレ2・13）と言っておられる。彼らのような欲望にあおられたものは、地上的なものの中にその渇きをいやすべき何ものも見いだし得ず、かえって渇きをいよいよ増すばかりである。これがすなわち、この世の宝を愛するためにさまざまの罪に陥る人々であって、その弊害は枚挙にいとまがない。これについてダビデは「心は愛着に流された」（詩72・7）と言った。

8　喪失的弊害の第四の段階は引用句の最後の言葉に示されている。すなわち、「彼らは自己の救いである神を離れ去った」（申32・15）ということである。前に述べた第三の段階からここに至りつくことになる。というのは、この世の宝にとらわれて、神の掟に心をとめることをあえてせず、そのために、記憶においても、知性と意志とにおいても神から甚だしく遠ざかり、あたかも神が存在しないかのように神を忘れ、金銭とこの世の宝とを自分の神にしてしまうからで、聖パウロが「貪欲は偶像崇拝である」(コロ3・5)と言っているとおりである。この第四の段階では神を忘れてしまうところまでいき、本当は神におくべき心をあたかも他に神がないかのように、金銭のうちにそっくりとらえられてしまうからである。

9　この第四の段階にある人々というのは、神的なこと、超自然的なことを、その偶像であるこの世の事物に、あっさり従わせてしまうのである。もし神を自分の神として認めるなら、それとは反対に、すべてを神に従わせるべきであるのに。彼らは、神がお与えになった恵みを売りわたした不義のバラムのごとく(民22・7)、また魔術者シモンのようなものである。神の恵みを金銭によって評価しうるものと考えた彼は、その恵みを買いとろうとしたのである(使8・18―19)。彼らには神の恵みをお金で与えるほどに金銭を高く評価している人があるように思われたのである。

この第四の段階には他のいろいろの形で、今日も多くの人々がいる。彼らは霊的な事柄には、その貪欲のために理性が曇らされ、金銭に仕えて、神に仕えず、金銭に動かされて神に動かされず、目の前に金のことをおき、神的価値やその報いをみない。彼らの最高の神であり、目的である金銭を、終極目的である神よりも先にし、そのためにはあらゆる手をつくすのである。

10　この最後の段階にはまことに哀れな人々がいる。というのは、あまりにそうした宝に心奪われ、そのようなものを自分たちの神としているため、この彼らの神に何かこの世の窮乏が生ずると、すぐに自分の命を犠牲にし、絶望し、みじめな目的のために、自らに死を与え、結局彼らは、このような神から与えられる不幸な報いを、身をもって示すことになる。このような神に期待するなどとは、絶望か死以外のものではない。この死という最後のみじめさまで追いつめられなかった人々は、煩悩やその他のみじめさのうちに生きながら死んだようなもので、心のうちによろこびの入る余地はなく、地上のどこにも豊かな光を与えるものとてなく、常に金銭に心を配り、思い悩み、そのために来るべき当然の滅びという窮極の失敗を招くまでに金銭に執着しているのである。これについて賢者は次のように言う。「富を保てば災いとなる」（コヘ5・12）と。

11　聖パウロが、「神は彼らを、そのよこしまな心のままに委ねたもうた」（ロマ1・28）と言っている人々は、この第四の段階にある人たちのことである。

なぜなら、そうしたものをもつことを窮極の目的とするならば、そのたのしみは人間にこのような害をもたらすことになるからである。

たとえ、その害が少なくとも、悲しむべきである。というのは、前に述べたようにこのような人々は、神への道において、霊魂を非常に後退させているからである。ゆえにダビデの言っているように「人が富めるからといって恐れることはない」（詩49・17）のである。すなわち、そのような人々を汝より秀《すぐ》れたものと考えてうらやむことはない。「彼が死ぬときは何一つ携えてゆくことはできず、その誉れもよろこびも彼とともに降ることはない」（詩49・18）からである。

第20章
現世的な事柄についてのよろこびを遠ざけることによって、霊魂に生ずる益について。

1　霊的な道を歩む者が非常に注意しなければならないことは、この世の事柄に心を奪われないようにすることであって、小事が大事に至ることを恐れなくてはならない。最初にはわずかなことであったものが、終わりには重大なことにまで発展するもので、それは山や、この世界のすべてを焼きつくすためにはひとつの火の粉で十分であるのと同じである。

初めはそうした執着がまことに小さなものであるため、あとになってからなどと油断をしていてはならない。まだ始めの小さいとき、それを断ち切ってしまう勇気がなければ、それが大きくなり、根を張ってから、切り倒すことができると考えたり、自負したりしていることがどうしてできよう。われらの主は福音書の中で、特に「小事に不忠なるものは、大事にもまた不忠である」（ルカ16・10）と言われている。なぜなら小厄を避ける人は大厄に陥らないからである。まして心の垣根や壁を通して、大きな災いは入ってくるもので、小事にも大禍が隠れている。

諺《ことわざ》にも「始めるということは、すでに半ばをなしとげたようなものである」と言われている。ダビデはそれを、次のように忠告する。「たとえ富み栄えるにしても、それに心をとらえられてはならない」（詩61・11）と。

2　したがって、神のため、キリスト教的完徳のために何も特別にしないとしても、霊的な益のことは別として、この世の多くの益のためにも、前に述べたようなたのしみから、心を全く自由にしなくてはならない。なぜなら、それによって、前章に述べたような最も悪質な弊害からまぬがれるばかりではなくこの世の宝に対するたのしみを捨てることによって、寛容という徳を得ることができるからである。これは神のおもな特色の一つで、貪欲とは全く並立しないものである。

それ以外に魂の自由、理性の明晰《めいせき》、平安、静けさ、神における落ち着いた信頼と神に対する心からのまことの崇敬と礼拝を捧げることができるようになる。

なお地上的なものから離れることによって、かえって、いっそう大きなよろこびと憩いとをそのうちに得ることができる。そのよろこびは、所有欲をもって地上的なものを見ている人が受け取ることのできないものである。なぜならそうしたものは一種の不安となって、ちょうど縄のように心を地上にしばりつけ、心をのびのびとさせることがないからである。

地上的なものから離れれば離れるほど、それらの事柄について、自然的にも、超自然的にも、真理を正しく把握するだけの認識をもつことができる。したがって地上的なものをよろこぶとしても、それにとらえられているものとは甚しく異なり、はるかに秀れたものを取り出す。なぜなら、前者は地上的なものをそのあるがままに受け取り、後者は錯覚によって受け取るからである。前者はよいものに従い、後者は悪いもの、前者は実質的なもの、後者は付随的なものによって、そうしたものを感じとるからである。

事実感覚というものは、付随的なものより奥に達することはできず、またそれより外に出ることはできないのにひきかえ、目をまどわす付随的なものの雲から清められた霊魂は、事物の真理と価値とを見つめ、それを洞察する。これがその対象だからである。そもそもたのしみというものは、霧のように判断を曇らせる。というのは心がひかれていなければ、地上的なものを進んでたのしむということはあり得ないわけで、これはちょうど、心の中に不断の愛着をもっていなければ、たのしみという感情の動きをもつことがなくなるのと同じである。

このようなたのしみを退けることと、浄化とはちょうど、霞のはれた空気のように、ものを見る目をはっきりさせてくれるものである。

3　したがって、前者はどのような事柄についても、とらわれた愛着をもたないため、かえってそれらのすべてを所有しているかのように、そうしたもののうちによろこびをもつのに対し、後者は、自分のものとしたいという特殊な気持ちをもってみるため、そうしたもののすべてに対し、よろこびを全く失うことになる。

前者は心のうちに何ももっていないのであるから、聖パウロの言うように、すべてを大きな自由のうちに所有している（二コリ6・10）。それに対し地上的なものに何か心をひかれている後者は何ももたずに、何も所有していないというより、むしろ地上的なものが、彼の心をとらえているため、彼はまるで奴隷のように苦しむのである。そのように地上的なものをたのしみたいと思う人は、そのとらわれ、奪われた心の中に、どうしてもそれだけの苦しみと悩みとをもつことになる。

地上的なものから離れ去った人においては、祈りの時も、それ以外のときも、彼を苦しめる心痛はなく、時間を失わず、容易に多くの霊的宝をつくりだすものである。それに対し後者は、その心がつながれ、奪われている縄に巻かれて回っているだけで、どんなに努力しても、その心がつながれている思いやたのしみから、しばらくの間も自由になることはほとんどない。

したがって霊的な道をゆく人は、そうした事柄にたのしみを覚えるとき、その最初の衝動において、抑制し、ここでわれわれが述べる教えを思い出すべきである。すなわちすべてのことにおいて、ただ神に仕え、神のご光栄のために努めること以外に、人間のよろこぶべきものはなく、そのためにすべてのものをそのことのためにのみ向け直し、むなしいものから離れて、そうしたものの中に、よろこびや慰めを求めないようにしなくてはならない。

4　地上的なもののたのしみをなくすることは、他にきわめて大きなそして大切な益がある。それは神に対して己を全く開ききることができるということである。これは神が人間に与えてくださった、すべての恵みを受け取るための、第一の心構えで、この心構えがなければ、神は恵みを与えてくださることはない。その恵みというのは、福音書自体のうちで神が約束されているように、たとえこの世のものであっても、その一つのたのしみを、神に対する愛と、福音的完徳のために捨てるならば、この世においてすでにそれに百倍もするよろこびをお与えくださるということである（マタ19・29）。

しかし、このような利益は別としても地上的なものをたのしむために神にお与えする不快というだけで、霊的な道を行く人は、これらのたのしみをその心のうちに消してしまわずにはいられないはずである。現に福音書をみると、長年の生活を支えるに足る宝を蓄えて、たのしい生活をしていたあの富者は、ただそれだけのために神の大きな怒りを買い、彼に向かってお前の魂は、この夜のうちにも審《さば》きの庭に呼び出されると言われたほどであった（ルカ12・20）。

このようにわれわれがむなしいたのしみに耽《ふけ》るたびに、神はそれをみて、その当然の報いである罰や、苦いものを思いめぐらしていられるのであって、その苦しみは、しばしば、あふれ出たたのしみの何百倍もするものであることを信じなくてはならない。神は聖ヨハネを通じ、黙示録の中で（18・7）、快楽に耽《ふけ》っていたバビロンのことを話し、それがたのしんでいただけの苦しみと罰とを与えよと言われているのは事実であるが、神は快楽のよろこびよりも、より大きな苦しみを与えないと言っておられるのではない。なぜなら、束の間のたのしみにも永遠の苦痛が与えられるからである。神がここにおいて示しておられるのは、どんなこともそれ相応の罰なしにはすまされないということである。なぜなら無益な言葉を罰したもう神が、むなしいたのしみをお許しになるはずはないからである。

第21章

自然の宝に心奪われることがどんなにむなしいことであるか、したがってそうしたものを通して、どのようにわれわれを神に向けていくべきかについて。

1　ここで、自然の宝というのは、美しさ、優しさ、風采《ふうさい》、容姿、その他の体の特質のことで、精神においては、優れた知性とか鑑識眼、その他理性的な特質のことである。すべてこうしたものを自分自身または自分の身近なものがもっていることで、よろこぶが、それによって神自身がいっそう知られ、愛されるために、そうした賜を与えられた神に感謝を捧げようとせず、そのようにただそれだけをよろこぶことは、ソロモンの言うように、むなしい錯覚である。「優雅は欺き、美しさはむなしい、神を畏れる女こそほむべきもの」(箴31・30)と。

これによって、教えられるべきものは、このような自然の賜についてはむしろ恐れの念をもつべきであるということである。なぜなら、そうした賜のために人間は神の愛を忘れやすくなり、それらにひきずられ、虚栄心に陥り、欺かれるからである。

そのために「あでやかさは人を惑わす」(箴31・30)と言っているのであって、神との一致の道において、人間を欺き、むなしいよろこびや、自己満足、またこのような美しさをもっていることにおぼれ、よくないものへとひきつけられていくからである。また「美しさはむなしい」といっているのは、美はそれ自身、または他のものが美のために神に仕えるときのみによろこぶべきであるのに、美しさを大切にし、それをたのしむ人間をさまざまの形で堕落させるからである。

したがって、むしろ、こうした賜や、自然の美しさはそれにとらわれて、むなしい自負心や極度な愛着が生じ、神に背く原因になりはしないかと恐れなくてはならない。

それゆえ、これらの賜に恵まれている人は、慎んで、注意深く生きなくてはならない。それを見せびらかすようなことをして、他のだれかの心が少しでも神から離れてしまう原因とならないように注意しなくてはならない。なぜなら、このような天性の恵みと賜というのは非常に刺激が強く、誘いの機会となるものであるから、それに恵まれている者も、それを褒める者も、そうしたことで、心のわなや縄目にかからない者はほとんどないくらいだからである。こうしたことを恐れるあまり、これらの恵みを与えられた多くの霊的な人々は、われわれが知っているように、こうしたものが自分にとっても他の者にとっても何かの愛着や、むなしいたのしみの原因や機会にならないように、醜い姿にしてくださいと神に祈り求めたものである。

2　ゆえに霊的な道を歩む人々は、美しさとか、その他の天性の秀れたものなどは、すべて土からのもので、土に帰っていくものであることを思い、そのむなしいたのしみから、意志を浄め暗くしてしまわなくてはならない。優雅とか麗しさというようなものは土および土からの蒸気のようなものである。虚栄に陥らないため、それらはこのようなものであることをはっきり自覚し、神はすべての地上的なものを超えて、これらすべてをぬきんでた無限の美しさをそなえたもうていることを、よろこびをもって考え、それらすべてのものを神に向けていかなくてはならない。ダビデの言っているように、「これらはみな衣服のように古び去り、神のみ永久《とこしえ》に変りなく留まる」（詩101・27）からである。

したがって、これらの事柄すべてにおいて、自分のよろこびを神に向かわせないならば、そのよろこびは常に間違いであり錯覚というものである。なぜならソロモンが次のように、地上のものについてのよろこびを話しているときに言った言葉は、このように考えてよいからである。

「よろこびに向かって私は言う。お前は、なぜむなしいものへといざなうのか」（コヘ2・2）と。これは、被造物に心をひかれるときのことである。

第22章　自然の宝に心を奪われることによって霊魂に生ずる弊害について。

1　これらのよろこびのうちに数えられる害や益の多くは、すべてのものに伴いすべてのものに共通したものである。

今問題にしているよろこびは、六つの種類のいずれにも属するので、したがってこのいずれにも害と益とが生じてくるわけで、すべてよろこびと結びつきがあるかぎり、一つのものの害や益は、他のものの中にも見いだされることになる。

しかし私のおもな意図は、たのしみによるものも、そうでないものも、各々の事柄において霊魂に生ずる特別な害と益について述べることで、これを特別というのは、ある種のものは、最初にかつ、直接にそうしたたのしみから生ずるからで、その他に、あとになって、間接的に生ずるにすぎないものがあるからである。例えば霊のなまぬるさから生ずる害はどんな種類のたのしみからも直接生じてくるもので、したがってその害は、六つの種類のすべてに共通のものである。これに対し官能的なものは特別な害がある。というのは、それは今ここで話そうとする自然の宝についてのたのしみから直接でてくるからである。

2　自然のものにたのしみを求めるとき、直ちに霊魂にきざす心と体の害は次の六つのおもなものに帰する。

第一は虚栄心、自負心であり、傲慢と、隣人に対する軽蔑である。なぜなら、ある一つのものを尊敬の目で見るためには、他のすべてのものを自分の目から取り除かないかぎりできないことだからである。ここから少なくとも、他のことについての実際的な蔑視の気持ちが生ずる。

ある一つのことを大切にするなら、当然心は、他のものをしりぞけて、自分が大切にするその一つのことに集中するものであるから、そのために一つ一つ、あるいは何もかもひっくるめて、他のことをわざと軽視するようになることはきわめてあたりまえのことである。しかもただ心の中だけではなく、言葉にもそれが現れ、この人はああでないとか、これはこうでないなどと言う。

第二の害は官能的な満足やたのしみ、さらに淫らな気持ちへと誘われる。

第三の害はへつらいや、むなしい賞賛のワナにかかり、イザヤのいうように錯覚と虚栄心のとりこになる。「わが民よ、賞めるものは欺く」（イザ3・12）と。もちろん時にその人の優しく美しいことをほめたりする場合、本当のことを言っていることがあるけれども、それでもそれによって、他の人をいい気持ちにさせてよろこばせ、そこに愛着や不完全な意図をひき入れたりして、何かの害が含まれずにいるなどということがあれば不思議である。

第四の害は、一般的なもので、この世の宝についてのたのしみと同じく、あるいは場合によっては、それ以上に理性や霊の感覚を甚だしく鈍らせるものである。なぜなら身についた賜はこの世のものよりもいっそう人間に密接しているため、こうしたものについてよろこぶことは、てきめんに心に響いて、気持ちの中に深い跡を残し、ひどく感覚を麻痺させるからである。このようになれば理性と判断とは、しばられてしまい、あのたのしみのとりこになって、光を失ってしまうのである。

ここから、第五の害が生ずる。すなわち地上的なものに心を散らすということである。またここから、なまぬるさ、気のゆるみなどが続いて生じ、これが第六の害で、全体に広がり、神のことについては非常に退屈で、心の重荷になり、ついには、ひどく嫌悪するまでになる。こうしたたのしみにおいては、少なくともその始めに、霊魂は必ず心の純潔を失う。

なお、幾分の霊の感覚があるにしても、きわめて感覚的で、粗雑なものにすぎず、霊的なものでも、内的なものでもなく、集中的でもなくて、霊の力よりも、むしろ感覚のたのしみのうちにある。なぜなら霊はなお低くかつもろいため、そのようにいつもたのしみを求める心の傾きをなくすることができず（もしたのしみを与えられる機会があって、それを受け取らなかったとしても、こうしたたのしみたいという不完全な心の傾きがあるだけで、霊の純粋さを失うに十分である）、霊の力のうちにあるよりも、ある形で感覚の弱さのうちに生きるより仕方がないからである。

もしそうでなければ、そのような機会に見いだす完徳と強さのうちにそのことを悟るであろう。尤も、多くの不完全があるにもかかわらず、それとともに多くの徳をもつことがありうるのを否定するわけではないが、これらのたのしむ心が取り除かれなければ、内なる霊は純潔でもなく、また香りのよいものでもない。というのは、そこでは霊に敵対する体が支配しているため、たとえ霊がその害を感じなくとも、少なくともそこには隠れた心のワキ見があるからである。

3　しかし、今、あの第二の害に戻って話さなくてはならない。そこには無数の害があり、ペンをもってしても言葉をもってしても適確に言い表すことができないほどであるが、天性の優雅さや美しさをたのしむことから生ずる不幸が、どこまで行きつくか、またどれほどであるかは、わからないことではなく、あまりにも目に見えたことである。なぜなら、毎日このために、あれほど多くの人々の死、あれほど多くの名誉失墜、あれほどの侮辱、蕩尽《とうじん》された財産、嫉妬と争い、姦通、暴行、邪淫のほか、地に堕《お》ちた多くの聖なる人々をすら見ることができるからである。

この聖なる人たちをたとえれば、黙示録の中で、あの大蛇の尾をもって地に投げ倒され、天から地上に落ちた星の第三の部分にもあたる（黙12・4）。その素晴らしい黄金は、その美しさも輝きも失い泥土になりはててしまったのである。黄金の衣を着けたシオンの優れた貴族たちは汚れた泥の器、こわれた土器の破片となってしまった（哀4・1―2）。この害毒が及ばないところなど、どこにあろうか。

4　黙示録の女バビロン（黙17・4）の黄金の杯に多少とも口をつけない者があるであろうか。七つの頭と十の角をもっている獣の上にあの女が坐しているというのは、高い者も賤《いや》しい者も、聖なる者も罪人も、幾分かはその心を奪われ、この女からぶどう酒を飲まされなかった者は、ほとんど一人もいないということである。あの女について、「他のすべての王たちは、この女の淫乱のぶどう酒に酔わされた」（黙17・2）のである。最も崇高な至聖所や神の司祭に至るまで、すべての身分のものをとらえ、ダニエル（ダニ9・27）の言うように、聖なる場所に忌むべき杯がおかれているのである。このむなしいたのしみという杯に多少にかかわらず、口づけないよう努める者はほとんどいない。したがって、地上のすべての王は、この酒に酔わされたと言われているのである。どんなにすぐれた聖なる人であっても、天性の美しさや、優雅をよろこんだりたのしんだりする酒酔いのために麻痺しないということはほとんど見いだされないほどだからである。

5　ここで酒酔いという言葉に注意してほしい。というのはこのたのしみの酒に少しでも酔うと、すぐに心はそこに釘づけにされ、酔わされ、まるで酔っぱらいのように理性がくらんでしまうということである。ゆえにその毒をすばやく消すために、すぐ何かの解毒剤を飲まなければ、霊魂の生命の危険となる。なぜなら霊的なもろさが力を奪い取り、多くの災いをもたらすことになる。それはちょうど、サムソンが（士16・19）、その目をえぐられ、その力の源であった毛髪を切りとられ、敵のとりことなって、ひきうすの中で苦しめられたようなもので、後には敵中のサムソンのようにおそらく第二の死をみることになろう。すなわち、このたのしみの酒を飲むことによって、サムソンにおいてその体に起こったことが、今日多くの人々においては霊的に生ずるのである。また後には敵が彼を辱めて、「おまえが、あの太い綱を断ち切り、ライオンを殺し、一千人のペリシテ人を打ち倒し、大きな門戸をひきぬきすべての敵を追い散らした豪傑《ごうけつ》か？」と言うのである。

6　われわれはこの毒に対する必要なことを述べて結びとしよう。自然の宝に対するむなしいたのしみに心が動かされるようなことがあったなら、すぐに、神に仕える以外のよろこびはどんなにむなしいものであるか、またどんなに危険で、有害であるかを思い起こさなくてはならない。またさらに、天使たちが、自分の美しさや、天賦の賜をよろこび、自己満足にひたされていたことが、天使たちにとって、どれほど大きな傷をもたらしたかを、よく考えるべきである。彼らはそのために暗黒の深淵に落ち込み、またいかに多くの人々がこの虚栄のために、日々どれほどの害を蒙っているかを思うべきで、そのため救いの方法を講ずる時を逸してはならない。このことを詩人は次のように言っている。「始めにまず救いの手を打たなくてはならぬ、悪が心のうちに大きくなるのを待つならば、救いも薬も間に合わぬであろう」と。また賢者は、「酒の色が赤くガラスに光り輝くとき、それを見つめてはならぬ、優しく入り来って蛇のごとくかみ、毒蛇のように毒を流しこむであろう」(箴23・31―32)と言っている。

第23章
自然の宝をたのしまないことによってそこから引き出す益について。

1　上に述べたようなたのしみから心を引き離すことが非常にためになるというのは、それが、神の愛やその他の心構えをつくることを別にしても、自身に対する謙遜と隣人に対するすべての愛に直ちに席を与えることになるからである。

人を欺く外見の美しさに全然こだわらないならば、神がお望みになるような愛をもってすべてのものを理性的、かつ霊的に愛するだけに心は自由かつ明るく澄んだものとなる。そのことから、そこにある徳のためでないならば、何も愛するに値しないということがわかる。このように愛するならば、それは神によるものであり、そこには大きな心の自由がある。もしそこに執着があるというのなら、それは神に対する大いなる執着というものである。

なぜなら、この愛が増せば増すほどそれだけ神への愛がますます大きくなり、神への愛が増せば、それだけますます隣人に対する愛が大きくなるからである。というのは神のうちにある愛がそのままその力となり、その原動力となっているからである。
2　この種のたのしみを退けることによって、他のきわめて大きな益が生ずる。すなわち「わたしに従おうとするものは、おのれ自身を捨てよ」（マタ16・24）と言われた救い主の勧めを果たしかつ守ることになるからである。そのようなことは、もし、自分の生まれつきの宝におぼれているならば、決してできないことである。なぜなら、自分にこだわっているものは、自分を否定することも、したがってキリストに従うこともできないからである。
3　この種のたのしみを退けることには、なおその他の大きな益がある。それは心のうちに大きな平安をもたらし、気を散らさず、五官、ことに、目が静かな落ち着きをもつということである。なぜなら、何もたのしみたいと思わないため、それを見ることも、他の感覚をそこに向けようともせず、そうしたものに引きよせられても、それにとらわれず、時間も、考えもそんなことに浪費しないからで、これは「心に刻みこむような魅惑的な声を聞かないため耳に蓋《ふた》をしたあの蛇」（詩57・5）に似ている。
というのは、心の門である五官を誡《いまし》めることは、心の平安と純潔とをよく守り、それを増すことであるからである。
4　この種のたのしみの抑制に進歩した人には、なお他にもこれに劣らぬ益がある。すなわち何か芳しくないものや、またそうした考えが、心に残ったり心を汚したりしなくなるわけで、そのようなものに何か満足感をもつ人とは違う。こうしたたのしみを否定し抑制することから生ずることは、霊魂と体、すなわち精神と五官との霊的清らかさということで、霊魂と体とを聖霊の神殿たらしめ、それらは神に対し天使のようなふさわしさをもつようになる。もし、その心が、生まれつきの美しさや長所におぼれているならば、このようなことはあり得ない。それも何か醜いことを自分から受け取ったり、あるいは思い出したりしなくても、ただあのようなたのしむ心があれば十分霊魂と五官とは汚れてしまうのである。それゆえ、「理性に由来するものでない考え、すなわち神に向かって定められている優れた知性より出ずるものでない考えからは、聖霊は遠く離れたもう」(知1・5)と賢者は言っているのである。

5　なおそのほかにも続いて広く益が生ずる。というのは、上に述べたような悪や災いから逃れるということを別にしても、霊的にも時間的にも、多くの虚栄や、数多くの害から身を守ることができ、特に自分についてあるいは他の人についての生まれつき与えられたものをほめられたいとか、それにおぼれたりする人が被る軽蔑を受けないですむからである。このようにまじめで賢明な人として、事実尊敬されるのは、神のよしとされる以外のことに関心をもたない人なのである。

6　上に述べた益から、次の最後にあげるきわめてすぐれた益が生ずる。それは神に仕えるためにどうしても必要な精神の自由で、これがあれば、誘惑を克服することも容易であり、困難にも立派に堪え忍び、徳において非常に進歩するようになる。

第24章

人が心を奪われる宝の第三の形、すなわち感覚的なものについて。それはどういうもので、どのような種類であるか、どのようにして、このようなたのしみから心を洗い清め、神に向かうべきかについて。

1　さて、今、感覚的なたのしみについて論ずるわけであるが、これは心をとりこにするもののうちの第三の種類に属する。ここで注意しなくてはならないのは感覚的なものとは、この生活において、視覚、聴覚、嗅覚、味覚、触覚および想像の働きをつくりだす内的機能のことで、すべて、内的にも、外的にも体の感覚に属するものを意味する。

2　これら感覚的なもののたのしみから心の目を閉じ、それを洗い清め、そうしたものを通して、心を神に向かわせるためには一つの真理が前提されなくてはならない。すなわちこれから述べようとする人間の低い感覚的分野は、今までも述べたように、神をそのあるがままに識《し》ることも理解することもできないということである。例えば神または神と思われるようなものを目は見ることができず、耳は、神の声またはそれらしきものを聞くことはできない。嗅覚はそれほど快い香りをかぐことはできないし、味覚は、それほどまでにずばぬけた美味を味わうことはできず、また触覚はそれほどにデリケートで快いもの、またはそれと似つかわしいものに触れることはできない。また、神を表すような何かのイメージや映像が、思考や想像のうちに入るということもできない。それでイザヤは「目もこれを見ず、耳もこれを聞かず、人の心にも上らず」（イザ64・4、一コリ2・9）と言っている。

3　そこで注意しておくことは、内的に何か神から受け取る精神の側からにせよ、あるいは、感覚に与えられた外的な事物の側からにせよ、ともかく感覚はそうしたものからたのしみや快さを受け取るということである。

ところで、今、述べたように、感覚的な部分は、霊的な道によっても、感覚の道によっても神を知ることはできない。なぜなら感覚的な部分はそこまで達するだけの力をもっていないため、霊的なことも感覚的なことも、それなりに感覚の枠内で受け取るだけで、それ以上に出ることができない。したがってそのような何か感覚的にとらえられたものによって生ずるたのしみに意志を浸すようなことは、いずれにしてもむなしいと言えるわけで、神にのみよろこびを見いだし、神のみにすべてを与える意志力をそぐことになる。このような種類のたのしみは他の場合と同様、それを洗い落とし、それに対し目をつむってしまわないかぎり、「全く神のみに」ということはできなくなるのである。

4 何か上記のようなことにたのしみを留まらせておくことはむなしいことであると言ったことに注意してほしい。なぜなら、それに留まっていないで、聞いたり、見たり、触れたりすることにたのしみを感ずるや直ちに、神におけるよろこびへと心をあげ、そうすることが神においてよろこぶための動機や力となるならば、いっそうよいことであるからである。そうした心の動きが敬虔《けいけん》な気持ちや祈りを生みだすものであるならば、避ける必要がないどころか、聖なる修練のために役立てることができ、また、そうしなくてはならない。というのも感覚的なものを通して神の方に強く動かされる人もあるからである。

しかし、このことについては、それから引き出される結果を見て、十分慎重でなくてはならない。なぜなら霊的な道を歩む多くの人々が、祈りをし、神に自らを捧げるという美名の下にしばしば感覚の休養をしているからである。それは祈りというよりも休養と言われるべきもので、神よりも自分自身をたのしませているのである。そこにある意図は神のためであっても、そこから引き出される結果は感覚的な休養のためということで、意志を高めて神の方に向けるよりもむしろどこか欠けた弱さを引き出すほうが多い。

5 それゆえ、上記の感覚の味わいというものがどうしたときに役立ち、どのようなときにそうでないかを見分けるための一つの注意書きをここに添えておきたい。すなわち、音楽やその他のものを聞いたり、気持ちのよいものを見たり、快い香りをかいだり、舌をたのしませたり、触れることに微妙な味わいを覚えたりするとき、いつも、直ちにその第一衝動において思いや意志の動きを神に向け、そこに生ずる感覚的な刺激よりもそのような思いの方をよろこび、そのためにだけ、そのようなたのしみを味わうならば、上記のことから益を引き出している印であり、感覚的なものが霊を助けることになるのである。こうした形でそうしたものを利用することができるわけである。なぜならその時には、感覚的なものを作りかつ与えた神にそれを奉仕させることになり、神はそのようにしていっそう愛され、知られることになるからである。

ここで知っておくべきことは、私のいう純粋に霊的な実りをこのような感覚的なものから受け取れるのはそうしたものの与える快い味にもかかわらず、それが欲しいとは思わず、またそれに全くこだわることがなく、そうしたものを与えられる神を味わうことだけを思うからである。したがって、そのようなことのために、心を煩わせず、そうしたものが与えられると直ちに意志はそれを通り抜けてそれらを後にし、神のうちに自らを落ち着ける。6　このような動機をたとえ神にゆく助けになるにしても、それを重要視しないわけは、すべてと共にまたすべてを通じ、直ちに神にゆく敏捷《びんしょう》さをもっているため、何も要せず何も望まないまでに神の霊によって養われ、守られ、充たされているからである。もし神にゆくために感覚的なものを望むにしても、直ちにそれを通り抜け、忘れ、それにこだわっていない。

それに反し、上記のことや感覚的なたのしみに対して、精神の自由を感ぜず、意志がそうしたものに味を覚え、そこに糧《かて》を見いだすならば、それは害を及ぼすことになるから、それを受け取ることを避けなくてはならない。というのは神にゆくためそうしたものの力を借りたいと思うのは尤もなことであるが、欲求がそうしたものに感覚的な味をしめるようになると、その結果はそれらが助けになるよりも妨げになり、益よりも害になることはいっそう確かなことだからである。したがって、このようなたのしみを欲しいと思う気持ちが自分のうちに支配していることがわかったなら、それを殺さなくてはならない。なぜならそれが強くなればなるほど、ますます不完全になり、もろくなるからである。

7　したがって霊的な道を歩む人は感覚に由来する好みはどんなものにしても、たまたま与えられたものにせよ、そのつもりで受け取ったものにせよ、そのたのしみが役立つもの、ためになるもの、全きものであるためには、心のたのしみを神にまで高め、神のためにのみ用立てられるようにしなくてはならない。どんなたのしみにしても、それがどんなに見たところ高いもののようであっても、たのしみと名のつくかぎり、このようにして退け、なくするようにしなければむなしいものとなり、何の益もなく、かえって、神との意志の一致を妨げることになる。

第25章　感覚的なたのしみのために、霊魂が受ける害について。

1　まず第一に感覚的なものから生じうるたのしみを神の方に向けるため、その目を閉じて打消さなければ、前に述べたような他の場合に何かの形のたのしみから生ずるあらゆる害が、その感覚的なものからでてくる。すなわち理性がくらむこと、そして霊的なぬるさと倦怠《けんたい》などがこれである。

しかし、ことに霊的にも、肉体的、感覚的なものと同じく、こうしたたのしみを通じて真っ逆さまに落ち込む害はまことに多い。

2　まず第一に目に見えるもののたのしみからは、それを神に向けるためしりぞけていかないと、すぐに虚栄心が生じ、集中力を失い、むやみに欲が深くなり、恥ずかしいことも平気になり、外的にも内的にもしまりがなく、不純な考えや嫉妬が生ずる。

3　無益なことを聞くたのしみからは、すぐに気が散ったり、おしゃべりになったり、嫉妬や不確かな判断、さまざまの思い、その他数多くの危険な弊害が生ずる。

4　こころよい香りをたのしむことからは、貧しいものに対する嫌悪感が生ずる。これはキリストの教えに反したことである。なお服従に対する逆らいや、卑しいことも素直に受け取る心をもてなくなり、霊的無感覚というようなものが、少なくともその欲求に比例して現れてくる。

5　食物の味覚をたのしむことからは、貪食や酩酊、怒りや不和、隣人や貧しい者に対する愛の欠如ということがすぐにでてくる。それはちょうど、ラザロに対して無慈悲でありながら、自分自身は日々豪奢《ごうしゃ》な生活をしていたあの富者のようなものである（ルカ16・19）。そこから体の具合が悪くなり、病弱になり、欲情の刺激が増すため、よこしまな心の動きが生じてくる。またさらに精神がきわめて鈍感になり、霊的な事柄に対する欲求を押さえてしまうため、そうしたものを味わうことも、そこに心をとめることも、また問題にすることもできなくなってしまうのである。またこのたのしみからは、その他の感覚や心が集中せず、すべてのことに不満が生ずる。

6　次にこころよいものに触れるたのしみからは、もっとおびただしい、またさらに危険な害が生じ、感覚的なものがまもなく、精神の中にまで流れこみ、その力とたくましさとをなくしてしまう。ここからは、この種のたのしみの多少に応じて、怠慢あるいはその傾きという忌むべき悪徳が生じてくる。欲情が生じ、精神は柔弱になり、臆病となり、ひどく感覚的になって、甘くなり、すぐにでも罪を犯し心を傷つけるようになってしまう。

むなしいたのしみやよろこびが心に浸潤し、舌を抑えることができず、目の慎みに欠け、その他の感覚は、このような欲のために、多少の差こそあれ、麻痺し、鈍くなる。霊的無知と暗愚にとどまるために、正しい物事の判断ができず、倫理的には臆病と不安定とをつくりだす。精神は暗く、心は脆弱《ぜいじゃく》になるため、何も恐れることはないのに恐れたりする。これは時として精神をくらますため、物事の見分けがつかず、心または良心が無感覚になり、理性を弱くすること甚だしく、よい意見を与えることも、受け入れることもできないような状態に陥り、霊的、倫理的な宝に対して、用をなさぬものとなり、あたかも壊れた器のように役に立たぬものとなるのである。

7　すべてこのような害は、この種のたのしみから生ずるもので、そのたのしみの大きさ、それに陥るたやすさやもろさ、不安定の度に応じてその程度を異にする。というのも、ちょっとした場合でも、他の大きな場合より、いっそうひどい目にあう人がいるからである。

8　このようなこころよいものに触れるたのしみから生ずる最後のものとして、前に地上的なものについて述べたことがあげられるが、それについてはすでに述べたことでもあるので、他の多くの害、例えば、霊的修練や、体の苦行をしなくなること、告解や聖体の秘跡に対する不熱心や不信心についてと同様、ここでは述べないことにする。

第26章

感覚的なものについてのたのしみを退けることによって受け取る霊的および、この世での益について。

1　この種のたのしみを退けることによって受け取る益は、まことに驚くべきもので、それには、霊的なものと、この世のものとがある。

2　感覚的なもののたのしみから自分を引き出すことによって受け取る第一の益は、あまりに感覚を使いすぎて、さまざまのことに気を散らしていたのが、今では神に自己を集中するようになる。またすでに獲得した徳と心とを保ち、育《はぐく》み、自らのものにしていく。

3　第二の霊的な益は、感覚的なものについてたのしみを求めなくなることで、これは素晴らしいことである。すなわち、感覚的なものから霊的なものが生みだされ、動物的なものが理性的なものとなり、またさらに人間が天使的な道を歩むようになり、現世的、人間的なものから神的、天上的なものが現れるということがまことに事実となりうるのである。

というのも感覚的なもののたのしみを探し求め、そこに自己満足を求めるような人間は、前に言ったように、感覚的、動物的、現世的と言うよりほかはなく、それに対して、これら感覚的なたのしみを高めるならば、霊的、天上的という言葉に全くふさわしいものとなるからである。

4 これは明らかな真理で、使徒パウロの言っているように、感覚を働かせることや、五官の力というのは、霊的な働きや力に反するもので（ガラ5・17）、したがって、一方の力を抑え、かつなくすることによって、他方の力を増し、伸ばすことになるわけで、一方の妨げを受けると他は成長することがない。そのように神との関連や交わりをもつ、高貴な部分である霊が全きものになれば、上述のものをことごとく獲得し、霊的かつ天上的な宝や、神の賜によって全うされるのである。

以上のいずれも聖パウロの証言していることである。意志を感覚的なものにのみ向けている人間を、聖パウロは神のことを知らぬ動物と呼び、神にまで意志を高める者を、神の深きところまで、すべてを見抜き、かつ見定める霊的な人と呼んでいる（一コリ2・14）。このようにして人は神からの宝、霊的賜を受け取るだけの大きなととのえをする驚くほどの益をもつことになる。

5 だが第三にあげられる益というのは、意志のよろこびとたのしみが、すでにこの世で、非常に大きなものとなるということである。それは救い主が教えてくださっているとおり、この世において、一に対して百が与えられるからである。というのは、一つのたのしみを退けるならば、主はすでにこの世において、霊的にも、地上的な形でも、百をもってお答えになるという意味である。と同様、感覚的な事柄に対する一つのたのしみからは百の後悔と悲しみとが生まれてくるであろう。

なぜなら、見るたのしみにおいて浄められたひとみから霊的なよろこびが生じ、見るものが神的なものでも、この世のものであっても、そのことごとくが神に向けられるからである。また聞くたのしみが浄められた耳からは、その百倍の非常に大きな霊的よろこびが生じ、聞くことが、神的なものであれ、世間的なことであっても、聞くことのすべてが神に向けられる。その他の感覚が浄められた場合もそれと同様である。

というのは、原罪以前の状態において、楽園で見ること、話すこと、食することのことごとくが、神を味わうよろこびを与えていたのは、彼らが、この感覚の部分を理性によく従わせていたためであるように、浄められた感覚をもち、感覚的な事柄をすべて霊に従わせている人は、最初の心の動きからして、神を見つめる快さを引き出すものである。

6　このように清らかなものには、高いことも低いこともよりよいものとなり、ますます清いものにするのに役立つのにひきかえ、不潔なものは、高いことからも、低いことからも、その不潔さのため、そこから悪を引き出すことになるのである。

欲望のたのしみを克服しないものは、神のおつくりになったものや、そのみ業を通して、通常見いだされる神における澄んだよろこびを受け取ることができない。

もはや感覚的な生活をいとなまないものは、その感覚と機能とのすべてが、神的観想に向けられている。哲学の正しい教えにあるように、すべてのものは、その本質と、その生命に従って働くものであるゆえ、動物的なものを克服して、霊的生命に生きているものは、その精神的行為も働きも、すべてそれがもつ霊的生命からでてくるものであるため、何の抵抗もなく、すべてを神に向けていくことは明らかである。そしてその結果として、心の清い人は何ごとにおいても、神をよろこびたのしむ、清くすんだ、霊的かつ明るい愛にみちた考えをもつようになるのである。
7　以上のことから次のように言うことができる。すなわち、感覚的なたのしみからいつも清められるようになり、最初の動きからすでに上に述べたような益をとりだし、これらのことを直ちに神に向かわせるようになるまでには、そうしたたのしみやよろこびを退け、感覚的な生活から心を引き離すようにしなくてはならない。というのもそこでは、まだ十分に霊的でないため、こうしたものを用うることから、おそらくは、霊的なものよりも感覚のためになるような糧や力をより多く引き出すことになるであろうし、行いにおいては、感覚的な力が優位をしめ、これがますます感覚を助成し、それを養い育むようになることを恐れなくてはならないからである。なぜならわれらの主の言われたように、「肉より生まれるものは肉であり、霊より生まれるものは霊である」（ヨハ３・６）からである。

事実はそうなのであるから、このことをよく考えてみなくてはならない。まだ感覚的な物事に対するたのしみを抑制していない人は、それらのことが、精神に力を与えるものだなどと考えて、そのために感覚と力と働きとを用いようなどとあえてしてはならない。なぜなら、霊魂の力はこれらの感覚的な力がないことによっていっそう強くなるもので、感覚的欲望のたのしみを用いるよりも、それをなくさなくてはならないからである。

8　この種のたのしみを退けることによって彼岸においてもたらされる光栄の宝について述べる必要もない。というのは、風のように早く行動する、透き通った体というような特別な賜を別としても、その光栄は、自己を捨てなかった人々よりはるかに大きなものである。それというのも、神の愛に答える天国の光栄の本質的なものに関することであるからで、上に述べたような一時的ではかない感覚的な事柄を退けたことによって受け取るものは、聖パウロの言っているように、「永遠に輝く光栄の無限の重み」であるからである（二コリ4・17）。

このたのしみの目を閉じる夜から生じてくるその他の益は、倫理的なものも、この世のものも、また霊的なものも、今ここに述べようとは思わない。なぜなら前に述べたたのしみのうち、いっそう固くわれわれの本性に結びついたものはすべて、それを退けることによって、さらに深い心の清らかさをもつことができるのは言うまでもないからである。

第27章
倫理的な宝の第四の形のものについて述べる。それはどんなものか、またどんな形で、それをよろこぶことができるかについて。

1　意志がたのしむことのできる第四のものは倫理的な宝である。ここで倫理的宝というのは、倫理徳とか、徳の習性の、慈悲の行い、神の掟の遵守、礼儀その他よい性質や傾きをもってするすべての行いのことである。

2　これらの倫理的な宝は、それがすでに所有され、実行されているときには、おそらく前に述べた他の三種類のいずれよりも、いっそう大きな意志のよろこびを生みだすものである。なぜなら、人がたのしみを覚えるというのは、そのための二つの原因が一つに結びつくか、あるいはそのいずれか一つの原因による。すなわちその事柄自体がよいものであるか、あるいは手段または道具として、それとともによきものがもたらされるかいずれかによる。

そこで、前述のこの種の宝をもつことは、心からそれをよろこぶにふさわしいものでないことにわれわれは気づく。なぜなら前に述べたように、これらのものは、もろくはかないもので決して人間に何らの宝ももたらさず、それ自体のうちにも宝をもってはいないからである。むしろそれらは前に述べたように、心の苦しみや悩みや、煩悶《はんもん》をもたらす。それがたとえ第二の場合として、神に赴くべく手段として用いられるよろこびがあるにしても、それはすこぶる不確かなもので、常に見られるように、益があるより、むしろ害のほうが多い。

それに対し倫理的な宝は、第一の場合としてあげたように、それ自体がもつ価値からして、それをもつ者にとって何かのよろこびとなるにふさわしい。

なぜなら、倫理的な宝は平安と静けさとをもち、理性を正しく秩序立てて用い、調和ある行動をとり、この世においては人間においてこれ以上に優れたものをもつことはできないからである。

3　このように、これらの徳は、人間的に言うなら、それ自体として愛され、尊重されるのにふさわしく、それをもっていることをよろこんでよいのであり、この世において人間によきものであるということからして、それを実践するよう努めることができる。このために、哲人や賢者や昔の国王などがこれらの倫理的な宝を尊重し、賛《たた》え、それらを自分の身につけ、かつそれを修めることに努力したのであった。

たとえ、彼らが異教徒で、その目を現世的な事柄に注ぎ、この世のこと、体のこと、地上的な宝のために、その徳を積んだにしても（未開の地の人であれ、異教徒であれ）、すべて善を愛したもう神はどんな善にしても、それがなされることを妨げたもうことなく（知7・22）、彼らがただ単にその望みとするこの世の宝と名誉を獲得しただけでなく、ローマ人においてみられたように、彼らの生命と名誉と支配権と平和を増し加えられたのであった。ローマ人がほとんど世界を征服したのも、彼らが義の掟を守ったからで、彼らの不信仰からすれば、永遠の報いを受けるに値しないとしても、彼らのよい行いを、この世において報いてくださったのである。

なぜなら神はこのような倫理的宝を非常に愛されるからで、ソロモンがその民を教え、彼らを正しく統治し、彼らによい風習を教えるために、神に知識をお願いしただけでも、神は非常におよろこびになったくらいで、神は彼に対して、お前はそのような目的のために知識を願ったのであるから、それが与えられるだけではなく、お前の望み以上の未曽有の名誉を与えようと言われたのであった（王上3・11―13）。

4　しかしキリスト信者は、このようなこの世で行う倫理的宝と善業とを、第一の場合として述べたように、この世における宝を生み出すかぎり、それをよろこぶべきで、それをやめようとすべきではないが（異教徒においては、彼らの心の目は、滅ぶべきこの世の命以上のところにはとどかなかった）、それにしても、キリスト信者は信仰の光をもち、そこにおいて永遠の生命を望むものであり、この生命がなければ、この世においても、あの世においても、すべては無価値なのであるから、こうした倫理的宝の所有も実践も何よりもまず第二の形、すなわち、神の愛のために役立ち、永遠の生命を得させるためのものとしてよろこばなくてはならない。

したがって、自分のよい行いと徳とによって、目も、よろこびも、神に仕えあがめるためのものでなくてはならない。なぜならこの見地に立たなければ、徳さえも神のみ前に価値のないもので、これは福音書にある十人の乙女たちの話にあるとおりである。彼女らは皆貞潔を守り善業を行っていたが、その中の五人の者は、第二の形においてそのよろこびをもたず、むなしい第一の形においてそれらをもつことをよろこんでいたため花婿から感謝や報いを受けられず、天国からしめだされてしまったのである。多くの古人もまた多くの徳を有し善業を行い、また今日の多くのキリスト信者も同様、大きなことをしているけれども、永遠の生命のためには何の役にも立っていない。なぜなら、それらの行いのうちにおいて、ただ神だけの光栄を求めないからである。

ゆえにキリスト信者は善業をしたり、よい風習に従うというだけでなく、他の何ものも顧みず、ただ神を愛し奉るためにのみこれらのことを行うべきである。なぜなら、神に仕えるためのみの行いは、最もすぐれた光栄を報いとして受けるのに対し、それ以外のことに対する考えに動かされていればいるほど、神のみ前において恥ずべきものであるからである。

5　そこで倫理的な宝において、よろこびを神に向けるため、キリスト信者の注意すべきことは、断食や、施しや、償いなどの善業の価値を、それらの量や質におかず、その中になくてはならない神への愛におくべきである。そのようにすれば、あれやこれやで、よろこびやたのしみ、慰めや、賞賛などに関心をもつことが少なければ少ないほど、神への愛が、いっそう純粋かつ完全なものとなり、そうした行いの価値が生みだされる。したがって、善業をなすことや、その修行に通常伴うよろこびや、慰めや、味わい、その他心ひかれることに、腰を下ろしてしまってはならないのである。そのような行いをもって神に仕えることを望み、自らを清め、よろこびに対しては心を閉じ、それを神に集中させていくべきで、それらの善業をよろこび、ひそかに快く思われるのはただ神だけであるようにと望み、神のご光栄のためという以外、何の考えも心の糧とするようなことがあってはならない。このようにすれば倫理的な宝に向かう意志の力が、すべて神に集中されることになるであろう。

第28章 倫理的な宝に心を奪われるために生ずる七つの害について。

1 自分の善業や、よい躾《しつけ》についてのむなしいよろこびのために陥るおもな害は七つあり、それが霊的なものであるだけに害も甚だしい。

2 第一の害は虚栄と傲慢と自負と僭越とである。自分の行いについてよろこぶのであるから、そのことを重んぜずにはおれない。ここからうぬぼれやその他のものが生まれてくるのであって、これは福音書の中にでてくるファリサイ人について言われているとおりである（ルカ28・10―14）。彼は自分が神に祈り、断食し、善業をなしているというぬぼれにいい気になっていた。

3 第二の害はたいていこれに結びついているもので、他人を自分と比較して、その人を悪いもの、劣ったものと考え、人は自分ほどよい行いをしていないと思い、心の中でその人を軽蔑し、ときにはそれを言葉にだしてさえ言うのである。

あのファリサイ人が、その祈りの中で、「私は他の人のように盗人、不義、姦淫のものでないことを、おん身に感謝し奉る」（ルカ18・11）と言っているのは、このような害をもっていたことを意味する。

このように、ただ一つの行為から、二つの害を受けるわけで、その一つは自らを高しとするもの、他の一つは他人を軽蔑することである。これは今日も多くの人々がしていることで、彼らは、「自分は某のようではない。この人や、あの人のように、こんなことも、あんなこともしない」と言っている。ところが彼らの多くはファリサイ人よりもさらに悪いのである。なぜならあのファリサイ人は、ただ他人を軽蔑したというだけではなく、具体的に「この収税吏のようではありません」と言っているのであるが、しかし今日の多くの人はこの人にもあの人にも満足せず、他の人がほめられたり、自分より優れたことをしたり、より高く評価されるのをみていらだったり、嫉妬心を抱いたりするからである。
4　第三の害は、行いのうちにたのしみを求めることで、普通、その行いをすることによって、そこから何かのよろこびと賞賛が続いてこないかぎり、その行いをしようとしない。つまり、キリストの言われたように、その行いのすべては、「人に見られんがため」（マタ23・5）であって、神の愛によってのみするのではない。
5　前者に続いて第四の害が生ずる。それはこの世においてよろこびや慰め、名誉とかその他のものを、その業《わざ》のうちに求めるため、神から報いを受けることがないということである。これについて主は、「彼らはすでにその報いを受けた」（マタ6・2）と言われている。そこではただ骨折り損のくたびれもうけがあるだけとなる。

人の子が蒙《こうむ》るこの種の害はまことにみじめである。というのは、私の考えるところでは、彼らが公けにする行いの大部分は、歪んだものまたは全く価値のないもので、彼らが人間的な関心や尊敬を求めていて、神には向かっていかないため、神のみ前において不完全なものとされる。

ある人々が行う仕事、建てる記念碑についてもそれ以外の何を言うことができよう。彼らはこの世のむなしい人間的名誉や尊敬に包まれていなければ何もしようとは思わないのである。時々その事実のうちに、自分の名や、家柄や、支配権が永久にかためられることを望み、自分の姓名や、文章を神殿のうちに置くことさえはばからない。あたかも自分の業において、神以上に尊敬されるため、彼らはすべての人々がその前にひざまずく聖像の代わりに自分の置かれることを望んでいるかのようである。実際、そのことのためにのみ仕事をし、そのことがなければしないというのなら、今言ったことが真実である。

これらはいちばん悪いことであるから、それを除外するとしても、人々は何といろいろの形で自分のする業においてこうした害に陥ることであろう。

あるものはその行いがほめられることを望み、他のあるものは感謝されることを望み、また他のあるものは自分の行いを語り、あの人にも、この人にも、否、世間の人々が全部知ってくれることをよろこび、ときとして施しあるいは自分のすることが、第三者の手を通して、いっそうよく識《し》られることを求め、またあるものはその双方を望んでいる。これが、主が福音において言いたもうている「ラッパを吹く」ことで、そのようなことをする虚栄の者は、その業のために神から報いを受けることはない(マタ6・2)。

6　ゆえにこうした害をさけるため、神だけがそれをご覧になり、他の者はだれも気づかないよう、その行いを隠さなくてはならない。それをただ他人の目に触れないようにするだけではなく、自分自身に対してもそれをかくさなくてはならない。というのは、自分の行いが何か大したことであるかのように考えて、そうしたことにいい気になったりしてはならないのであって、これは主が「汝の右の手ですることを左の手に知らせてはならない」(マタ6・3)といわれたことの霊的な意味である。つまり、霊的になす業を、この世的な目や肉の目をもってしてはならないということである。このようにして意志力が神に集中されると、その業が神のみ前に実を結ぶようになる。このようにして業は失われないものとなるだけでなく、大きな価値を神のみ前にもつことになる。これに関連して次のヨブの言葉が解されなくてはならない。「もしわが口にわが手を触れ、心ひそかにたのしむならば、それはやましきことにして、大いなる罪である」(ヨブ31・27−28)と。ここに手といわれるのは業を指し、口とはその行いにおぼれる意志のことである。前に言ったように、自分自身におぼれるということから「心ひそかにたのしむ」といっているのである。これは神に対して、まことにやましいことであり挑みである。ヨブの言っていることは、ひそかにいい気になっていたり、心をたのしませたことはないということである。
7　このような害の第五のものは、完徳の道において進歩がとまることである。彼らは自分の業のたのしみや慰めにすっかり心をとられているために、自分のしていることや、修練にそうした慰めやたのしみを見いだせなくなると、通常気落ちし、仕事に興味がもてなくなって忍耐を失ってしまうのである。
しかしこうした味気なさは、普通神が彼らを進歩させようと思い乳離《ちばな》れさせて、完成した人の堅いパンをお与えになるからで、彼らの力を鍛え、弱々しい欲望を清めて大人の食物を味わわせてくださるためなのである。このことについて、次の賢者の言葉の霊的な意味をあてはめられよう。「死んだ蠅《はえ》は、油のよい香りをなくさせる」（コヘ10・1）と。というのは、これらの人々は何か抑制をしなくてはならないとなると、まるで死んだようにそのよきことをする気を失い、なさずじまいになって、霊の快い香りや心の慰めの泉である堅忍を失ってしまうからである。
8　次に第六の害は、通常自分に気にいらないことよりも、気にいることや業を、いっそうよいものと考え、そのために欺かれることである。そして後者をほめ、高く評価し、前者を軽蔑する。一般に、自分の慰めを見いだし、そこでいっそう自分自身を探しやすいような業よりは、自分を押さえるようなことが（ことに完徳に進んでいないとき）神のみ前において、最もよろこびとなる大切な事柄なのである。というのも、このようなことの中に人は自らを捨てるからである。

これについてミカは「自らの手をもってする悪を善という」（ミカ7・3）と言っている。これは、彼らの業は悪であるのにそれを善ということである。このようなことになるのは、彼らがよろこびを自分の業のうちに見いだし、そのよろこびを、神のみ旨にかなうことのみに求めようとしないからである。

このような害が、一般の人々においても、霊的な道を歩む人々においても、どれほど支配的であるかは、枚挙にいとまがない。というのも、慰めとか、興味とか、その他の顧慮に全くひかれることなく、純粋に神のために働くというだけに動かされる人はほとんど一人も見いだすことができないからである。

9　第七の害は、そうした倫理的な行いにも感ずるむなしいたのしみを打ち消さないなら、なすべき業に対して与えられる勧告や正しい教えを受け入れるだけの包容力がなくなるということである。なぜなら行いについてもっている心のもろさのため、そのむなしいよろこびにしばられて、他人の勧告をよりよいものと考えず、たとえ、よいものと思っても、それに従うだけの勇気をもち合わせないのである。こういう人々は、神と隣人に対する愛において非常に弱い。なぜなら自分の業に対してもつ自己愛がその愛徳を冷却させてしまっているからである。

第29章

倫理的な宝についてのたのしみから離れることによって、霊魂に生ずる益。

1 この種の宝に対して、心のたのしみを求めないようにすることによって、霊魂に生ずる益は非常に大きい。

なぜならまず第一にそのようなよい事柄のうちに隠されている悪のおびただしい誘惑や欺瞞《ざまん》に陥ることからまぬがれることで、ヨブの言葉を借りれば次のように言われる。「それは羽の下、しめりたるところ、影の下に眠っている」（ヨブ40・16）のである。これは悪魔のことを言っているのであって、悪魔はたのしみにしっとりとしたところや、むなしい羽毛（すなわち、むなしい業《わざ》）の中で霊魂を欺くのである。このようなたのしみのうちに、いつのまにか悪魔に欺かれるのは不思議なことではない。なぜなら悪魔からのそそのかしがなくとも、そのむなしいたのしみ自身が欺瞞であり、特によいことをしたとき、心の中に少しでもうぬぼれをもつときには、そうであるからである。これについてエレミヤは

「傲慢は汝を欺けり」（エレ49・16）と言っている。まことにうぬぼれというのはなんと大きな欺瞞であろうか。このような自己満足から洗い清められれば、欺瞞をまぬがれることができるのである。

2　第二の益は、仕事をするのにも徹することができることで、もしその仕事によろこびやたのしみの気持ちがあるなら、そうはいかないからである。なぜならこのたのしみたいという熱にかられて、怒りとか欲望が幅をきかし、理性の重みに席を譲らず、大抵はこれをやめて、あれをしてみたり、始めてみたり、やめてみたりして、結局何もすることなく、することと考えることにおいて猫の目のように変わりやすくなるのである。というのも、たのしみゆえにするのであるから、たのしみというものは元来、とりわけ他のものより変わりやすいものであるため、このたのしみがなくなれば、どんな大切なことでもする気がなくなってしまう。それというのも仕事の力、その励ましとなっているのがたのしみであるからで、たのしみが消えれば、仕事も終わりで、堪え続けることがない。こういう人々について、キリストは「彼らはよろこびをもって受け取るけれども堪え忍ぶことがないため、悪魔がきて、直ちにその言葉を奪ってしまう」（ルカ8・12）と言われたのである。というのは、上に述べたようなたのしみ以外に力になるものも、根になるものもないからである。ゆえに彼らからこのたのしみたいという気持ちを除き、それを引き離すことは、忍耐と完成をつくりださせることになり、その益は大であるとともに、それを失うことは大きな損となるのである。賢いものは、業の実質と益あることに目を注ぎ、そのたのしさや味わいに目をひかれないのであって、空中に楼閣を描くことなく、その業からつまらないものを引き出さず、なくてはならないよろこびをとりだすのである。

3　第三は神的な益で、これは何ごとをなすにもそのむなしいたのしみを消し、神の子が言われた真の幸福の一つである心の貧しさを全うさせる。すなわち「福なるかな心の貧しきもの、天国は彼らのものであるから」（マタ5・3）ということである。

4　第四は、こうしたよろこびを否定してかかる人は、そのような仕事をする場合にも柔和、謙遜であり、賢明となる。なぜならたのしみを追う欲や、それが得られない憤りにおされて、荒々しくなったり、あせったりしないからである。また自分の仕事のたのしみから、それを高くかいかぶってうぬぼれることもなく、そのたのしみのために注意を欠いたり、盲目になったりすることもない。

5　第五の益は、神にとっても人々にとっても愛されるものとなることであって、貪欲や貪食、霊的怠惰や嫉妬その他無数の悪徳からも自由になる。

第30章

心をたのしませることのできる第五の形である超自然的宝について。
——それはどういうものであるか、および、それは一般の霊的宝とどのように区別されるか、またどのようにして、それを神のほうに向けなくてはならないかについて。

1　さて、今はわれわれの心をたのしませることのできる超自然的宝の第五の形のものについて話さなくてはならない。この宝というのはわれわれの本来もちあわせる働きや力を超えた神から与えられる賜のすべてと恵みのことで、無償の賜と呼ばれるものである。例えば、ソロモンに与えられた知恵や知識の賜や、聖パウロが「恵み」と言っているもので（一コリ12・9―10）、信仰、病をいやす恵み、奇跡をする力、預言の霊、霊の認識と判別力、異語を語り、あるいはそれを解明する賜などである。

2　これらの宝は、次に述べる種類の宝と同じように、やはり霊的なものにちがいないが、両者には大きな差異があるのでそれらを区別したいと思う。このような恵みは、直接

（本人のためではなく）他人のために用いられるもので、聖パウロの言うように、神はその目的のためにそのような恵みを与えたもうのである（一コリ9・7）。すなわち、「他人のためでなければ、だれにも霊を賜うことはない」のであって、これが上に述べた恩恵のことである。それに反し霊的なものというのは、後に述べるようにその本人の心と神、神とその本人との間だけの知性と意志の交わりを問題とするものである。

このように、それらは対象において異なる。つまり霊的なものでは、ただ創造主と霊魂とがあるだけであるが、あの超自然的賜の対象は被造物である。その二つは実質において異なるものであるため、その働きにおいても別のものになるわけで、したがって、それについての教えも当然変わってくる。

3　しかしここで、われわれの言う超自然的賜と、恩恵のことを述べるにしても、それらに執着するむなしいよろこびを浄めるため、この種の宝のうちにある二つの益になるものに注意しなくてはならない。その一つは現世的なもの、他の一つは霊的なものである。現世的なものというのは、病をいやすこと、目の見えない人が視力をとり戻すこと、死者を蘇らせること、悪魔を追いだすこと、用心のために、未来を予言すること、その他これに類したものである。霊的で永遠のものというのは、これらの業《わざ》を通じ、またこれらのことを行う人や、またこのような恵みを受けた人々を通じて、神が知られ仕えられるということである。

4　前者の現世的な益に関しては、超自然的な業や奇跡はわずかしか、あるいは全くといってよいほどよろこぶに値しない。なぜなら後者の益を除外するなら、それは人間にとってほとんどあるいは全く役に立たない。というのも、そこに愛が伴わないなら、われわれを神と一致させる手段として役立たないからである。

このような形での超自然的な働きや恵みは当人が成聖の恩恵の状態になく愛をもっていなくとも、できることであるからである。例えば不義の預言者バラムや、あるいはソロモンにおけるように神が賜や恵みをお与えになったり、あるいは魔術者シモンのように悪魔によってそれを誤用したり、あるいは隠れた自然の力によってなすこともできるからである。これらの業や不思議がそれをなすものにとって何かの益となるならば、それは神から与えられる真実のものでなくてはならない。

こうしたものに後者のものが伴わないなら、それがどんなものになりさがるかを聖パウロは教えている。「たとえ私が人間と天使の言葉を話しても、愛がなければ、鳴る青銅と響きわたるどらにひとしい。たとえ私が、預言の賜をもち、すべての奥義と学問に通じ、山を動かすほどの充ちた信仰をもっていても、愛がなければ、無にひとしい」(一コリ13・1―2)と。したがって、自分のする業を、このような形で重んずるものが、それらの業のため光栄を願い、「主よ、わたくしたちはあなたの名によって預言し、またあなたの名によってたくさんの奇跡をしたではありませんか」と言うなら、キリストは「悪をなすものよ、私から去れ」と言われるであろう（マタ7・22―23）。

5　したがってこのような賜をもち、それを活かしているからといって、いい気になっていてはならない。そこから後者の実り、すなわち、永遠の生命の実りである真の愛をもって神に仕えなくてはならない。それゆえ、弟子たちが悪魔を追い出してよろこんでいるのに対し、主は、「悪魔が汝らに従うのにいい気になっていてはならない。むしろ汝らの名が天に書きしるされているのをよろこべ」（ルカ10・20）とおとがめになったのである。正しい神学においても、「われわれの名が生命の書に書き記されているのをよろこべ」と言われているとおりである。それは、生命の道をゆくことでないかぎりよろこんではならないということで、生命の道とは愛において行いを果たすことである。それが神の愛でないものなら神のみ前において何の役に立ち、何の価値があろうか。この愛というのは神のみ旨を果たすことだけによろこびを見いだしすべてのことにおいてたのしみを浄めるべく、強くつつましやかなものでなければ完全なものではない。このようにして初めてあの超自然的な宝を通じ神と一致できるのである。

第31章　この種の宝をよろこぶために霊魂に生じる害について。

1　超自然的な宝をよろこぶことのために生じうるおもな弊害は三つあげられる。すなわち、人を欺き、自分自身を欺くこと、心の中で信仰が壊されること、それにむなしい虚栄心が生ずることである。

2　第一の害としては、こうしたことにいい気になっていると、きわめて容易に自分自身と他人を欺くことになる。というのは、こうしたことのうち、どれが偽りで、どれが本物か、いつ、またどのようにそれをすべきかということなどを知るためには、神からの示しと光とを非常に必要とするもので、このようなことについていい気になっていたり、重んじたりしているなら、その示しと光を甚だしく妨げることになるからである。というのは二つのことがその原因である。一つは、そのようなよろこびが判断を鈍くし、暗くするからということ、他の一つはこのようなよろこびがあると、それを早く行いたいという望みにかられ、適当な時期を待ちもしないで、その方に突っこんでしまうからである。

そこにある徳と行いは真実のものであるとしても、この二つの欠点だけで欺かれるのに十分である。というのもそのためにものを然るべく正しく解せず、そうしたことを役立てるのに方法と時期とを誤るからである。なぜなら神がこれらの賜や恵みを与えてくださるときには、それらについての光と、どのような形で、またいつなすべきかということについて心の動きも与えてくださることは確かなことであるが、彼らはそれらの行いに対する執着と不完全さのために、きわめて誤りやすく、神のお望みのような完全さ、そのお望みの時期と形をもってそれをなそうとはしない。聖書に記されているようにバラムが神のみ旨に反してイスラエルの民を呪咀《じゅそ》しようとしたとき、神は怒って、彼を殺そうとしたとある(民22・22—23)。また聖ヤコブと聖ヨハネは主をお泊めしなかったサマリア人の町に天から火を降らして欲しいと望んだが、主はそのようなことを戒められた(ルカ9・54—55)。

3　こうしたことにひどくこだわってのぼせあがったりすると、なおどこか不完全な欲望がその時でもないのに、それをしでかそうと、かりたてるものなのである。

このような不完全さをもっていないなら、神が動かしたもう時に、そのお望みの形でそのことをしようと決意し動きだすはずで、その時までは動いてはならないのである。このために、神はある預言者たちについて心を痛められ、エレミヤを通じて「わたしは預言者を送らないのに彼らは走りだしていった。わたしはこのようなことを言わなかったのに、彼らは預言をした」（エレ23・21）と言われたのである。

さらにまた、「わたしは彼らにそのようなことを命じもせず、遣わしもしないのに、彼らはその虚言と奇跡とをもって、わたしの民を欺いた（同23・32）と言われ、なおその同じところで、「彼らはその心にみたことを話す」（同23・26）と言われている。もし彼らがこのようなことに、あの忌むべき執着をもっていなかったら、そのようなことにならなかったであろう。

4　これらのことからわかることは、上記のようなよろこびから生ずる弊害は、バラムを始め、奇跡によって人々をつまずかせたと言われた人々のように、神の与えたもうこれらの恵みを間違って歪んだ形で用いただけではなく、神がお与えにもならなかったのにそうしたまねをしたり、彼らのように気まぐれに預言をしたり、自分でつくりあげたり、悪魔が見せてくれる示現（ヴィジョン）を人に話したりするのである。

悪魔は彼らがこうしたことに執着しているのをみると、いろいろの形でそこに入りこんできてそこに広い場所とあらゆる材料を提供する。すると彼らはそこで大いに翼を広げ、さんざん奇異なことをしでかして厚顔無恥なほど大胆になるのである。

5　しかしそれだけにとどまらず、こうしたことをするよろこびと、それに対する強い欲求のため、もしすでにひそかに悪魔と結びつきを約していたのなら（この多くのものはひそかな悪魔との結びつきによって、こうしたことをするのであるから）、今となっては、大っぴらに悪魔と結びつき、その弟子、その親類のようなものとなって、悪魔に従うようになる。ここから奇術師、魔術師、妖術師や、いかがわしい預言者などがでてくるのである。

このようなことをよろこぶために、非常に多くの悪魔が生じ、あの魔術師シモンが望んだように（使8・18）、ただ悪魔に仕えるため神の賜や恩寵を金銭で買いとろうとするだけでなく、聖なるものをとろうとする。また口にするさえそらおそろしいことであるが、人も知るように、最大の畏敬をもって扱うべき、主イエス・キリストの御聖体というような神的なものさえ、忌むべき悪をなすため盗もうとしたのである。願わくは主のご慈悲の広く大いならんことを。

6　これらのことがどんなに自分自身をそこなうものであり、キリスト教の世界にとって大きな害であるかはだれにでも明らかなことであろう。イスラエルの子らの間にあった魔術師と星占者とは、真の預言者をまねようとし、あまりにも多くの忌むべき欺瞞《ぎまん》を働いたため、サウルが彼らをことごとくこの地上から滅ぼし去ったことを記憶すべきである（サム上28・3）。

7　したがって、このような恩恵と超自然の賜をもっているものは、その業《わざ》にいい気になって、それを貪るたのしみを捨てるようにしなくてはならない。なぜならそうしたものを神が超自然的にお与えになるのは、教会およびそれに属する人々のためで、しかるべき形で、しかるべき時に、その人を超自然的に動かしたもうからである。ゆえに、神は、われわれが何をどのように話すべきかを心配しないように命じられたのである。なぜならこれは超自然的信仰に関することで、しかもすべての業は神の力をもってなされるものであるから、神が自ら人の心を動かしたもうのを待つようにということで、この業ということもまた少なからず大切なことなのである。それゆえ、使徒行録（4・29―30）には、神が使徒たちに恵みや賜を与えているにもかかわらず、イエス・キリストの信仰を人々の心に入れるため、その徴や治療の業を彼らを通じて行われるよう神がその手をおのべくださることを祈願したとある。

8　第二の弊害は第一の害からでてくる信仰の破壊ということで、これには二つの形がある。

第一は他の人々に関するものである。すなわち、その時でもなく、必要もないのに不思議なことや力あることをしようとするため、それが神を試みる重い罪であることは別としても、それが成就しないため、人々の心の中に信頼の欠如と、信仰の軽視の気持ちを生みだすことになる。ある時には、たとえ何かの理由または考慮から、あのサウルの妖女のように（サム上28・12）（そこにまことにサウロが現れたとするなら）神がそれをお望みになり、そのようなことが果たされるとしても、いつもそのようにうまくゆくとは限らない。またたとえ成功するにしても、間違ったということには変わりなく、しからざるときに、そのような恵みに乗じたという罪がある。

　第二には、自分自身の信仰を傷つけられるということである。なぜなら、このような奇跡を大切にするため、本来暗黒という素地をもつ信仰の実質的性格から遠ざかってしまうからである。要するに目に見える徴や証しが多くなればなるほど、信仰の価値は減ずることになるからである。それゆえ聖グレゴリオは、「人間の理性が信仰をその目でとらえるというのなら信仰の価値はなくなる」と言っている。

　神は、ただ信ずるために必要であるとき以外には、こうした不思議を決して行いたもうことはない。それでキリストは、そのご復活をその目で見るようなことがあるなら、弟子たちの信仰の価値がなくなるため、それを彼らに示す前に、見ずして信ずるよう、さまざまのことをなしてくださったのである。マリア・マグダレナには初めに空《から》になった墓をお示しになり、そのあとで天使がキリストの復活を告げた。なぜなら聖パウロの言うように、「信仰は聞くより生ずる」（ロマ10・17）もので、見る前に聞くことによって信ずるものであるからである。彼女はキリストを見たけれども、キリストが普通の人間と異なることがなかったのは、その現存の熱によって、彼女に欠けていた信仰をしっかり教えこむためであった。弟子たちには、まず婦人たちからそれが告げられ、そのあとに彼らは墓を見るためにでかけて行った。

　エマオに向かった二人のものには、彼らにそれと気づかれない姿で現れ、まず信仰に燃えたたせてから、悟らせたもうたのである（ルカ24・25）。そして彼らが、その復活について信じていなかったため、そうしたすべてのことについて、彼らを責めたもうたのであった。また、キリストの傷口をこの目で見なければ、と言った聖トマスに対しては、「見ずして信ずるものは幸いである」（ヨハ20・29）と言われた。

9　このように、奇跡をすることは神がいつもお望みになることではなく、もしなさるとすれば、やむを得ないためである。そこでキリストは徴がなければ信じないというファリサイ人をとがめて、「汝らは徴と奇跡を見なければ信じない」（ヨハ4・48）と言われたのである。したがって、こうした超自然的なことをことさらに好むものは信仰について失うところが多いのである。

10　第三の弊害というのは、通常このようなことのたのしみのために、虚栄心やそうしたむなしさに陥ることである。なぜならこうした種類の不思議をよろこぶということは、前にも述べたように神におけるもの、そして神のためのものでない限り、むなしいものにすぎないからである。これは弟子たちが悪魔を屈服させたことをよろこんでいるのをごらんになって、彼らをとがめられたことにおいてもわかる（ルカ10・20）。この種のたのしみが、もしむなしいものでなかったら、主は戒めにならなかったであろう。

第32章
超自然の恵みからのよろこびを捨てることにより、引き出される益について。

1　こうしたたのしみを捨てることによって、上に述べた三つの弊害から救われるだけではなく、その上になお二つの素晴らしい益が獲得される。その第一は神を礼賛すること、第二は自分自身を高めるということである。というのは二様の形で神はその霊魂のうちに賛えられたもう。第一の形というのは、心と意志のよろこびを神のみにおくため、神ならぬものからすべて引き離されるということである。これはこの意志の暗夜の始めのところで引用した句の中でダビデが述べていることで、「人がその心を高めるとき、神も高められん」（詩63・7）と。なぜならすべてのものの上に心を高めることによって、霊魂自身すべてを超えて高く昇ることになるからである。

2　このように神のみに自分自身を位置づけるならば、神は賛《たた》えられ、崇められ、神は霊魂にその偉大さと崇高さを示されるからである。まことにこのように高められたよろこびのうちに神ご自身が何に在しますかを証したもうのである。これは、あらゆる事柄に関して、そのたのしみや、心の慰めをはぎ落として、始めてなされ得ることで、それはダビデを通して言われているとおりである。「一切から離れよ、そうすれば、わたしが神だと知るであろう」（詩45・11）と。また他のところでは「人気のなく生きるものもなく、道もないところで、おん身の力と栄えを見るため、おん身の前にでました」（詩62・3）とある。およそすべての事柄からたのしみを洗い落とすことによって、まことに神が賛えられるというのなら、このような不思議な事柄から、たのしみを引き離せば、神はよりいっそう賛えられるということになる。なぜならそれらは超自然的なものであるだけにいっそう優れたものであるからである。

このように神にのみよろこびを見いだすために、そうした高いものを捨てて顧みないことは、通常の事柄より、なおいっそう神に光栄と崇敬とを捧げることになる。なぜならある人が他の者のために大にしてかつ優れたものをも心にかけないというなら、それだけその人を高く評価し、賛えるということになるからである。

3　さらにこれだけではなく、こうした業《わざ》から意志を引き離すという第二の形において、神は賛えられることになる。なぜなら証しや徴というようなものなしに神を信じ、神に仕えるというのであるから、そうしたものが示しうる以上に神を信じていることになり、それだけいっそう神は賛えられていると言えるからである。

4　第二の益として、自分自身が高められるといったのは、外に現れる証しや徴のすべてから意志を引き離すことにより、より純粋な信仰に高められるのであって、神はその信仰をいっそう強く注ぎ入れ、それを増し加えてくださる。同時に他の二つの対神徳、愛徳と望徳をも増し加えてくださる。すなわち赤裸々な信仰の暗黒を通して、至高の神を知るよろこびをもち、生ける神以外の何ものにも心をひかれることがなくなるほど愛のたのしみによって心はみたされ、望徳が記憶をみたし、充ちたりる。

これらすべては、神との全き一致のためにそのまま本質的な重要性をもつ、驚くべき宝である。

第33章

意志のたのしみをつくる第六のもの。それはどんなものか、および、その第一の分類。

1　この本の意図する目的は、神との一致に至りつくまで、さまざまな霊的宝を通じて霊魂を歩ませることにある。そこで今この第六の霊的な宝は、そのためにいっそう有益なものであるだけに著者の私も読者と同様特別の注意をはらって考察をすすめなくてはならない。

というのは、ある人々は知識の不足のため霊的な事柄を感覚のためのみに用い、霊をからにして捨てておく（これは必ず起こることで、あまりにもありふれたことである）。これは水が霊にまで達しない前にそれを飲み干してしまうため、霊は水気もなくカラカラにして放りだされるわけで、感覚的な糖分が霊の優れた部分を腐敗させないというようなことはまれである。

2　さて本題に帰るとして、霊的宝というのは、神的な事柄、霊魂と神との交わり、神がわれわれに与えてわれわれを動かしかつ助けるすべての事柄である。

3　そこで最も高次なものから分類し始めると、その霊的宝には二種類がある。一つは快いものであり、他は重苦しいものである。そしてその各々はさらに二つの形のものに分かれる。というのは快いものの中にも一つは、はっきりと区別されてわかるものがあり、もう一つは、それほどはっきり見分けのつかないものがあるからである。重苦しいものにも、やはりはっきり見分けのつくものと、何となく漠然としていて暗いものとがある。

4　また、これらすべては霊魂の機能によって区別することもできる。まず第一に知解ということから、知性に属するもの、次に愛情ということから、意志に属するもの、最後に想像ということから、記憶に属するものがある。

5　ここでは重苦しい宝というのは、あとまわしにする。それは受動的暗夜に属するもので、そのところで説明することになろう。また快い宝というのも、漠然として明らかでないものはあとで述べることにする。これはこれと枠づけることのできない愛の広がりに包まれた知解に属するもので、ここで霊魂と神との一致があるのであるが、これは第Ⅱ部では触れることなく、後に知覚の分類をするときにまで残しておき、ここではっきり見分けのつくあの快い霊的宝について話すことにする。

第34章

知性と記憶の中にはっきりととらえることのできる霊的宝について。これらの宝のたのしみがあるとき、意志はいかに対処すべきであるかについて。

1　記憶と知性との数多くの知覚のことをここで述べ、その中に見いだしうるたのしみについて意志がいかに対処すべきかということになると、話すべきことは実に多くなるはずであるが、すでに第Ⅱ部および第Ⅲ部で、広くそのことについて述べておいた。そこでは、神との一致に向かうためにこの二つの能力による知覚に関していかに処すべきかということ、またこれらを知覚することのよろこびについて、意志はいかに処すべきかについて話しておいたのであるから、ここでそれに言及する必要はない。というのはその二つの能力が、実際にその知覚するものから離脱すべきことが、どこかで論じられているなら十分で、そのことから意志も、そのような知覚を問題にしてはならないということがわかるからである。これらすべての知覚に関し、記憶と知性との対処すべき同じ形をもって、意志もまたそれに対処しなくてはならない。

なぜなら知性やその他の能力は、意志によらなければ、そうしたものを受け取ることも退けることもできないのであるから、一方のための教えが、他方のためにもなることは明らかである。
2　したがって、こういう場合にどうすべきかはそのところを参照してほしい。もしこれらの知覚において、意志のよろこびを神に向けることを知らないなら、あそこに述べておいたさまざまの弊害や危険に陥ることになるであろう。

第35章 意志にはっきりととらえられる快い霊的な宝について。——それがどのような形のものであるかということ。

1　はっきりと意志のよろこびをつくりだすものは四つの種類にまとめることができる。すなわち、動かすもの、刺激するもの、導きとなるもの、すべからしめるものの四つである。この順序にこれから述べてゆくわけであるが、まず最初に動かすものというのは、聖人の像あるいは肖像、聖堂と典礼である。

2　聖画や肖像に関して、甚だしい虚栄やむなしいたのしみに陥ることがある。これらが、神の礼拝のために、非常に大切なもので、信心のために意志を動かすのに必要なものであることは、母なる教会が認めかつ用いていることからわかることであるが——われわれのなまぬるい信仰を目覚めさせるために、常にこうしたものを利用しなくてはならない——、そこに表現されているものよりも、その毛筆の巧みさにたのしみを求める人が多い。

3　聖画の使用ということには、教会は二つの目的を意図している。すなわちそれを通じて聖人を尊敬するためと、意志を動かして聖人に対する信心を目覚めさせるためとである。このような目的に役立つならばそれは有益であり、それを用うることは必要である。とすれば、その聖人の特質や面目がよりよく表現され、意志をいっそう信心の方に動かすものを選ぶべきで、その絵画の構成や装飾の価値などに目を奪われていてはならない。実際その絵が表現しているものよりも、その技術の価値や繊細さなどに重きをおく人々がある。そのために聖画を、信心を動かすものとして役立たせるのを忘れ、目に見えぬ聖人に霊的に向かわなくてはならない内的信心をなくして、外的な構成の繊細さの方にひきよせられ、感覚をたのしませ、愛と意志とがその中に閉じ込められたままになってしまうことになる。これらは、すべて真の霊の妨げになるもので、その一つひとつに対する愛着をしらみつぶしになくしてしまわなくてはならない。

4　このようなことは、忌むべき用い方のうちに見られることで、現にいく人かの人々がしていることであり、彼らは、世俗的な虚栄の衣裳を不愉快なものとはせず、むなしい人々がそのたのしみと虚飾をみたすためにつくりだした衣服をもって画像を飾る。このようなとがむべき衣裳を画像に着せるようなことは、そこに表されている聖人方にとってはまことに嫌悪すべきことであるにちがいない。悪魔とこれらの人々は聖人を甚だしく侮辱せずにはいないような衣裳を聖人たちに着せて、自分たちの虚栄心を列聖しているのである。このようにして、虚栄心などは露すらもないはずのまじめな正しい信心は、お人形の飾りになってしまうのが精々で、聖画といえばその慰めとする偶像以上の役に立たないものとなり下がる。こうなると、ずらりと画像を並べたてるだけでは満足せず、それらが自分の好みにあう形や種類のものでなければならず、これこれの様式のものでないと置かないのであって、それで感覚をたのしませているけれど、信心はきわめて乏しい。彼らが画像に対してもつこのような愛着は、ミカやラバンが偶像に対してもっているのと同じである。ミカは、だれかがその偶像を盗み去ったので大声をあげて家をとび出し、ラバンは遠い道を歩き、偶像を探すことに心をいらだって、ヤコブの宝石をことごとくひっかきまわした（士18・24、創31・34）。

5　まことに敬虔《けいけん》な人は、主としてその信心を目に見えないものに対してもっているため、画像などはあまり必要ではなく、また用いない。用うるにしても、人間的なものより神的なものをよりよく表したものを選び、その絵も、自分の好みも、この世のものではなく、来世を感じさせるにふさわしいものとする。この世の形のものに欲望をひかれることのないようこの世的なものを目の前にして、そうした事柄を思い出させることのないようにする。

それにその心は用うる画像に捉えられるようなことはない。したがって、それらがとり去られても、それほど悲しまない。それは心の中に生ける画像を探し求めているからで、その生ける画像とは十字架上のキリストであり、キリストのためにすべてを奪われ、すべてのものにおいて欠けることをかえってよろこぶからである。

神にいっそう容易に導いてくれる動機や手段になるものでさえ、それを奪い取られても落ち着いている。というのはより大きな完徳というのは、欲求と愛着をもってそうしたものをもつことよりも、それらを失ってなお落ち着いたよろこびをもっていることができることにあるからである。より大きな信心に助け導く聖画をもっていることをよろこぶのはよいことであるが（したがってより助けになるものを選ぶべきである）、しかしそれらがとり去られたとき悲しくなるまで、それをもつことに執着することは完全と言えない。

6　聖画やそうした動機になるものに心を奪われていればいるほど、その信心と祈りが神にまで立ちのぼる力がなくなるのは確かなことと思わなくてはならない。あるものは他のものよりいっそう真実に近く、またあるものが、他のものよりいっそう強く信心を励ますものであるということから、今言ったように、あるものを他のものよりいっそう好むということはよいことであるけれども、それに対して決して今いったような所有欲や愛着をもってはならない。すぐにそのような画像を離れれば、高く神にまで飛びあがることができるものを、こうした手段にすぎないもののたのしみに感覚をのみこまれてしまうため、本来助けのためだけのものであるのに、不完全のためにそれが妨げとなり、結局全く何か異質的なものに耽《ふけ》っているのと同じことになるのである。

7　この画像について、私の言うことに何か不服があるならば、それは完徳が要求する魂の赤裸と清貧とがよくわかっていないからのことで、少なくともロザリオに対して、一般の人々がもっている不徳については何の言葉もないであろう。なぜなら、ロザリオについて、何かの弱味をもたないものはめったに思い出させないからである。このつくりはあちらのものよりよいとか、この色や金属はあちらのものより優れているとか、あるいはこの装飾がどうとかいうたぐいである。あのロザリオによるよりもこのロザリオで祈るほうが、神は多く耳をかしたもうというようなことは決してない。それよりも、素朴な真摯な心をもってする祈り、神のよみしたもうこと以外には何も考えず、贖宥《しょくゆう》のこと以外には、あるロザリオよりも他のものを好むというようなことのない祈りである。

8　われわれのむなしい欲望はすべてのことにおいて、このようなことや、あのような条件に執着する。それは食べられるものは何でも食べつくす木喰虫《きくいむし》のようなもので、よきにつけあしきにつけ、自分の仕事を果たすことに余念がない。珍しいロザリオを持つことをよろこび、これよりもあれをというように、そのたのしみを器の中に探し、それが神の愛をいっそう強めるものであるかどうかを見ず、あの像よりもこの像をとろうとし、より貴重で珍しいものを望むのは前述のこと以外の何であろうか。もし、欲望もたのしみも神を愛することにだけ向けてゆくならば、そうしたことの一切に関心をもたなくなるであろう。霊的な道を歩む人々が、こうしたものの形やつくり、またその珍しさやむなしい嗜好《しこう》に心を奪われているのを見ることは嘆かわしい限りである。彼らは絶え間なく、一つをとって、他を捨て、このような目に見える形のために霊の信心を忘れるので、決して充たされることがないのを見るであろう。

まことにこのようなものに執着し、所有欲をもつことは、他の現世的な宝に執着しているのと異ならず、少なからぬ弊害をそこから招くことになるのである。

第36章 画像について（続き）、および、これらについてのある人々の無知。

1　多くの人々が画像についてもっている粗雑な考えについては、述べるべきことが実に多い。その愚かさのあまり、ある人々は、あれよりもこの画像に信頼を寄せ、これよりもあれによれば神がいっそう耳をかしてくださるのだとさえ思っている。しかもその二つとも同じものを表し、共にキリストの聖像であったり、あるいはわれらの母のご像であったりする。どうしてこんなことになるかというと、これよりも、あのできばえにというふうに、特別な愛着をもち、神と神にささげる礼拝や誉れに対して、実に粗雑であるからである。神は祈るものの心の純潔と信仰だけをごらんになっているのである。

ときとして同じ種類の画像であっても、あるものよりは他のものによって神はより豊かな恵みを与えたもうことがあるけれども（よし、できばえには大きな違いがあるとしても）、一方が他方より、いっそう多くのものがあるからそうした結果が現れたというのではなく、その人が、他のものよりも、この画像によっていっそう強く信心に目覚めさせられたからなのである。したがって、それと同じ信心をそのいずれによっても同じようにもつことのできる者は（あるいはそのいずれもなしに）、やはり同じ恵みを受けることであろう。

2　したがって、神が、ある画像を通じて、他の画像によるよりもいっそう多くの不思議をなされたり恵みをお与えになるならば、それは人がその画像を他のものよりいっそう高く評価しているからというのではなく、その画像の新鮮さが眠っている信心と感情を祈りに呼び覚ますためである。それゆえ、その画像によって信心が燃えたり、祈りが続けられるようになるとき（その二つによって神は願いを聞きいれたもうのである）、その祈りの心のために神はその画像を通し、恵みや奇跡を続けて与えてくださるのである。

その画像のために神がそうなさるのではないということは確実なことである。なぜなら、それ自体は単に画像にすぎないのであって、その画像が表している聖人に対する敬虔《けいけん》な気持ちや信仰があればこそ、神はそのようになされるのである。ゆえに自分の気に入った画像の前で、それと同じものを表している他の画像の前におけるのと同じく、聖母に対して信心と信仰をもつならば（または今言ったように、たとえ画像がなくとも）、同じ恵みを受けられるであろう。しかし経験によってみられるように、神がある恵みを与えたり、奇跡をなしたもうとすれば、通常あまり巧みでない彫像や月並みな画像によるのであって、これは恵みが、その肖像や絵の巧みさによるものでないからである。

3　非常にしばしば、主はこれらの恵みを、遠い寂しいところにある聖像によって与えてくださるのである。一つにはその像のところまでゆく努力のために愛情が増し、その行いに熱が入ってくるからであり、また一つには、主のなされたと同じく、騒音や群衆から離れて祈らせるためである。ゆえに巡礼をするときには、たとえ例外的な時期であるにしても、他の多くの人々が行かないときを選ぶのがよい。おびただしい群衆のゆくときには、私は決して、それをすすめない。なぜなら、通常、行く前より、もっと気を散らして帰ってくることになるからである。それに多くの人々がそれをするのは、信心のためというより、リクリエイションのためである。

信心や信仰があるなら、何かのご像がありさえすれば足りるはずである。それらがなければ、何をしたところで足りるわけはない。われらの主が、地上に降りて来られたときは、まことに活ける画像であった。それにもかかわらず、信仰をもっていない人々は、主とともにあって、その不思議を見ながらそれによっていっこう得るところがなかった。これが、福音史家の言っているようにその故郷では多くの力あることをなさらなかったわけである（ルカ4・24）。

4　ここで、ある画像が、特別な人々に超自然的結果を与えたことについて触れておきたいと思う。それは神が、ある画像に特別な霊を与えたもうことで、その結果、その画のイメージとそれが引き起こす信心とはその人の心の中に留まり、あたかも常に目の前にあるかのごとく見える。ゆえに突然その画像を思い出すと、多少の差はあるとしてもそれを実際に目の前にしているときと同じ霊の働きが生ずる。他の画像では、それが、たとえよりよいできばえであるにしても、このような霊は見いだされない。

5　また多くの人々は、あのものより、この作品の方に心をひかれることがあるが、そのいくつかの場合は単に自然の嗜好《しこう》と感情だけのことがある。例えばある人の顔が他の人のそれより気に入り、自然にそちらに心をひかれるようなもので、別にそれが他のものより美しいというわけではないのに、そうした形や姿に対して本来傾きをもっているということから生き生きとした想像として保っていることがある。ある人々は、これらの絵についてもっている愛着を信心であると思っているかもしれないが、それは自然の愛好にすぎない。

また他の場合には一つの聖画をながめていると、それが動いたり、表情を示したり、様子をしたり、耳を傾けたり、また話したりすることがある。こうしたものやここで聖画について話しているような超自然的な結果というものは、よしそれが多くの場合、信心を増すため、あるいはその人の弱さを助け、心を散らしているようなことのないように、それに頼らせるため、神がなしたもう、偽りならぬよいものであるとしても、また少なからず、悪魔がわれわれを欺き傷つけるためにするものでもある。したがって次章でこれらすべてのことについて教えを示すことにしよう。

第37章

想像に浮かぶものによって、誤ることなく意志のよろこびを神に向けてゆくことについて。

1　これらの画像は神や聖人のことを思い起こし、それを正しく用いて信心を起こさせるために大きな益がある。と同じく、それらについて超自然的なことが起こる場合、もし神にいくためにいかにすべきかを知らなかったとすると、それは非常な誤りに陥ることにもなる。なぜなら、悪魔が不注意な人を容易にとらえ、霊の真理の道を妨げるさまざまの方法の中の一つに、聖画を通してする超自然的な異常なものがあるからである。それはある時には教会が用いている形をとったものであることがあり、ときには聖人の姿、または、その絵の形で、またさらには自分自身光の天使に形を変えて、想像のうちに働きかけるものである。狡猾《こうかつ》な悪魔は、不注意な人を捉えるためわれわれをいやし、助ける手段の下に隠れる。そのためよい霊魂は、よいことにあっていっそう恐れなくてはならない。悪いことはそれ自身あらわなのであるから。

2　したがって、このようなことで生ずる弊害、すなわち、神への飛翔を妨げられることと、画像の低俗かつ無知な用い方、画像によって自然的にも超自然的にも欺かれることなど、こうしたすべての弊害を避けるため、またそうしたものにおける意志のたのしみを洗い清め、教会がその使用の目的としているように霊魂を神に向かわせるため、すべての場合に十分足りる一つの注意をここに述べておきたい。

すなわち、画像は目に見えないものにわれわれを向けてゆくために使われるべきものであるがゆえに、それらの画像が表している生けるもののうちにだけ、意志の動き、愛情、よろこびをもつように努めることである。

ゆえに聖画をみたとき、それが実際形のあるものであれ、想像によるものであれ、また美しいできばえであったり、豊かな飾りがついているものであれ、あるいは感覚をゆすぶる信心、霊的な信心をつくりだすものであれ、あるいは超自然的なものを示すものであれ、そのようなものに感覚を奪い取られないようにすべきである。

このような付随的なものに気をかけず、その中に足踏みしていないで、それが表しているものにまでまっすぐ心を高め、祈りと心からの信心をもって、神とその祈りを請う聖人のうちに意志の力とよろこびを見いだすようにすべきである。

というのは、生けるもの、霊なるものが与えるものを、絵や感覚が奪い取ってしまってはならないからである。このようにすれば絵画の示すものにはこだわらず、感覚も霊もそれにとらえられないで自由に神に向かって進むようになり、あの絵よりもこの絵の方に信頼するというような選り好みをしないので、それに欺かれることもなくなるであろう。それに、超自然的に信心を与えてくれるものには、それによって直ちに愛情をもって神に向かうため、その信心はいっそう豊かなものになる。なぜなら神がさまざまの恵みをお与えになるときにはいつも、意志のよろこびからくる愛情を目に見えないものに向けさせたもうのである。というのも、われわれがおよそ目に見えるものや、感覚的なすべてのものに結びつく力となるものの糧や支えをなくしてしまって、そのようにすることを望みたもうからである。

第38章

よい動機となるものについて（続き）——聖堂および祈りの場所について。

1　霊的な道を歩むものが、他の形のあるもの、この世のものに対すると同じように画像の付随的なものにそのたのしみやよろこびを探すならば、どんなに甚だしい不完全、というより恐らくはさらに大きな危険に陥りうるかということについては、すでにわかっていただいたことと思う。〝恐らくはさらに大きな〟と私は言う。というのは、それらは聖なるものであるだけに、いっそう安心して自然的な愛着や所有欲を恐れないことにもなるからである。そのような聖なるものにひかれているのであるから信心に充たされていると思いこみ、その実は他のものに対すると同様、おそらく自然の欲望や傾きにすぎないため、しばしば欺かれることになる。

2　（聖堂のことについて話し始めるとすると）ある人々は、そうしたことからいろいろの画像を聖堂にそえるだけではあき足らず、それが大変美しく見えるように飾りをこらし、その技巧やつくり具合をたのしむような結果になる。そして神のことは以前よりもっと熱のない態度で適当にしておくということになる。というのも、前に言ったように生きたものを捨てて、描かれた飾りの方にいっそう嗜好《しこう》を奪われるからである。しかし、こうした画像に施される美しい飾りや、そのための尊敬というようなものは、よしわずかなものであるとはしても、それだからといって、それをぞんざいに扱う人は大いに非難すべきで、また、信心をそえるよりも、それをなくしてしまうような画像をつくるものも同じである。

したがってこういう技術において貧弱かつ拙劣な芸術家はやめさせなくてはならない。だが、外部の装飾が感覚をおぼれさせ、心に足枷《あしかせ》をはめて、神に赴くことも、神を愛することも神の愛ゆえにすべてを忘れることもできないようにするならば、そうしたものに対する所有欲や愛着や欲望をもつことがいったい何になるのか。もしこのようなことで誤るならば、神は嘉《よみ》したまわないだけではなく、おとがめになるであろう。というのも、神のみ旨を探し求めないで、自分のたのしみを追ったからである。このことは、聖主がエルサレムに入られたとき、人々はあれほど歓呼の声をあげ、枝を敷いてお迎えしたのに主がお泣きになった、あの祝い日のことを思えばよくわかることである（マタ21・9）。というのは、あのような外面的なものや飾りをもって迎えながら、人々の心は遠く主から離れていたからである。そこでは神を祝うというよりも、自分自身を祝っているようなものである。

それと同じようなことが今日でも行われているわけで、どこかで大祭日があれば、それは神のみ旨にかなうためというよりむしろ、自分たちのためで、見たり見られたりするため、あるいは飲食その他のたのしみのためである。こういう傾きや意向によっては、決して神をおよろこばせすることはできない。ことにその祝いのときに、人々の笑いを刺激する愚かなことや、ふまじめなことを考えだすものや、信心を増すことよりも、人々をよろこばせるようにするものたちについてもそうである。

3　さらに、祝日にあたって、お金をもうけようとしているような人々については、「何をか言わんや」である。彼らが主に仕えるよりも、こうした利益に、その目と欲望を向けているならば、そのことは、自分自身もわかっていることであり、神もご覧になっていることである。

いずれにしても、このようなやり方では神のためよりも、自分自身のために祝っているのであるということを自覚すべきである。自分のため人々のたのしみのためになされることは神は決して計算においれにならず、彼らは神の祝いに与《あずか》って、それなりによろこんでいるけれども、神ご自身はお怒りになっているのである。それはちょうど、イスラエルの子らが、神のための祝いだと考え、自分らの偶像の祝いをしながら、歌ったり、舞ったりしたのであるが、そのため神はその中の数千名の者の命を絶たれたことがあったようなものである（出32・7―28）。

あるいはまた、アロンの子であった二人の司祭ナダブとアビフのようなもので、彼らは聖ならぬ火を捧げたため、神は手の中の香炉をもって殺してしまった（レビ10・1―2）。あるいは婚宴の席に、ふさわしくない服装をして入っていった人にも似て、王はその人の手足をしばり、外の闇に投げ出すように命じたとある（マタ22・12―13）。このようなことから、神に仕えるために催される集まりにおいてなされるこうした冒瀆《ぼうとく》がどんなに神のみ心を痛めるかがわかる。神よ、人々は何と多くの祝いをしながら、おん身よりも悪魔が、そこから益を得ていることであろうか。悪魔はそれらの祝いを自分自身の市場にするために大いに気をよくしている。祝いについて主は何度次のように言われたことであろう。「この民は唇でわたしを敬うのみで、心はわたしより遠ざかっている。彼らはわけも知らずわたしに仕えようとしている」（マタ15・8）と。というのは、神が仕えられる理由というのは、神が神であるというほかには何もないのであって、そこに他のいかなる目的もさしはさんではならないからである。したがって神が神であるという理由からだけで神に仕えるのでないならば、神を終局目的として仕えているのではないのである。

4　さて、もう一度、聖堂のことにかえれば、ある人々は神のためというより、自分のたのしみのために飾っていると私は言う。またある人々は聖堂を尊ぶということに、あまり心をかけず、それを世間的な貴賓室くらいにしか思っていない。さらに神のことではなく世俗のことにとらわれてそれほどにさえ考えていない人々もいる。

5　しかし今はそうした人の話をやめて、もっと敬虔な人と自任している人々について話すとしよう。彼らの多くは、神に祈ること、それに潜心すべき力を、聖堂とその装飾を自分の欲望と好みにあわせることに注ぎこんでしまっている。これらを潜心と心の平安とに向かわせなければ、他の事柄と同じように、心を散らすだけで、そのたびに自分の嗜好に心を動かされ、それが取り去られるといっそう乱れてしまうものであることに気がつかないでいるのである。

第39章
心を神に向けるため、聖堂や教会をどのように用うべきかについて。

1　初心者には、こういう場所で、心を神に向けるため、聖画とかその他、目にふれる敬虔《けいけん》な事物に、幾分感覚的な好みや糧《かて》をもたせておくことは許されることであり、またさらにそのほうがよい。なぜなら、この世のものの味からまだ乳離れしていないため、これを与えておいて他を捨てさせるためである。ちょうど、何も与えないと泣きだすので、その手に持っているものを取り上げるには、何か他のものをにぎらせておかなくてはならない子どものようなものである。

しかし、霊的な道を歩む人は、さらに進歩するために意志のたのしみになるような嗜好《しこう》や欲望から自らを洗い落とさなくてはならない。純粋の霊は、このようなものに結びつけられることはきわめて少なく、ただ内的潜心をよろこび、神と心の交わりをもつものであるからである。たとえ画像や聖堂を利用するとしても、きわめて通りがかりというだけのもので、すぐに感覚的なもののすべてを忘れ去り、その霊は神のうちに留まるものとなる。

2　よりふさわしい場所で祈ることはよいことにちがいないが、感覚と霊とが神に赴くのに妨げの少ないところを選ばなくてはならない。すなわちサマリアの女に主が答えたもうたことを実行するのがよい。この女が救い主に、祈るためにはどの場所がいちばんよろしいでしょうか、神殿ですか、それとも山ですかとお尋ねしたとき、救い主は、本当の祈りは山の上でも神殿でもなく、父のみ心にかなう霊と実をもって礼拝するものであるとお答えになった（ヨハ4・23―24）。

神殿や静かな場所は、祈りに捧げられ、またそれにふさわしいところではあるけれども（というのも神殿はそれ以外のことのために用いられるべきものではないからである）、祈りという神との間になされる非常に深い交わりのためには、感覚がひきずられたり、動かされたりしないようなところを選ぶべきである。

ある人々が通常よく求めようとするような、感覚にこびるような快い場所であってはならない。なぜなら、そのようなところで神に精神を集中する代わりに感覚の快いたのしみや好みにひかれてしまってはならないからである。

そのために人気のない厳しさを感じさせる場所がよいのである。というのも、目に見えるものにとらわれたり、塞がれたりしないで、堅く、まっすぐに、精神が神に昇ってゆくためである。ある場合には、目に見えるそうしたものが精神の高まりを助けることもあるけれども、それはそうしたものを直ちに忘れさって、神のうちに止まることができた場合のことである。

それゆえ、われらの主は、お手本を示すため、祈りのために寂しいところや、感覚にあまりとらわれず、心を高く神にあげる場所、例えば、地上から高くそびえる山、それも通常感覚を憩わせるようなものの何もないところをお選びになったのであった。
3　このように本当に霊的な人は、祈るためにあれこれと場所にいちいち注文をつけることがなく、そのようなことを考えもしない。そうしたこと自身がすでに感覚にとらわれていることだからである。
彼らは、あれこれのことはみな忘れ、感覚的なものやその糧のいちばん欠けている場所を祈りのために選び、すべてに目を覆い、被造物から離れて、神とともに一人たのしめるように、内的な潜心だけに心がけるのである。

ある霊的な道を歩んでいる人たちの中には、聖堂をととのえたり、自分の気分や好みにあうように場所をつくることばかり一生懸命で、大切な内的潜心にはあまり注意を払わず、その心づかいをわずかしかもっていないのは考えさせられるべきことである。

なぜなら、そうした心がけを彼らがもっているのなら、そうした形のものに何のたのしみも覚えず、むしろ嫌気がさすはずだからである。

第40章　上に述べた内的潜心に精神を向かわせることについて。

1　霊的な道を歩むある人々が、霊の真のよろこびに決して入ることができない原因は、外目に見えるこれらのものから、それをたのしみたいという欲望を捨てされないところにある。このような人たちが注意すべきことは、祈りに捧げられた、ふさわしい場所というのは、聖堂とか祈禱所《きとうしょ》であり、聖画などもその心を動かすものであるけれども、目に見える聖堂とかそうした動機になるものだけに魂の糧《かて》と香りとを費やしてしまって、霊魂の内的潜心という生ける神殿の中で祈ることを忘れさせてしまうようなものであってはならないということである。

この戒めのために使徒パウロは、「あなた方は、自分自身が神殿であり神の霊があなた方のうちに住みたもうことを知らないのか」（一コリ3・16）と言ったのである。このような考えに結びつけてみられる、前にあげたキリストの言葉は、「真の礼拝者は霊と実とをもって礼拝すべきである」（ヨハ4・24）ということである。自分の好みや望みにあわせてふさわしくつくり、一切の所有をなくす霊的清貧という内的赤裸をもつことの乏しい聖堂や祈りの場所を、神は顧みてはくださらないのである。

2　それゆえ、こうしたたのしみやむなしい欲望から、意志を洗い清め、祈りによって、心を神に向けてゆくためには、良心は清いか、意志はすべて神と共にあるか、心は真に神のうちにあるかということだけを考えなくてはならない。

前に述べたように祈りの場所は、できるかぎり、人気のない寂しいところを選び、意志のすべてをあげて神に祈り、神を賛えるようにすべきである。外面的なあの小さなたのしみなどは問題にせず、それを退けるようにしなくてはならない。なぜなら感覚的な信心の香りにこだわっていれば、内的潜心を通じて、霊的赤裸のうちに見いだされる霊の力強い快さにまで到底達し得ないからである。

第41章

以上のような具合に信心の場所や、事物の感覚的なたのしみに至るものの陥る弊害について。

1　前述のようなものについて感覚的なたのしみを味わおうと望むために、霊的な道をゆく人に生ずる内的外的弊害はすこぶる多い。精神的には、このようなすべてのものを通り抜けて、感覚的な味わいをすべて忘れさせ、生きた潜心のうちに入って、数々の徳を力強く獲得させるあの深い潜心に決して達することがない。外的なものにとらわれると、どこでも祈れるというようにうまくいくものではなく、結局自分の好きなところだけということになってしまう。そうなれば諺《ことわざ》にもあるように、自分の村の本だけしか読めないというわけで、しばしば祈りをやめてしまうことになるであろう。

2　その上、この欲望は移り変わりの激しいもので、このような人は、一つの場所にじっとしていることもできず、またしばしば心の状態が変化し、今この場所にいたかと思うと次には他の場所に移っている。今この隠遁所《いんとんじょ》にいるかと思うと、次には他のところにいる。今この聖堂をととのえていたかと思うと次には他の聖堂の方を手がけている。

自分の生活様式や境遇を変えてばかりいて生涯を終わる人も、このようなものである。こういう人々は、霊的なことに関して、感覚的な熱意やたのしみをもっているだけで、自分の意志を抑えて、不自由に堪え、霊の潜心に至るよう力をつくすというようなことは決して行ったことがなかった。見たところ敬虔と思われる場所、自分の好みや傾きにしっくりするような生活や境遇を見るたびに、すぐに今までもっていたものを捨てて、それにとびついていく。彼らはあの感覚的なたのしみに動かされているのであるから、またまもなく他のものを探し求める。なぜなら感覚的なたのしみはいつもあるものではなく、すぐに消えてなくなるものであるからである。

第42章

三種類の敬虔《けいけん》な場所と、それに対する心構えについて。

1 神が意志を信心に向けてくださる場所には三つの種類がある。第一は、地形で、さまざまな美しいながめがあり、土地の具合とか、樹木とか、寂しい静かな、自然に敬虔な心を呼び覚ますものである。

もしこれらの場所のことも忘れて意志を直ちに神に向かわせるならば、こうした場所を利用することはためになることである。というのも、目的に達するためには、必要以上に手段や動機にとらわれていてはならないからである。なぜなら、欲求をみたすことや、感覚的な滋養を探し出すことに努めるなら精神は干からび、心を散らすことになるからで、霊的な満足と力とは内的潜心のうちにのみ見いだされるものである。

2 したがって、そのような場所にいるときには、その場所のことを忘れ、あたかもそこにはいないかのごとく、心の奥深く神とともにあるように努力しなくてはならない。なぜなら、上述のような、場所の快さ、たのしさを求めてあちらこちらと歩きまわるなら、霊的平安よりも、感覚の憩いを求めることになり、心はかえって落ち着きを失うからである。

独往修士やその他の聖なる隠修士たちは、非常に広く美しい砂漠の中に住みながら、満足するに足るだけの小さい場所を選び、狭い部屋や、洞窟を掘ってそこにひきこもっていた。聖ベネディクトはこのようなところに三年間住み、聖シモンという人は自分の体をひもで結びつけ、そのとどく範囲外のものをとったり、その外にまで歩いていったりすることのできないようにしていた。こういう人々は数えきれないほどである。これらの聖者は、もし霊的なたのしみと味わいを見いだしたいという欲求と欲望を消してしまわなければ、決して霊的な人になれないことを、非常によく知っていたからである。

3　第二の形のものはいっそう特殊なもので、ある場所において（砂漠、あるいはその他いずこにおいても）、神が一定の人に非常に快い霊的な恵みを通常与えてくださる場合がある。

したがって、その恵みを受けた本人の心は、ふだんその場所から離れず、ときとして、その場所に行きたいという、大きな渇きや望みに襲われる。しかし行ってみたところで、以前のような恵みを見いだすというわけではない。なぜならそうしたことは彼の自由になるものではないからである。それは神の思召しのままに、時と形と場所とに従って与えられるもので、この時とかこの場所、あるいは当人の意志というようなものにかかわりないものである。といっても、そうした執着が全くないのなら、ときにそこに行って祈ることはよいことで、それには三つの理由がある。

第一には、神は前にも述べたように場所にしばられた御者ではないが、その場所でそうした恵みを与えることにより、賛えられることをお望みになっているかのように思われるからである。

第二には、そこで恵みを受けたことを最もよく思い出して神に感謝するからである。

第三には、その思い出の場所で、信心を最もよく目ざめさせることができるからである。

4　このような理由からそこに行くべきであって、神はお望みのところでお望みのようになさることができず、あたかもそこならではというまで神が場所にしばられているように考えてはならない。

なぜなら神に最もふさわしい、本来の場所は霊魂であって、物理的な場所ではないからである。こういうことを聖書にみると、アブラハムが神のご出現の場所に祭壇を設け、そこでその聖なる名を呼び奉《たてまつ》ったということが記されている。後にエジプトからの帰り途《みち》、神のご出現になったあの同じ場所を通り、そこで自分が建てた祭壇で再びそのみ名を呼んだとある（創12・8、13・4）。同様にヤコブも神が梯子《はしご》の上に立って現れたもうた場所に、香油を塗った石をたてた（創28・13—18）。またハガルは天使の現れた場所に名を与え、その場所を非常に大切にして、「確かに私はここで私を見たもう御者の背を見奉った」（創

16・13）と言った。

5　第三のものというのは、神が祈られ、また仕えられるために、神ご自身がお選びになる特別な場所のことである。例えば神がモーセに律法をお与えになったシナイ山（出24・12）、また、アブラハムがその子を捧げるために、神がお定めになった場所（創22・2）、あるいはまたわれらの父エリヤに神が現れたもうたホレブの山などもそうである（王上19・8）。

6　なぜ、神がその賛美のために、他の場所よりもこの場所をお選びになるかは神のみがご存じである。われわれの知るべきことというのは、これらすべてはわれわれのためであり、また、その場所あるいは他のいずこにしても、われわれが全き信仰をもって願うとき、その祈りを聞きいれていただくためであるということである。いずれにしても、神への奉仕のために捧げられている場所においては、最もよく祈りが聞きいれられるというのも、教会は特にその場所をそのために定め、かつ奉献しているからである。

第43章　多くの人々が種々さまざまな典礼によって祈るその他の理由について。

1　上に述べたようなことについて、多くの人々がもっている無益なたのしみや、好ましからぬ所有欲というようなものは、どこか邪気のないもので、恐らくは多少とも我慢できる。しかし、信仰の純粋さをもたぬ無知な人々が始める種々の儀式に一部の人々がひどく執着するにいたっては、実に我慢のならないものである。

奇異な名前や、あるいは何の意味もない言葉や、無知で粗雑な、そして不確かな人たちが通常その祈りの中に組み入れてくるいっこう神聖さのないもので包みこまれた儀式などについては、ここで話そうとは思わない。それは明らかに悪であり、そこには罪があり、それらの多くは悪魔との結びつきがあるものであって、神の慈悲どころか怒りをかうものであるから、ここでそれについて論じようとは思わない。

2　ここでは、このような怪しげなものを包んでいないものについて話したいと思う。事実、今日の多くの人々は慎みのない信心をもち、その形や方法に力があるものと信じこんで、それでもって信心や祈りを完全にできるものとし、もしその一点でも欠けたり、その枠を出たりするなら、もう何の役にも立たず、神に聴きいれられることもないと考えて、真の祈りよりはそれらの形や方法にいっそう信頼をかけている。これは、まことに神に対するひどい冒瀆《ぼうとく》と侮辱に外ならない。例えば、ミサ聖祭にはいくつのローソクを立てるということ、それが多くても少なくてもいけない。司祭はミサを、この形またはあの形であげなくてはならないとか、その時間も決まっていて、あとでも前でもいけない。それも、これこれの日のあとでなくてはならず、そのあとでも前でもいけない。祈りはこの長さで、このような祈りで、このようなときにこうした儀式をもってなされなくてはならないのであって、前でも後でも、また他の形をもってしてもならない。それをする人たちは、それぞれにふさわしい資格と特権をもっていなくてはならない。そうしたことの一つでも欠ければ、それでおしまいということになる。

3　もっと悪くて我慢のならないものは、何かの効果、例えば願いごとが果たされること、あるいは、その奇異な儀式の祈りによって、その目的が達せられるのを知るとか、そうしたことを自分に感じとりたいと望んでいる人々のあることである。これは、神を試みることであり、神の大いなる怒りにふれる以外の何ものでもない。したがって神は、ときに彼らが悪魔に欺かれるままに任せ、そうしたことがおよそ彼らのためにならないことを感じさせ、悟らせたもうのである。それというのも、彼らはその祈りの中に、自分のことばかりを考え、神のみ旨よりも、自分の望みが果たされるように望んでいるのであるから、そうなるのも当然である。彼らは神にその信頼をおいていないため、何一つうまくいくわけはない。

第44章
このような信心により、どのようにして意志のよろこびと力とを神に向けていくかについて。

1　このような人々は、こういう事柄や儀式に頼っていればいるほど、それだけ神に対する信頼に欠け、かつその望みは神によってかなえられはしないことを知るべきである。そのある人々は、神の光栄のためよりも、自分のおしつけがましい願いのために祈っている。もちろん、それは神の思し召し次第であることは、前もってわかっていながら、自分の所有欲とむなしいよろこびのために、やたらに祈りを増すのである。そのような祈りよりも、もっと大切なことは、その良心を浄め、実際に救いに役立つことに心を配ることで、それとは縁遠い自分流の祈りなどというものは、すべて後に押しやっておくべきなのである。

そのようにすれば、彼らにとって最も大切なことが果たされ、またすべての善が、たとえ願い求めなくとも、かなえられる。祈るよりもむしろ、そこに力をそそぐならば、もっとよくもっと早くなしとげられるものである。

というのも、主は福音史家を通じて次のように約束しておられるからである。「まず、神の国とその義とを求めよ、そうすれば他のものはすべて加え与えられるであろう」(マタ6・33)と。

2　なぜなら、こういう願いと強い望みとは、神のみ心にかなうことだからである。われわれが心のうちに抱いている願いを果たすためには、われわれの祈りの力を神のみ心にかなうことに注ぐより優れた方法はない。その時には、神は、われわれが願い求める救いだけではなく、願わないことでも、それがわれわれにとってふさわしいもの、よいものと思われるものならば、それをお与えくださるものである。

これについてはダビデが詩篇の中で次のように言っている。「まごころもて呼び奉るものの近くに主は在《おわ》す」(詩145・18)と。その求むべき最も高いものは魂の救いであるということは、それに続いて「神を畏れるものの望みは果たされ、彼らの願いは聞きいれられ、神は彼らを救いたもう。神は、神を愛するものを見守って居られるからである」(詩144・18—20)と言っていることからもわかる。神が「いと近くに在す」とダビデが言っているのは、願おうと思わなかったことさえも与えてくださるということにほかならない。

また、ソロモンが、神の嘉《よみ》したもうこと、すなわち、その民を正しく統《す》べるための知恵を願ったとき、神はお答えになって、「何よりもあなたは知恵をよろこび、敵の死滅による勝利ではなく、富も長寿も願わないから、あなたがその民を統べるために願った知識をあなたに与えるだけではなく、さらに、あなたの願わなかったものを与えよう。それは、あなたの前にも後にも、けっしてみられないほどの富と財産と光栄とである」(代下1・11―12)と言われ、事実そのとおりになり彼はその敵を降伏させ、周囲の国々が皆、貢物をもってくるほどで、だれも彼の国を乱すものはなかった。これと同じことが創世記にもあり、そこでは神がアブラハムに対して、彼の願いに従ってその正しい血統の子孫を天の星のように増すことを約束され、さらに「あなたの婢《はしため》の子孫も増し加えよう。それはあなたの子であるからである」(創21・13)と言われた。

3　したがって、カトリック教会が認めてもいないような儀式をつくりだすことなどに心を傾けず、意志力と願い求める心のよろこびを神に向けていかなければならない。ミサ聖祭のあげ方は、教会の代表であり、それをなすべき権限をもつ司祭に一任すべきである。あたかも、自分が聖霊やその教会よりも、もっと物識《ものし》りであるかのように、新しい形のものを用いようと望んではならない。そのような純粋さをもっていても神に聴き入れられないことがあるというなら、いろいろのことをつくりだしたりしたところで、いっそうのこと聞き入れられないと信ずべきである。もし正しく、神のみ前にふさわしく求めるなら、神はそれを果たしてもくださるであろう。しかし、自分本位であるなら話にもならない。

4　さらに、祈りやその他の信心についての儀式において、キリストが教えられた以外の形の祈りや祭式に心をひかれてはならない。弟子たちが祈ることを教えてくださるよう願ったとき、キリストは永遠の聖父をよくご存じの者として、そのおん父がわれわれの祈りを聞き入れてくださるような適切なすべてのことを示してくださったに違いないのである。そこには、「主禱文《しゆとうぶん》」*2の七つの願いがあり、そこに霊的にも、この世のものとしても、われわれに必要なすべてのものが含まれており、それ以外の多くの言葉や祭式はお示しにならなかった。それどころか他の場所では、祈るとき、天のおん父は、われわれに必要なものをよくご存じなのであるから、たくさんのことを言う必要はないと言われている（マタ6・7―8）。

ただ強調されたのは、祈り、すなわち主禱文を唱えることにおいて忍耐強くあるようにということで、「決して祈りに欠けることのないように」（ルカ18・1）と他のところで言われている。たくさんの願いを教えられたのではなく、熱心に心をこめてその祈りをくり返すようにということであった。なぜなら、前に言ったように、この祈りの中に神のみ旨があり、われわれに必要なもののすべてが含まれているからである。

そのため主ご自身、永遠のおん父に三たび祈られたとき、福音史家の言っているように、三度とも、あの主禱文と同じ言葉を繰り返されたのである。「父よ、この杯を飲むよりほかないならば、あなたのみ旨のままになりますように」（マタ26・39）と。

また、われわれに教えてくださった祈りの形というのは二つのうちのどれか一つだけである。すなわち一つは、われわれの奥まった部屋に隠れることで、そこでは騒音もなく、だれにも気づかれず、全き純粋な心をもって祈ることができる。「祈るときには、己が部屋に入り、戸を閉じて祈れ」と言われているとおりである（マタ6・6）。もしそうでなければ主のなされたように、人気のない野で、夜の静かな最もよいときに祈ることである。このように祈るには、限られたとき、限られた日があるわけではなく、われわれの信心のためには、このほうがあれよりもよいというわけでもなく、祈りの形式や、何かの難解な句を使わなくてはならないというのでもなく、ただ教会の用いているもの、その形に従えばよいのである。なぜなら、すべては主禱文について前に述べたことに還元されるからである。

5　しかし、ある人々が数日の間、斎食《さいじき》とかそれに類した信心業をしているのを私は非難するのではなく、むしろ認めているのである。ただそれをする一定の形や儀式のうちに入りこむ執着についてだけ言っているのである。ちょうど、ベトリアの民に対してユディトがしたようなことで、ユディトは、彼らが神の慈悲を願っておきながら、自分たちの方からその恵みの時期を神に対して定めるようなことをしたのを非難したのである。

そこで、「あなた方は、神の恵みに対し、その与えられるときまで自分から決めようと

＊2　「主の祈り」のこと。

するのか。それは神の憐れみを呼ぶよりも、その怒りを招くことになろう」（ユディト8・11―12）と、ユディトは言ったのであった。

第45章

意志のむなしいよろこびを誘う目に見えてはっきり現れる第二の宝について。

1　意志のむなしいよろこびをつくりだす、はっきりとらえることのできる快い第二の宝というのは、神に仕えるようすすめたり、説得したりするもので、これを「励まし」とわれわれは呼ぼう。これは説教者のことであるが、これについて二つの形に分けて話すことができる。一つは説教者自身に関することで、他の一つは聞く側にあるもののことである。というのは、こういうことに関しては、両者ともが、その意志のよろこびをどのようにして神に向けるべきかに心を配らないわけにはいかないからである。

2　第一、すなわち説教者は、聞くものを進歩させるため、また自分自身むなしいよろこびや自負にとらわれないため、そのことが、声の響きよりも心の響きを伝えるものでなくてはならない。なぜなら、それは外に現れる言葉をもってなされるものであるけれども、その力と効果とは、内なる霊から来るものであるからである。したがって、その教えがいかに高いものでも、言葉がどんなに洗練されていても、またその文体がどんなに秀《すぐ》れていても、そうしたものは通常、そこに見いだされる霊以上のものをそれ自身から引き出すことはできない。

確かに、神のみ言葉は、それ自身力のあるものであることは、ダビデが「神はそのみ声に力をこめたもう」（詩67・34）と言っているとおりであるけれども、火が、たとえ、ものを焼く力をもっていても、もの自身火がつきやすい状態になければどうにもならないようなものである。

3　教えが力強い訴えをもつためには、二つの心の「かまえ」がなくてはならない。一つは説教する側において、他はそれを聴く者の側についてである。それにしても、通常その多くは教えるものの方にかかっている。それゆえ、この師にしてこの弟子ありと言われるのである。なぜなら使徒行録によると、ユダヤの大司祭の七人の子が、聖パウロと同じ形で悪魔を駆逐しようと図《はか》ったとき、悪魔は彼らに激しく抵抗し、「わたしはイエスを認めパウロを知っている、しかしいったい、おまえたちは何者か」（使19・15）と言って彼らに襲いかかり、彼らを裸にして傷つけたとあるからである。このようなことは、彼らがそれにふさわしいだけの心の「かまえ」がなかったからに他ならないのであって、キリストがその名において、そのようなことをするのをお望みにならなかったからではない。なぜなら、ある時、その弟子でないものがキリストの名によって悪魔を追い出しているのを使徒たちが見て、それを遮ろうとすると、主は彼らを押さえて、「止めることはない。私の名において何か力あることをするものが、すぐに私について悪く言うことはできないからである」と言われているからである（マコ9・38—39）。

しかし、人々に神の掟を教えながら、自らはそれを守らないものや、よい心をもつよう説教しながら、自分自身はそれをもっていないものをキリストは忌みたもう。そのため聖パウロを通じ、「あなたは、人を教えて自分を教えず、盗むなと説教して自分は盗む」（ロマ2・21）と言われたのである。また聖霊はダビデを通じ、「神は罪人に言われる。なぜ、あなたは義を述べ、わたしの掟を口にし、しかも教えを嫌い、わたしの言葉を軽んずるのか」（詩49・16—17）と言われている。これによってわかることは、そのようなものには実りある霊をわずかしか与えたまわないということである。

4 以上のことから判断すれば、通常のこととして、文体が卑しく言葉が洗練されておらず、平凡な教えが説かれても、説教者がすぐれた生活をしていれば、その実りもすぐれていることがわかる。なぜなら、生きた霊から熱が伝わってくるからで、その他のことは、たとえ文体や教えが高尚であっても、それほど大した益になるものではない。

なぜなら、美しい文体、ジェスチュア、高い教え、洗練された言葉がよい霊を伴っているなら、人々を動かし大きな効果をあげるけれども、それがなければ、たとえその説教が感覚や知性に快い味わいを与えるとしても、意志に与えられる糧は非常に乏しいか、あるいは全くないからである。たとえ、すばらしいことが、すばらしく説かれたとしても、そのとき意志は前と同じように弛んだままで不活発な状態にとどまる。

それはただ、交響楽や鐘の響きと同じように、ただ耳をたのしませるだけの話である。霊は前に述べたように、今までの状態から抜け出るわけではない。その声は、墓場から死人をよみがえらせるだけの力をもたないからである。

5　音楽そのものとしてはすぐれているとしても、それが他のものより私を動かす力がないのならば私には価値がない。なぜならたとえ、すばらしいことを言ったとしても、意志に火をつけないため、それがすぐに忘れられてしまうからである。それ自身、実りを生みだす力をもたないということを別としても、感覚がそのような教えを感じとる快さに妨げられて、精神まで教えが触れることがない。結局、話し方とか、それに付随的な事柄を大切にして、ああだ、こうだと説教者をほめ、そのためについていくだけで、そこから引き出すべき自己の矯正などは、どこかへいってしまう。このことは、聖パウロがコリント人に、よくわかるように教えている。「兄弟たちよ、私があなた方のところに行ったとき、高尚な談話や知恵をもってキリストを説いたのではなく、また、私の言葉や説教は、人間の知恵による修辞ではなく、霊と真実とをあらわにすることに他ならなかった」（一コリ2・1―14）と。

6　さりとて立派な文体や修辞や洗練された言葉は、他のものと同様、説教者にとって大切なものであるから、使徒聖パウロの意図も私の考えも、何もそれを非難しようというのではない。実際、洗練された言葉や文章は、落ち込んでだめになってしまったものも再び引き上げて建て直すのにひきかえ、悪い言葉は、よいものも突き落とし失わせてしまうからである……。

訳者あとがき

十字架の聖ヨハネは、厳密な神学的哲学的用語を随所に用いて叙述しているが、それは、このような概念に不慣れな人々にとってはかなり難解なものである。

読者の理解を容易にするため、かなり思いきった訳を試みたわけだが、テキストの全体の内容や原意を汲んで、同一用語に多くの訳語をあてたため、かえって原語がうかがえないうらみもあるかと思う。

この意味では、ペドロ・アルペ師、井上郁二氏の共訳になる『カルメル山登攀』（ドン・ボスコ社発行／絶版）は、学問的要求に答えるものとして優れた価値があると言えよう。

本書のうちで頻繁に用いられ、しかも概念のまぎらわしい用語の、訳者による訳語をいくつか次頁にしるしておく。

括弧内の訳語はペドロ・アルペ師が『カルメル山登攀』で用いたものである。

なお原典にみられる聖書の引用は、ブルガタ版によっているため、いずれの定訳にもよらず、訳者自身がテキストのラテン語原文より訳出したものが少なくない。

また文語、口語混淆のきらいもあるが、それは調子のためで、統一はしていない。なお「集会の書」には「シラ」の略名を用いた。

訳語解説

Activamente	主動的に，自らすすんで，自分で，積極的に（主動的に）.
Alma	霊魂，霊，心，人（霊魂）.
Apetito	欲望，欲求．本来の働き（自然的知覚）.
Aniquilar	なくする（絶無にする）.
Cegar	目を閉じる（盲目にする）.
Concupiscencia	欲情（慾情）.
Criatura	つくられたもの，地上的なもの，神ならぬもの，被造物（被造物）.
Danõ	損傷，弊害，害（損傷）.
Desnudar	引きはがす，脱ぎ捨てる，剝奪する，離脱する・赤裸にする，裸にする，無欲にする（赤裸にする）.
Entendimiento	理性，悟性，知性（理性）.
Esencialmente	じかに，本質的に（本質的に）.
Estado	状態，境地（段階）.
Espíritu	精神，霊，魂，心（霊）.
Fantasía	イメージ，心像，感覚的映像（幻想）.
Formal	明示的な，明瞭な，形相的な，そのままの（形相的な）.
Género	形，種類（種類）.
Hábito	心の傾き，性格，第二の天性，素質，隠れた傾き，精神的素地，能力，目に見えぬ一致の下意識状態，習性（習性）.
Imaginativa	想像力（想像）.

Imperfección	欠点，欠陥，不完全（不完全）.
Medio	手段，道，媒介，手がかり（媒介）.
Medio Proximo	至近の媒介，直接の手段（至近の媒介）.
Mortificar	葬る，克服する，抑制する，圧《おさ》える（克服する）.
Natural	自然の，通常の（自然的）.
Negar	退ける，否定する，捨てる，きり捨てる（否定する）.
Noticia	知解，認識（知解）.
Noticia y Confusa	これといってはっきり輪郭を定めることのできない知的感覚，これといって枠づけられない知的感覚（漠然たる知解）.
Noticia generaly confusa	はっきり枠づけのできない全体的把握，全体的把握の形をとる知解（一般的で漠然たる知解）.
Oscurecer	暗くする，目をつむる，目を閉じる（暗黒にする）.
Participación	ひとつのものとなる交わり（参与）.
Pasiones naturales	自然的感情（自然的慾情）.
Pasivamente	受身の形で，受動的に，われわれの側からの努力とはかかわりなく（受動的に）.
Potencia	能力，機能（能力）.
Privar	はぎとる，洗い落とす（剝奪する）.
Sobrenatural	超自然の，自然を越えた，自然の枠を越えた（超自然的）.
Sustancia	基をなすもの，もの，実体，実質（本質）.
Sustancialmente	実際に，事実上，実質的に（本体的に）.
Temporal	この世のもの，地上的なもの（現世的）.

Transformación participante	神とひとつになる交わり（参与的変容）.
Vaciar	からにする（なる），むなしくなる，無一物になる，なくしきる，洗い落とす，離れる，こだわらない（空虚にする）.
Voluntad	意志，心（意志）.

解説

鶴岡賀雄

一　著者について

本書『カルメル山登攀』は、十六世紀スペインの修道士十字架の聖ヨハネの主著で、キリスト教（カトリック）修道思想・神秘思想の代表的著作である。十字架の聖ヨハネについては、「序文」に紹介されているが、もう少し補っておこう。

十字架の聖ヨハネという名は、スペイン語で San Juan de la Cruz（Saint John of the Cross）である。カトリックの聖人なので「聖」をつけて書かれるが、「聖」を付さない表記も増えている。「十字架の（de la Cruz）」とは、かれが属した修道会跣足《せんそく》カルメル会での修道名で、俗名はファン・デ・イエペス・イ・アルバレスだった。

ヨハネは一五四二年、スペイン中北部（カスティリヤ）の小村に生まれた。父親を早く失くし、貧しい家庭に育つ。十代後半から修道生活に志し、二十一歳のとき、パレスチナのカルメル山を伝説上の起源とする修道会カルメル会に入会した。世界に覇を唱えたこの時代のスペインからは、日本にも多くの宣教師が渡来しているが、かれが選んだのは修道院に籠って観想（祈り）の生活を専らとするいわゆる観想修道会だった。

入会後ほどなく、女子カルメル会で修道会改革運動を始めていたアビラの聖テレジア（イエズスの聖テレジア）（一五一五―八六）に誘われて、男子カルメル会の改革運動に参画。以後、さまざまな軋轢を経験しながら、理想とする修道生活の実現をめざして運動に挺身する。そのかたわら、自身の修道思想を著作のかたちでも体系化していった。本書『カルメル山登攀』はその基礎を定める最も重要な著作である。

改革運動は成功し、一五八〇年、改革派は跣足カルメル会として独立するが、ヨハネは改革派内の路線対立のためか、一五九一年には会の要職を解かれてアンダルシア地方の一修道院に異動、その地でほどなく病を得て、同年十二月、四十九歳で世を去った。しかし没後声望が次第に高まり、十七世紀の初めには著作集が刊行される。一六七五年列福、一七二六年列聖。一九二六年には教会博士に宣言されて、カトリック神秘神学の権威としての位置が確立する。この頃から十字架の聖ヨハネの神秘思想は、カトリック教会の枠を越えて多くの思想家や芸術家に高く評価されるようになっていく。「序文」にあるベルクソンのほか、ジョルジュ・バタイユ、シモーヌ・ヴェイユの名を挙げておこう。

二十世紀に入っての再評価は、かれが優れた詩人だったこともおおきな要因となっている。ヨハネのいくつかの詩は、純文学的にも高く評価されて、ダンテにも比せられるキリスト教詩人としての威光を纏うにいたっている。本書でも、自作の詩が冒頭に掲げられていて、その詩句の解説という形式で本論が書かれていることは、かれの神秘思想の本質にかかわっている。T・S・エリオットが代表作『四つの四重奏』に、本書にある箴言群（本訳書一二一頁以下）をそのまま組み込んでいることはよく知られている。

二　本書について

本書は読みやすい本、読んで面白い本とはいえまい。想定されている読者は、祈りの生活に専心する修道者であり、実践に資するために書かれている。冒頭の題辞にあるとおり、「いち早く、神との一致に達するためには、どのように心を整えたらよいか」を、すなわち神との一致に到る道に歩み出すため、歩みとおすための基本態度を確かにすることが目的である。「神との一致（合一）」とはそもそも何か、どんなこと、いかなる境地なのか、を語ることは直接の主題ではない。

用いられる語彙や著述のスタイルは、当時のスコラ学に準じたもので、こまかな分類や繰り返しに現代の読者は戸惑うかもしれない。しかも未完結のまま残されていて、予告されていながら扱われていないテーマがあるのはそのためである。

この意味では、本書は十字架の聖ヨハネの修道思想、神秘思想の全貌を描ききるものではない。けれども、神との一致に踏み出す道の出発点に据えられたこの著作に、すでにかれの根本思想は語り尽くされている、と見ることもできる。そこには、狭義の修道者、あるいはキリスト教徒以外の読者にとっても興味を惹く普遍的な宗教思想が深く刻まれてもいる。以下、そうしたものとして本書を読み解くのに参考になるだろういくつかのことがらを記しておく。

詩とその解説

十字架の聖ヨハネの神秘思想は、「暗夜（noche oscura, dark night）」という言葉のもとにとらえられてきた。この言葉は、冒頭に置かれた自作の詩の第一行、「暗き夜に」からとられている。「暗夜」とは、まずは詩の言葉なのであって、『カルメル山登攀』全巻は、この詩の「霊的・宗教的な意味」を解き明かすものとして書かれている。かれの他の著作、『霊の賛歌』や『愛の生ける炎』もみな自作詩の霊的解説という形式でつらぬかれている。十字架の聖ヨハネの神秘思想のエッセンスは、まず詩の言葉として表現されるのであり、詩人神秘家と呼ばれる所以となっている。

その詩は、表面上は一種の恋愛詩である。家人が寝静まったある暗い夜、若い女性が恋人との逢引のためにそっと家を出て、闇夜のなかを約束の場所までひた走り、城壁のそば、杉木立にかこまれた白百合の咲く野で愛のまじわりにみたされ、やすらうという、恋の冒険と成就のさまが、大胆でありながら不思議な透明感をおびた言葉で歌われている。神と人との愛を男女の恋愛になぞらえる、いわゆる婚姻神秘主義の伝統にのっとって書かれた、詩人ヨハネの代表作である。神と人とが「ひとつ」になること、いわゆる神秘的合一の詩的言語化であるが、この愛の道行きと完成のすべてが、この詩ではずっと夜の情景のもとに歌われていることにまずは注意しておきたい。「夜」は、神との一致＝合一の要件であるとともに、一致そのもののイメージでもある。

ただし本書は詩の全部を解説してはくれない。実際に扱われるのは最初の二連、主人公の女性が「暗き夜に」、だれにも気づかれずに家を出た、という、愛の冒険への出立の場面だけである。それに続く悦ばしい出会い、陶然たる愛のまじわりの場面のはるか手前で本書は終わってしまう。本書がヨハネの神秘思想の全貌を語るものではないとする所以である。

「カルメル山図」(「完徳の山」)

しかしまた、ここにすべてがあるともいえる。本書は、神に向けて歩み出すに際して「どのように心を整える」べきかについて、具体的に、精密かつ詳細に説き尽くそうとするものだが、この出発点で確立される根本的態度は、神との愛の一致に到る全道程を通じて不変だからである。その根本態度は、本書四頁に載せた「カルメル山図」に端的に示されている。「完徳の山」ともよばれるこの図は、十七世紀の初版以来、『カルメル山登攀』

の冒頭には必ず置かれてきた。『カルメル山登攀』という書名もこれに由来する。

図は、自分の教えの図解としてヨハネ自身が描いて、弟子の修道女たちに与えていたものの写しである。大きく円く描かれたカルメル山（斜め上方からの俯瞰図だろう）の輪郭の中央に、聖書の言葉（エレミヤ書2章7節、ヴルガタ訳）が丸く記されて、その中に「この山にはただ神の誉れと栄光だけが住まう」と書かれている。そこに向かって三本の道（文字の円を人間の頭に見立てれば、左右の両腕と中央の背骨のように見える）が延びている。向かって右の道は地上の善を、左は天上の善を追って進む道で、それぞれ途上には、所有、安らぎ、慰め、知識、喜び、栄誉、といった言葉が書かれているが、すべてに線が引かれて「これではない（ni eso）」、「これでもない（ni esotro）」とある。そしてどちらも行き止まりで、ただ中央の小径だけが山中深くに通じている。その途上に書かれているのは「無（nada）、無、無、無、無、無、山の中でも無」、という言葉である。地上の（この世の）善きことだけでなく、天上の（いわゆる宗教的な）善いことにもいっさい執着せずに離脱していく「無の道」、これが十字架の聖ヨハネの教えの不動の原則なのである。「無」だけが神の栄光に通じており、すべてが闇に沈む「暗夜」はその詩的形象、形象なき形象なのである。多岐にわたる本書の叙述はこの原理によって貫かれており、その精密さと徹底ぶりにかれの神秘思想の特徴がある。この書が十字架の聖ヨハネの主著として読み継がれてきた所以である。

「暗夜」の構成

「暗夜」の歩みが実際にどのように経験されるのかを描くために、ヨハネは「暗夜」を二つの仕方で二分している。感覚の暗夜／精神の暗夜の区分と、能動的暗夜／受動的暗夜の区分である。本書『カルメル山登攀』は、後者の区分のうちの能動的暗夜だけを扱っている。受動的暗夜については、本書の中で、「第Ⅳ部」、あるいは「第二編」で扱うと予告されているが、じっさいは、題名自体が『暗夜』（あるいは『霊魂の暗夜』）と呼ばれている別の著作として書かれることとなった。本書のいわば続編である。両書の部立ては次のようになっており、全体で一つの体系をなしている。

『登攀』第一部：感覚の能動的暗夜
〃　第二部：精神の能動的暗夜のうち「理性の暗夜」
〃　第三部（第一章～十五章）：〃「記憶の暗夜」
〃　第三部（第十六～四十五章）：〃「意志の暗夜」
『暗夜』第一部：感覚の受動的暗夜
〃　第二部：精神の受動的暗夜

「暗夜」の二つの区分の意味をおさえておくことは本書の理解にも重要なので、いささか説明しておく。

感覚、精神、理性、記憶、意志、といった語は、当時の哲学や神学で行われていた意味で使われている（巻末の「訳語解説」を参照）。人間の霊魂（「魂」と訳されることも多い）は、感覚的部分と精神的（霊的）部分からできており、それぞれ「劣った部分」（下級部分）と「高尚な部分」（上級部分）とも言われる。「劣った部分」は、身体に結びついた五感（視覚、聴覚、嗅覚、味覚、触覚）と、想像力（空想力とも。げんに知覚していないものを思い浮かべる能力）からなる。「高尚な部分」は、理性、記憶、意志という精神的三能力からなる。

「感覚の暗夜」とは、これらの五感や想像力の働きが夜の闇に沈んで静まることを言う。そうなってはじめて、霊魂は身体に密着した欲求に支配されるあり方から離脱して、いわば「わが家を出て」、純粋に霊的な存在である神のほうに進んで行ける。具体的には、五感や空想力に結び付いたあらゆる欲求の克服である。神との一致に向かう道程を初心者―進歩者―完成（完徳）者の段階に三分する伝統的区分によるなら「初心者」の段階とされる。

「精神の能動的暗夜」は、「進歩者」の段階にほぼ対応し、これについての記述が本書の大半を占めている。人間の精神的能力として理性、意志、記憶の三つを数えるのはアウグスティヌス以来の伝統だが、ヨハネの教説の特色は、この三能力はそのままでは、つまりその「自然的な」ありかたのままでは、神との一致になんの役にも立たない、と断言するところにある。たとえば理性によって世界の美しい秩序を見いだし、それを介して世界を創造した神の大いなる英知に与る、といった道をヨハネは評価しない。神とのそうした関わり方はいわば間接的なものであって、かれが願う神との一致＝合一は、霊魂の精神的能力によるのではない、霊魂そのもの（「霊魂の本体、実体」）と神そのもの（「神ご自身」）との直接接触なのである。「神秘主義」といわれる所以だが、そうした一致のためには、理性や記憶や意志という精神能力のはたらきも、感覚同様、神以外のものに向けられているかぎりはすべて暗夜の闇に沈んで静まらなければならない。この世のことがらに関わるいっさいから、さらには、自分自身からも解き放たれて、ただすべてを超えた神そのものに向けられるのでなければならない。そうすることで、理性、記憶、意志は、それぞれ、信仰、希望、愛という、いわゆる対神徳、神へのしかるべきかかわり方へと変容していく。これが精神の暗夜においてなされるべきことである。具体的に言うと、すべてを超えた神は、あらゆる対象性を超えた彼方、この世から見れば「無」であるから、神に向けられた理性はもう何も知ることのない「無知・非知」となる。知ることなしに信ずる「信仰」となる。表象や観念を保存し提供する能力である記憶は、提供できる表象や観念がなにもなくなる「忘却」となる。なんの表象もいだかずにただ神を待ち望むことが真の「希望」である。何事かへの愛着としての意志は、自分自身を含めた何ものにももう愛着せず、ただかたちの無い神そのものに向けられて、純粋な「愛」となる。これらによってこそ、霊魂は神の表象や概念ではない「神ご自身」に触れるのである。
『カルメル山登攀』は精神の能動的暗夜の「意志の暗夜」をほぼ論じ終えたところで終わり、先述したように、受動的暗夜については続編（『暗夜』）に委ねられることになるが、能動／受動の区別についても一言しておこう。

　能動的、受動的と訳される原語は activo と pasivo で、これも哲学や神学の用語だが、ヨハネの用法には独特なものがある。能動的とは、人間が主体的、主導的にとる態度だから、能動的暗夜とは、「暗夜」の状態に霊魂が自分から「心を整えて」入っていく側面を指す。自分の欲求を自分で克服するという意味での能動行為である。対して受動的暗夜とは、そうした努力の結果、自分の意向にかかわらず入っていく夜、入ってしまう夜で、神によって（受動的に）入れられる夜である。自力と他力という対比になぞらえられるかもしれない。

　別のとらえ方をするなら、受動的暗夜として語られるのは、暗夜のなかで霊魂がどのように感じるのか、とくに、どのように苦しむことになるのかである。pasivo という言葉には、「受ける」とともに「苦しむ」の意味がある。名詞 pasión は「情熱」とともに「受苦」との意味を合わせもっている。したがって能動的暗夜と受動的暗夜という二つの夜が別々にあるというよりも、霊魂の事態としては一つの同じ夜の、二つのアスペクトと見ることもできよう。

この暗夜の苦しみ、受動的＝受苦的段階《フェイズ》は、神との一致の道を歩む者がほぼ必ず経験する、神との真の一致には不可避のこととされる。イエス・キリストの受難《パッション》はその極限の姿である（本書三頁の十字架の聖ヨハネ自筆のキリスト像を参照）。だから神との一致の道を歩むことは、キリストに倣って生きることでもある。受動的暗夜における深刻な苦しみ、その執拗な叙述はヨハネの教説の大きな特徴となっていて、十字架の聖ヨハネの神秘思想は厳しく恐ろしいものだとのイメージがかつては行きわたっていた。しかしその苦しみは、それを補って余りある大きな歓びの前提であり裏面であることも見落としてはならない。『霊の賛歌』や『愛の生ける炎』といった著作では、人間にこのような歓喜がありうるのかと思えるほどの、神との一致がもたらす肯定的側面が詳述されている。この両面が相まって、十字架のヨハネの神秘思想の全貌をなしていると見るべきだろう。

三　訳者について

訳者について簡単に触れておきたい。奥村一郎（一九二三―二〇一四）は、日本人で初めて男子跣足カルメル会士になった一人である。東京大学法学部政治学科を卒業後、文学部宗教学科に再入学し一九五一年に卒業している。旧制高校時代から座禅に親しみ、名僧として知られる臨済宗の中川宗淵に師事していた。再入学してまで宗教学科で学んだのは、キリスト教（カトリック）のいわば「迷信」にみちたあり方を批判し、偉大な宗教者としてのイエス像を回復するためだったという。ところが、徹底的聖書批判の卒業論文を書き終えてほどなく、不思議な幻を見て突然回心し、一転してカトリックの真理を極める生き方に生涯を捧げた。中川老師自身からその道を勧められたという。

ヨーロッパでの九年におよぶの修練を経て帰国後は、修道会、教会の要職を歴任するかたわら、東洋の、とくに禅の精神、霊性を、キリスト教神学のなかに生かしていく道を模索し、宗教間対話の実践的および学問的領域でも活躍した。教皇庁諸宗教対話評議会の顧問神学者として、東洋諸宗教の意義を西欧カトリック世界に伝えるべく尽力した。仏教的霊性の雰囲気も漂う読みやすい著作が多く、『祈り』はいくつもの西欧語に翻訳されている。『奥村一郎選集』（全九巻、オリエンス宗教研究所刊）がある。

本訳書でも、スコラ神学の用語やスタイルで書かれた十字架の聖ヨハネの原文を、親しみやすい、「読んでわかる」文章に移している。そうしたことができるのは、訳者がヨハネの教えはもとより、「東洋的」霊性も自分のものになしえているからだろう。「無一物」といった禅の世界で生まれた言葉を、訳者は、十字架の聖ヨハネの「全にして無（todo y nada）（何もないところにはすべてがある。無一物中無尽蔵。）」の教えにそのまま重ねている。そのようにすることで、原文の難解な箇所も、「つまりこういうことだ」と言わんばかりに日本語でわかる言い方に移してくれている。達意の名訳と思う。

（つるおか・よしお　東京大学名誉教授　宗教学）

本書は、二〇一二年一月八日、ドン・ボスコ社より刊行された（一九六九年七月十六日刊行の版の改訂版）。文庫化にあたっては、明らかな誤りは適宜訂正した。またルビも増やした。

ちくま学芸文庫

カルメル山登攀《さんとうはん》

二〇二五年一月十日　第一刷発行

著　者　十字架の聖ヨハネ（じゅうじかのせいよはね）
訳　者　奥村一郎（おくむら・いちろう）
発行者　増田健史
発行所　株式会社　筑摩書房
東京都台東区蔵前二―五―三　〒一一一―八七五五
電話番号　〇三―五六八七―二六〇一（代表）
装幀者　安野光雅
印刷所　大日本法令印刷株式会社
製本所　加藤製本株式会社

ISBN978-4-480-51279-6 C0116